めでる国芳ブック どうぶつ

Ukiyo-e Paper Book Animals by Kuniyoshi

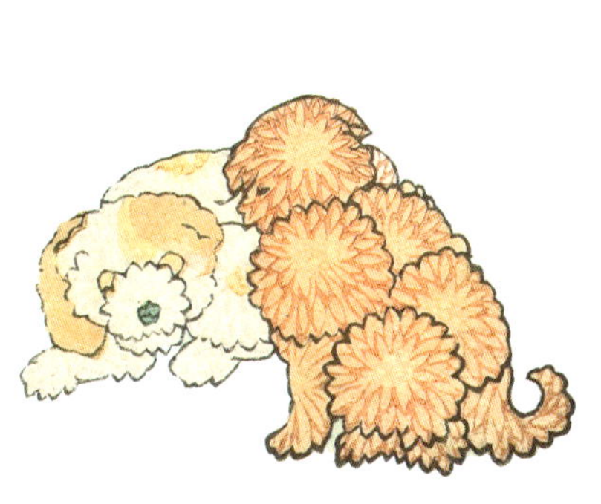

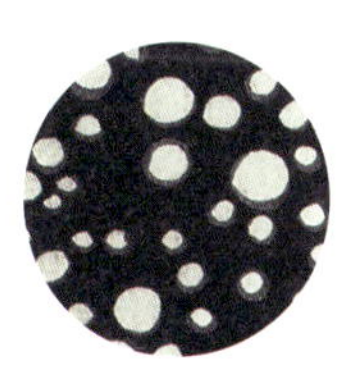

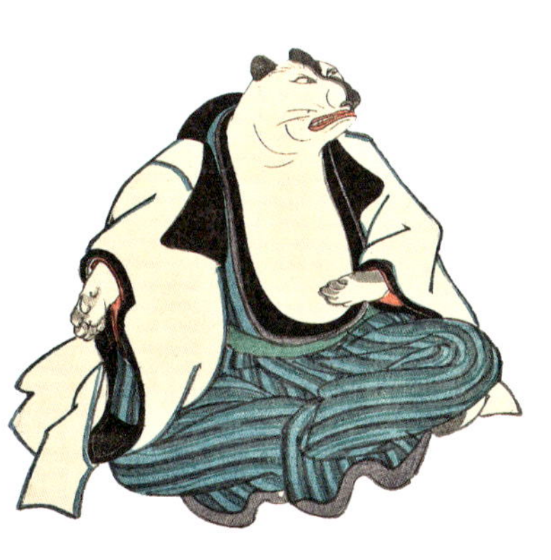

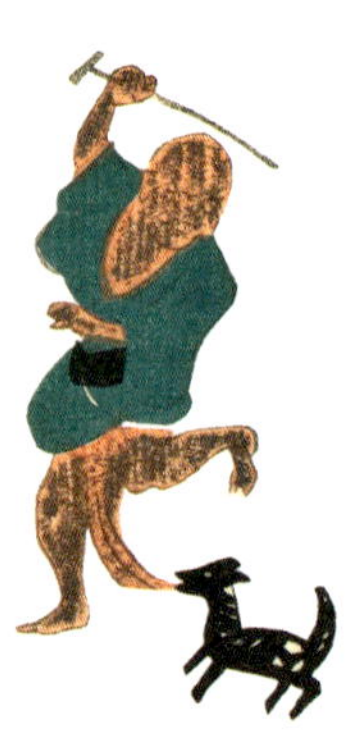

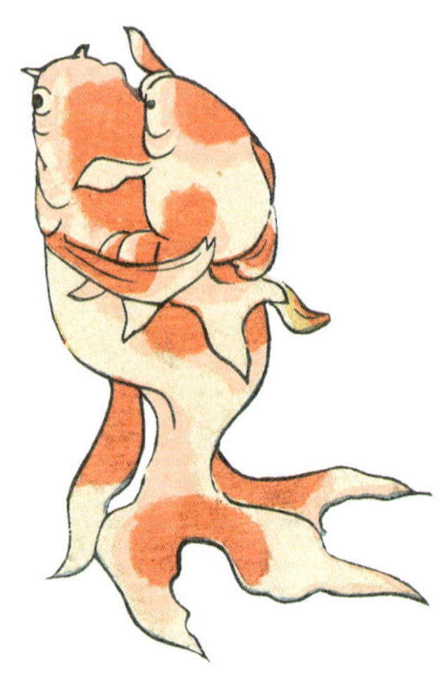

歌川国芳　UTAGAWA Kuniyoshi
寛政9年〜文久元年　(1797-1861)

本書に出てくる年号　　　Japanese era names appearing in this book

文政	1818 〜 1830		Bunsei	1818 – 1830
天保	1830 〜 1844		Tenpo	1830 – 1844
弘化	1844 〜 1848		Koka	1844 – 1848
嘉永	1848 〜 1854		Kaei	1848 – 1854
安政	1854 〜 1860		Ansei	1854 – 1860

　歌川国芳の動物、と聞けば、まず「猫」が思い浮かぶかもしれない。猫を愛し、猫を描いた浮世絵師として、昨今大変な人気である。日常の「さもありなん」といった様子から、人に取って代わったかのような、いわば「猫世界」の情景まで、国芳の描く猫は本当に魅力的である。ただ単に上手なだけではなく、国芳その人の猫への入れ込み方、猫に参ってしまっている様子が、現代人の心を直撃するからこそその人気だろう。そんな国芳だが、猫のほかにも、かなり色々な動物を描いている。そこで「ねこ」編とは別に編んだのが、この「どうぶつ」編である。

　「猫派か犬派か」と問われれば、私自身はどちらも好きだし、多摩動物公園でたまに休日を過ごすほど、様々な動物に心惹かれる。むしろ「猫派か犬派か」という話題は、どちらかを否定するようにも思えて、正直気乗りがしない。

　もし国芳に「先生は猫派ですか、犬派ですか」と聞いたらどうだろう。「なにをべらぼうめぇ、猫に決まってんじゃ……」と言いかけて、ちょっと困った顔をするのではないか、そんな期待まじりの想像が浮かんだ。というのも、猫の絵の数には到底及ばないものの、国芳には犬の絵も意外に多いのである。雪景色の中に登場させたり（No. 1）、女性に甘えるようにつきまとう子犬を描いたりしている（No. 2）。No. 5 は、遊郭の遊興費が払えなくて桶に入れられた男に、女性が飲み物を与えている場面である。何ともみじめで深刻な状況だが、そこに、自分も何かもらえると思ったのか、とことこ子犬がやって来た。その純真無垢な様子が、人との対比でおかしくもあり、切ない感じもする。極めつけは、有名菓子店の前でたくさんの子犬がころころと遊ぶ《船橋屋前》（No. 6）。お店の繁昌ぶりを表すことを狙いとした作品だが、どう見ても主役は犬に奪われている。

　猫の場合と異なり、国芳が犬を飼っていたとか、犬好きだったとか、そんなエピソードが伝えられているわけではない。しかし、当時の猫と犬は、簡単に比べられるような並列的存在ではなかった。猫は家の中でも飼ったが、狆を除けば、犬はそうではなかった。もちろん色々な小型犬などいないし、また、大型犬も愛される現代とは違って、大きくなれば怖い生き物でもあった。それでも、町の片隅で生まれたばかりの子犬が身を寄せ合って震えていたら、思わず抱き上げたくなるようなそんな心を、国芳も持っていたはずだ。動物を思う気持ちは、前足を金太郎につかまれる子熊（No. 12）にもあふれ出ている。一枚の絵を買った者が、画中の動物を心の中で抱きしめたくなる、そんな国芳の作品づくりに感服するばかりである。

　人を演じる動物の絵といえば、平安時代の《鳥獣戯画》を思い浮かべる人は多いだろう。しかし、何のために描かれたのかも、古代中世といった時代にそうした作品が盛んに描かれていたのかどうかも、明確にはわかっていない。日本美術の名品とされるものの、実は、大きな謎に包まれた作品なのである。けれども江戸時代、《鳥獣戯画》に興味を持つ画家たちが現れ、そして、そのアイディアを汲んだ様々な作品が描かれた。

　国芳もその一人である。人の風俗を金魚に置き換えた、「金魚づくし」というシリーズがある。今日の浮世絵収集の方面で言えば「レア中のレア」なシリーズだが、国芳による「人を演じる動物」の中でも、ひときわ愉快で愛おしい作品だろう（No. 38 〜 41）。

　川を行くいかだの閑雅な空気が心に響く「いかだのり」、シャボン玉売りを追いかける子供たちのわくわくする気持ちが伝わる「玉や玉や」。「さらいとんび」では、空飛ぶ金魚が現れて、地上のみんなはびっくり仰天。そして「ぼんぼん」は、子供たちが手をつないで歌うお盆の行事だが、元気に開いた口からは、その歌声まで聞こえてくるようだ。どの図の金魚たちも、手や足に転じた鰭が、ひらひらゆらゆらとして、豊かで典雅な表情が出ている。赤や白の明るく汚れのない色にも、心が洗われる。

　金魚の流麗な美しさ、愛らしさに加えて、もう一つ見逃せないのがオタマジャクシである。とは言っても、後ろ足がまだ生えていなかったり、生えていたりと、よく見れば成長段階は一様ではないが、いずれも、金魚の子供たちよりもさらに幼い子、という役回りである。そして、金魚とは異種の生き物の子であるにもかかわらず、「本人」はきっと何も疑いを抱かずみんなにまざって、与えられた自らの生を営んでいるのだと思うと、見ていて胸が一杯になる。《鳥獣戯画》の流れを汲みながらも、命を持つものへの温かい想像力があふれ出た作品と言ってよいだろう。

　雀で賑わう遊郭を描いた有名な三枚続きの作品（No. 21）では、かわいらしく、それでいて少し意地悪そうにも、気が強そうにも見える雀たちが、画面一杯にあふれかえっている。思わずうならされるのは、微に入り細に入り、一羽一羽にきちんと場面を演じさせる国芳の演出家ぶりである。紙を前に、筆を持ちながら、時折天井を眺めては思案したのだろうか。それとも、するすると筆の先からほとばしるように現れ出たのだろうか。蛸が人の世界の風俗を演じる一枚（No. 43）では、蛸たちが八本足の異形の体を、まったく違和感も無理もなく駆使して、すべての足先まで表情豊かに見せている。こうしたおかしさや描写力の凄さは、本シリーズの「ねこ」編でもご覧いただいているとおりである。江戸時代に様々な花を開かせた《鳥獣戯画》の遺伝子だが、国芳は、19世紀という、絵画の描写技術が極まった時代ならではの、色とりどりの芳醇な大輪を咲かせている。

　本書でご覧いただくのは、かわいい動物やおかしな動物だけではない。猛々しいもの、恐ろしいもの、不可解なものもある。

　宮本武蔵が巨鯨と格闘する図（No. 32）は、三枚の版画を並べれば、その大きな空間一杯に鮮やかな青の波と鯨の姿が現れる。並べれば「おおっ」と思わず声が出るほどだ。《鬼若丸と大緋鯉》（No. 34）は、幼少期の弁慶が大きな鯉を退治する場面である。国芳が何度も描いたテーマだが、この作品は特別である。江戸時代の絵のイメージを覆すと同時に、江戸時代でなければ生まれなかった面白さをも持っている。ぐるぐると水流を起こして泳ぐ鯉の姿は、波で水中の様子が歪んで見えるという不思議さを、そのまま絵にしている。諸々の自然現象が解明され、無数の表現技術に満ち足りた現代では、逆に生まれにくい描写だろう。

　そして今日、造形家としての国芳の評価や人気を押し上げているのが、《讃岐院眷属をして為朝をすくふ図》（No. 35）である。荒れる海面と波に翻弄される人々、青緑色に怪しく輝く巨大なワニザメ。グラデーションを使ったワニザメの特異な表し方は、国芳の多くの作品の中でも異色だが、西洋から輸入された図、たとえば動物図鑑の生々しい魚の図のようなものにヒントを得たのではないかと思う。

　生き物の中でも、水中に棲むものは特に神秘的である。昔、お堀の濁った水を眺めていた時のこと。突然、異様に大きな魚の背が一瞬だけ見えて、えも言われぬ高揚感を覚えたことがある。また、今のように洒落た水族館がなかった頃のこと。薄暗くて少し生臭いような水の臭いのする水族館で、一メートルを超えるような鯉やソウギョやタイワンドジョウがぬったりと泳ぐ水槽が怖くて、しかし目が釘付けになった。水中という人が立ち入れないもう一つの広大な宇宙に棲むものの神秘は、言葉にしがたい。ところが、国芳はそれを感じとり、見事に絵にしている。

　愛おしむ気持ち、おかしな想像、人とは異なる空間に生きるものがまとう神秘。この本をめくるだけでも、国芳の絵筆から生まれた動物のありさまが、いかに多彩であるかがわかる。それは、一つの動物をめぐるイメージという点でも同様である。狐を主題にした四点の作品では、怪しい力で人をだます物語もあれば（No. 27、28）、人を守ってくださる霊験あらたかなイメージを幻想的に表したものもある（No. 29）。かと思えば、狐たちが化ける様子を描いたお笑いもある（No. 30）。狐に抱く様々な観念や想像を、国芳は目に見える、多彩な形にしたのである。

　改めて考えれば、人と動物の関係はあまりに色々である。今も動物の絵はたくさん描かれているが、そこには、そうした関係が率直に映し出されているだろうか。かわいい動物の絵には昨今恵まれている。しかし、それだけではない、もっと多様な、もっとありのままの人と動物の関係はどうだろうか。国芳の作品には、ストレートにそれが表れているように思う。世界的にみて、日本は動物をめぐる多彩な美術を営んできた国である。それを生み出したのは、複雑な人と動物との関係と、それを具現できる国芳のような画才である。

金子信久

When it comes to Utagawa Kuniyoshi and animals, generally it is the artist's renderings of cats that spring to mind. Indeed, today more than ever Kuniyoshi enjoys a burgeoning reputation as a cat-loving, cat-painting ukiyo-e artist. From the obvious, everyday scenes to entire feline parallel universes substituting cats for humans, Kuniyoshi's cats are silkily seductive. Their enduring popularity is doubtless due to the way the artist's personal passion for cats, and affectionate exasperation with their antics, speak to us as directly today as they did to his contemporaries. Yet "cat-man" Kuniyoshi also painted many other creatures, and thus with *Animals by Kuniyoshi*, we have compiled an "animal" companion to *Cats by Kuniyoshi*.

Asked if I'm a cat or a dog person, personally I would say I like both, and in fact am drawn to a wide variety of animals, to the extent of occasionally spending a whole day off at Tokyo's Tama Zoological Park. Actually to me, the very idea of choosing between cats or dogs means rejecting one or the other, so to be honest, holds little interest.

How would Kuniyoshi respond to being quizzed on whether he was a cat-lover, or preferred dogs? I like to think, or at least hope, that he would reply, "Pretty obvious, surely?! Cats of course..." trailing off slightly, suddenly not so sure. After all, though nowhere near matching his prolific cat output, Kuniyoshi did produce a surprising number of dog pictures. These include dogs in snow (No. 1), and puppies fawning like a spoiled child on their mistress (No. 2). No. 5 shows a woman giving a drink to a man imprisoned into a barrel for failing to pay his entertainment bill in the red-light district. A miserable and potentially serious situation for the impecunious punter, but that hasn't stopped a puppy from stumbling into the picture in the hope of scoring something too. The contrast between the dog's hopeful innocence and the dire straits of the human manages to be both comical and heartrending. It is No. 6 *In Front of Funabashiya* though, that (literally perhaps) takes the cake: a posse of puppies frolic and tumble near a famous confectioner's store in a work designed to showcase the prospering business, but where inevitably it is the little dogs that steal the limelight.

Unlike cats, there is no indication that Kuniyoshi kept dogs, or had any particular liking for them. In Kuniyoshi's day, there were too few parallels between cats and dogs for easy comparison. Cats were often kept in the house, but apart from Pekinese, dogs were not. Obviously there were not the various small breeds we have today, and also unlike today, where large breeds are just as loved, bigger dogs were considered frightening beasts. Despite this, even Kuniyoshi would doubtless have had the urge to pick up and cuddle newborn puppies huddling together, shivering, in some back alley. That he cared greatly for animals is also abundantly apparent in No. 12 and the bear cub with its front paws in the grasp of Kintaro. One can only admire Kuniyoshi's talent for producing paintings sure to make the purchaser want to take the animals portrayed into their heart.

When it comes to pictures of animals playing human roles, many will no doubt recall the Heian-era *Choju-giga* (Scrolls of Frolicking Animals). It is unclear though why these scrolls were painted, or whether many works of the same sort were produced during Japan's ancient and medieval periods. Despite being one of the most famous works in Japanese art, *Choju-giga* remains very much shrouded in mystery. The Edo period however saw the emergence of a number of artists with an interest in *Choju-giga*, and consequently, a variety of works inspired by it.

Kuniyoshi was one of these artists. Among his œuvre is a series titled Kingyo-zukushi featuring human customs and manners portrayed by goldfish. In the realm of ukiyo-e collecting, today *Kingyo-zukushi* numbers among the "rarest of the rare" and is a particularly delightful, lovable example of Kuniyoshi's "animals playing humans" output (Nos. 38-41).

Here we have the elegant, dreamily idyllic river-rafting of *Ikada-nori*; *Tamaya tamaya* vividly evoking the excitement of children chasing a bubble seller; *Sarai tonbi* with its sudden appearance of a soaring goldfish, to the astonishment of those on the ground; and *Bonbon* with its Bon festival rite of children singing, hands joined – in this rendition, we can almost hear the song emanating from those cheerful mouths. The goldfish in each illustration flutter the fins that serve as hands and feet to show a range of sophisticated expressions, while the crisp, bright reds and whites of the fish are also bracing to the soul.

To the fluid beauty and sheer cuteness of Kuniyoshi's goldfish one must add the humble tadpole. In Kuniyoshi's paintings, on close inspection tadpoles appear in various stages of development – some with back legs, some still without – but always playing children younger than the goldfish. And when one considers that despite being the young of a different species altogether, the little creatures themselves seem to mix with their fishy friends without the slightest hesitation, just getting on with their lot, it is hard not to choke up a little. These works may be in the tradition of *Choju-giga*, but they overflow with their own warmly imaginative approach to living things.

In No. 21, a famous three-part work depicting a red-light district bustling with sparrows, the canvas is alive with adorable yet slightly grumpy, somehow forbidding birds. Particularly striking is Kuniyoshi's obvious commitment – as "director" of the scene – to having each individual bird play a different part, right down to the tiniest detail. One can imagine him, paper at the ready, brush poised, occasionally pausing to gaze up at the ceiling, deep in thought. Or did those images simply flow from the tip of that brush, unimpeded? In No. 43, which shows octopuses acting out scenes from the human world, the eight-limbed cephalopods command their oddly shaped bodies without the slightest awkwardness or difficulty, Kuniyoshi wringing expression out of every last tentacle, right to the tips. Such marvelous humor and descriptive power can also be seen in *Cats by Kuniyoshi*. Images like this may trace their lineage back to *Choju-giga*, source of such great artistic flowering in the Edo period, but it was Kuniyoshi who cultivated the vibrant, blowsy blooms of the 19th century, the era in which descriptive painting techniques reached their zenith.

Not all the creatures in this book are cute or funny: some are fierce, or frightening, or unfathomable.

In the case of No. 32, which depicts Miyamoto Musashi battling a giant whale, when all three prints are arranged alongside each other, the form of the whale appears amid waves of vivid blue, filling the entire space in a work so striking that viewed in its entirety, elicits an impromptu gasp of admiration. No. 34, *Oniwakamaru Takes Aim at the Monstrous Red Carp* shows the young Benkei vanquishing a huge carp. It is a theme Kuniyoshi returned to time and again, but this work is a little special. It turns our image of Edo-period paintings on its head, yet at the same time is interesting in a specifically Edo-period way. Kuniyoshi's rendering of the monster carp churning through the water incorporates the distorted view of the fish's body beneath the waves. It is a depiction that conversely would be far less likely in today's world, where many more natural phenomena have been explained by science, and which is crammed to overflowing with expressive techniques and technologies.

Kuniyoshi's reputation these days as a designer has been heightened by *Retired Emperor Sanuki Sends His Followers to Rescue Tametomo* (No. 35), with its human figures tossed on tempestuous seas, and giant shark in malevolent, glistening green. The unusual gradated rendering of the beast is unusual also in Kuniyoshi's huge body of work, and one suspects he was inspired partly at least by illustrations imported from the west, for example the lifelike drawings of fish in illustrated animal encyclopedias.

Of all the earth's creatures, those who dwell underwater are a particular mystery. I remember many years ago gazing into the cloudy water of a moat, when suddenly, just for a moment, the spine of an unusually large fish appeared, leaving me speechless yet exhilarated. Or back in the days when aquariums were far from the stylish and relatively sterile places they are now, visiting a dimly lit aquarium with a faintly dank smell of water, and being frightened by a tank of languidly swimming monster carp, grass carp, and snakeheads, all over a meter long. Frightened, but riveted. The mystery of the inhabitants of this vast alternative universe off-limits to humans is hard to put into words. But Kuniyoshi sensed it, and described it superbly in his paintings.

Cherished companions, hilarious flights of fancy, the mystery shrouding creatures that live in a different space to us: even a brief perusal of this book will reveal the sheer diversity of the animals that flowed from Kuniyoshi's brush. A similar diversity may be seen in his images of individual animals. In the four works with a fox theme, there are stories in which foxes wield their dubious powers to trick humans (No. 27, No. 28), yet also a fantastical depiction of a miracle-working fox that protects humans (No. 29). And again, a humorous look at foxes trying to change into human form (No. 30). Thus Kuniyoshi took the many ideas and imaginings surrounding foxes, and rendered them visible, and vivid.

Once again it is worth considering just how many ways in which homo sapiens and the animal kingdom connect. Animal pictures proliferate just as much today as they did in Kuniyoshi's time, but do they honestly reflect the nature of those connections? In today's world, we can hardly claimed to be starved of cute animal pictures. But why not aim for something more: more diverse, less contrived relationships between people and animals? To my mind, Kuniyoshi's works offer a frank portrayal of such relationships. In global terms, Japan has always embraced a huge variety of art involving animals: variety born out of the complexity of its people's relationship with fauna, and the genius of painters like Kuniyoshi, with a talent for bringing those relationships to life so vividly.

KANEKO Nobuhisa

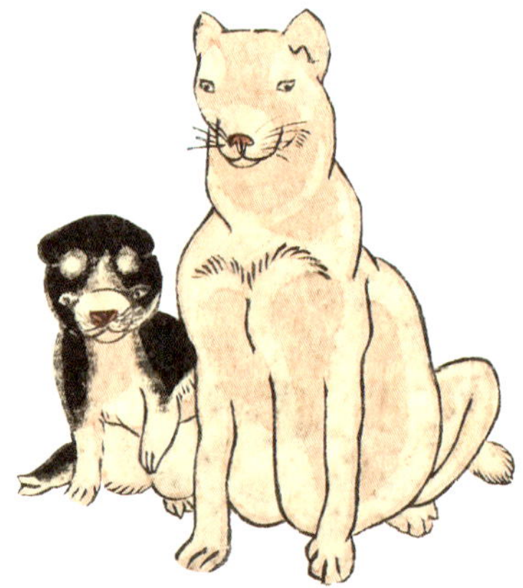

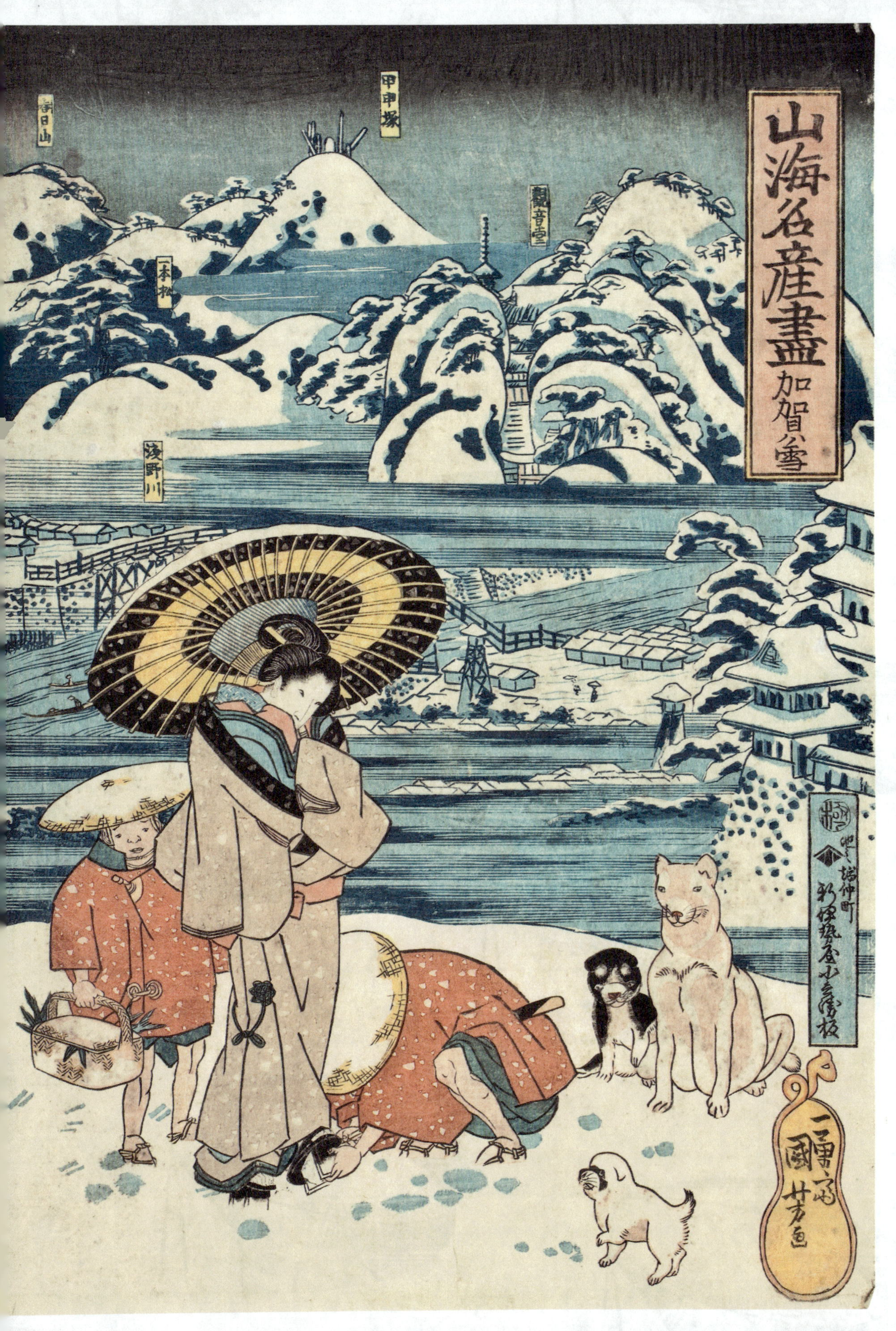

山海名産盡
加賀ノ雪
春日山
甲申塚
觀音堂
一本松
淺野川
一勇齋國芳画

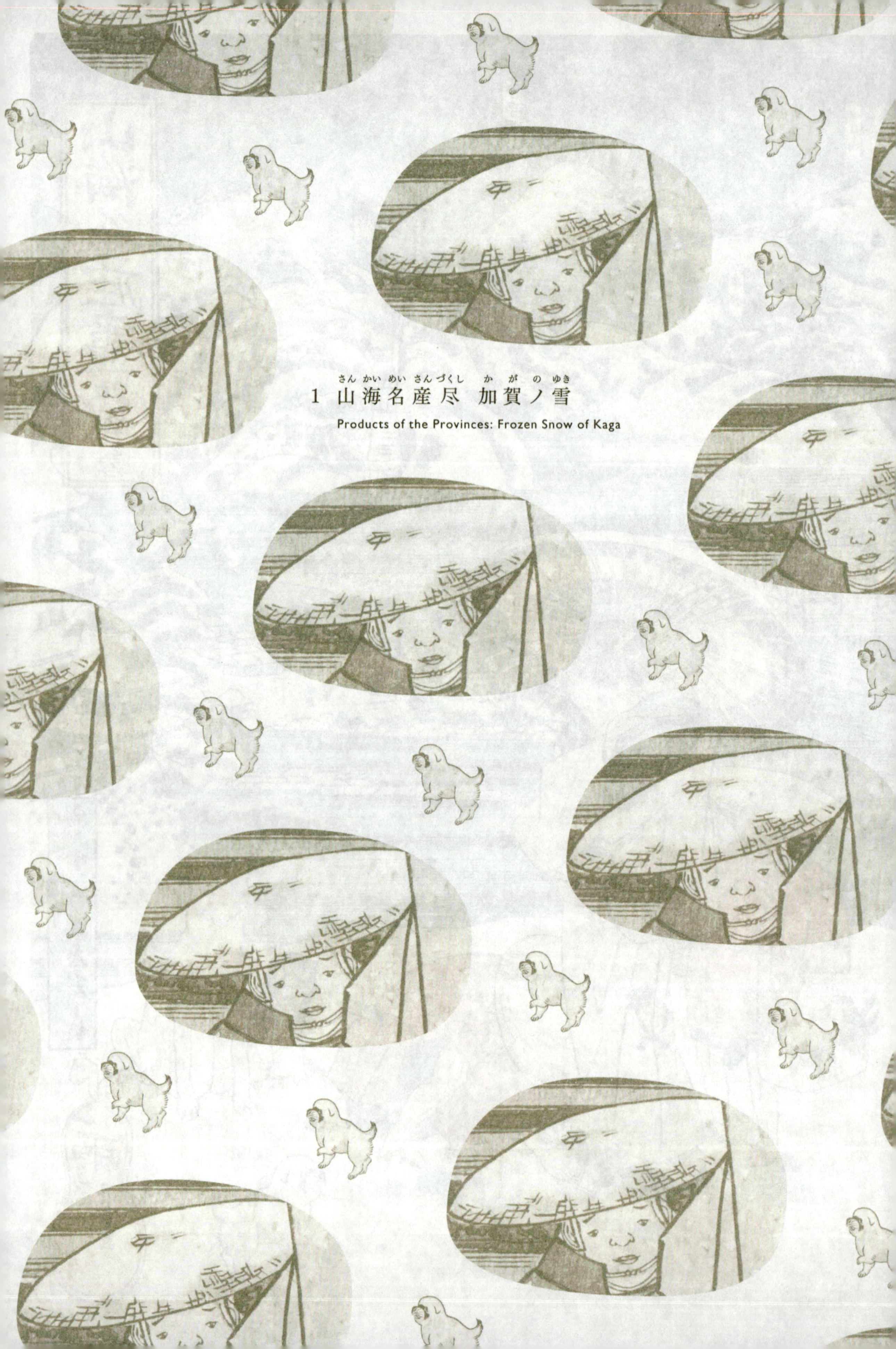

さんかいめいさんづくし　かがのゆき
1 山海名産尽 加賀ノ雪
Products of the Provinces: Frozen Snow of Kaga

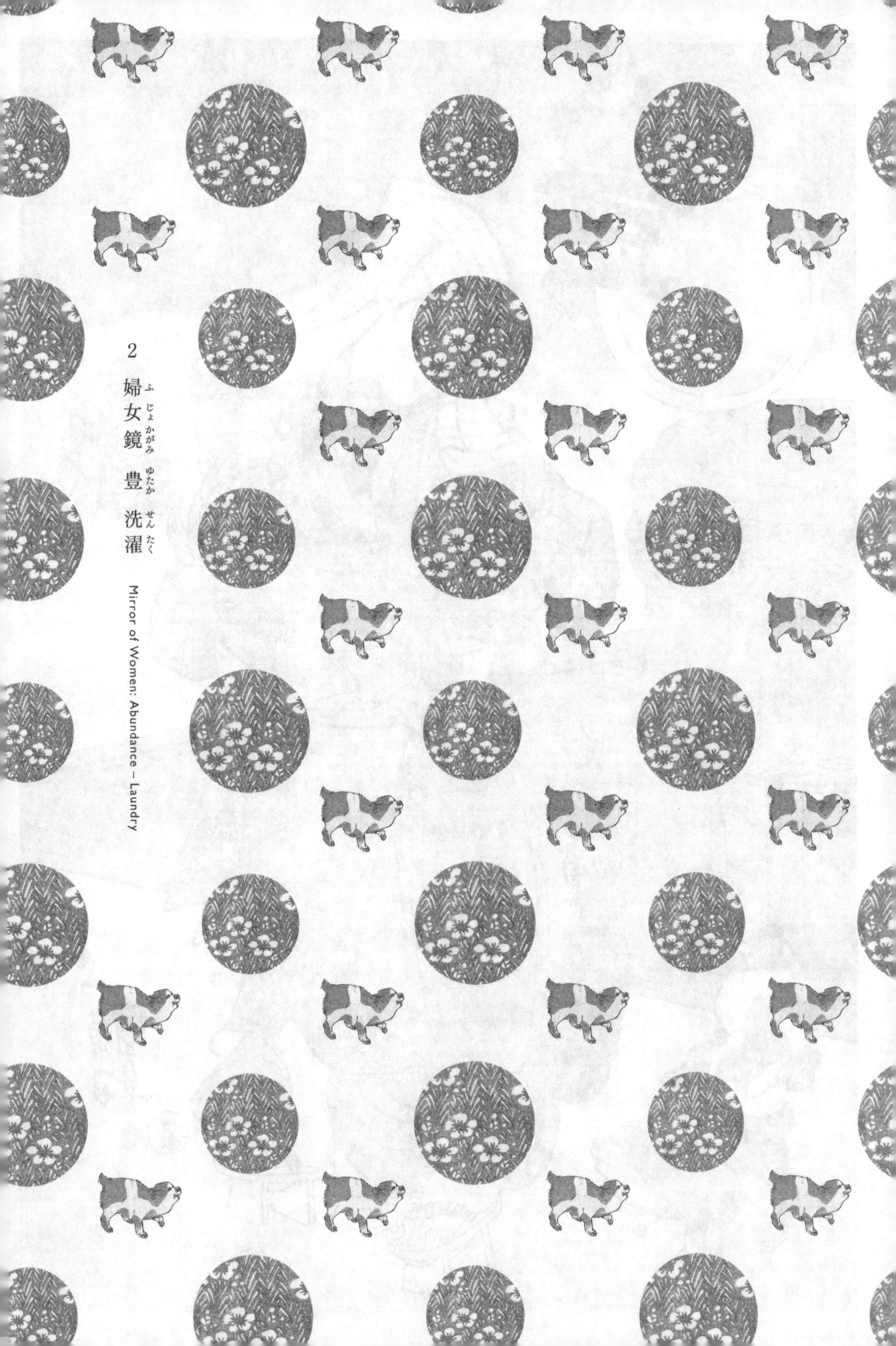

2

婦女鏡　豊　洗濯

Mirror of Women: Abundance — Laundry

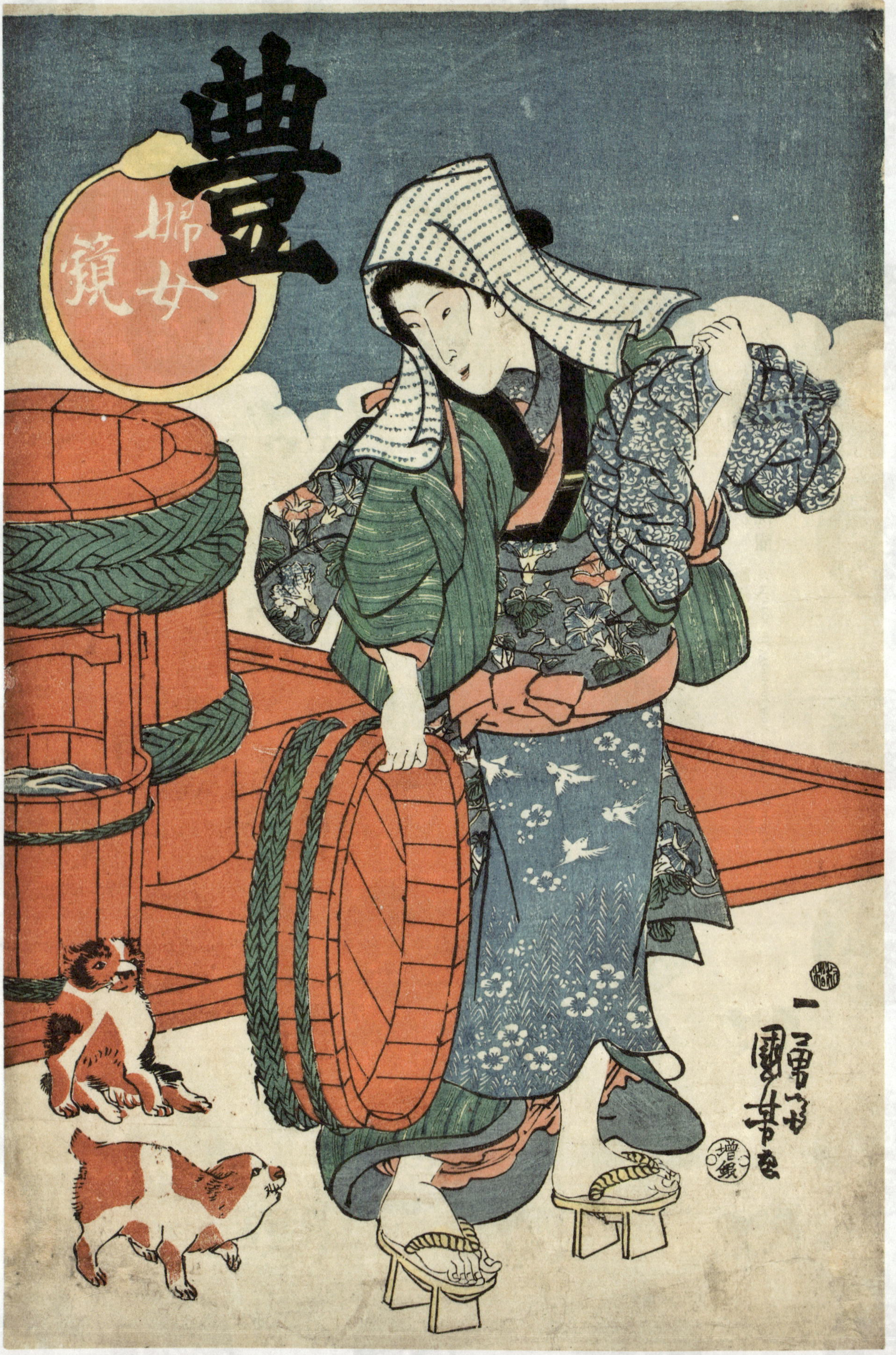

豊
郷女鏡
一勇斎國芳画

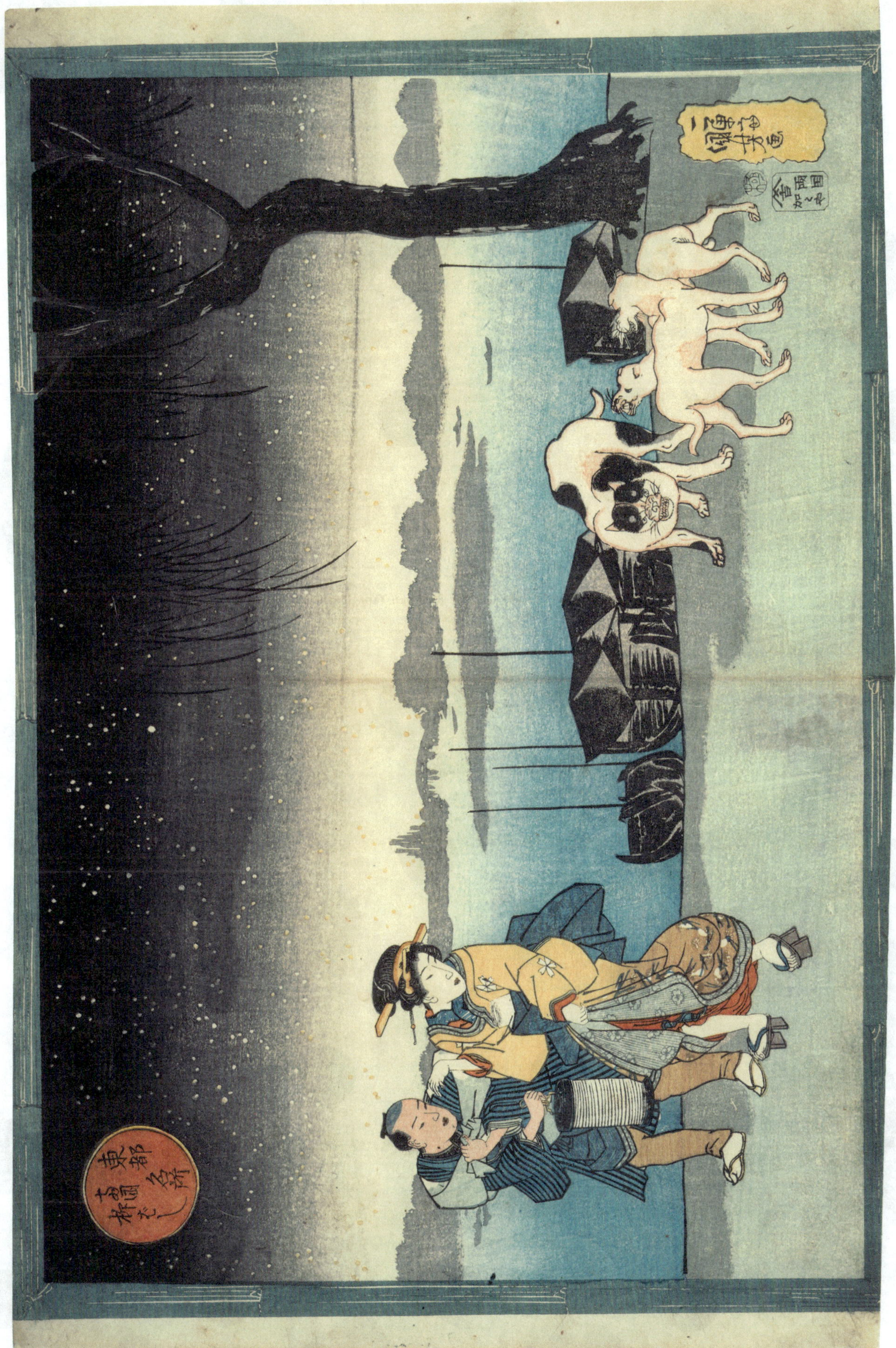

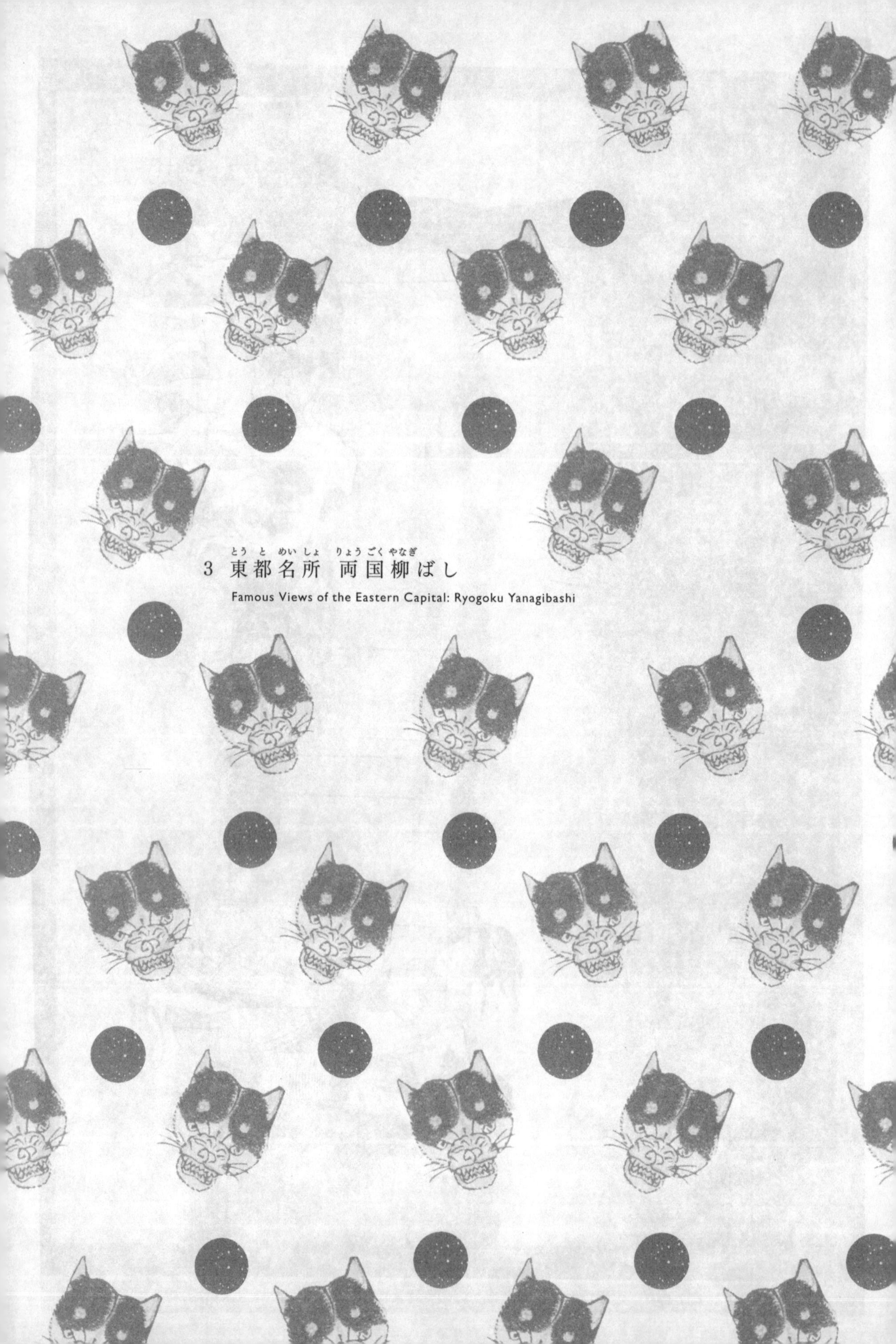

とう と めい しょ　りょう ごく やなぎ
3 東都名所 両国柳ばし
Famous Views of the Eastern Capital: Ryogoku Yanagibashi

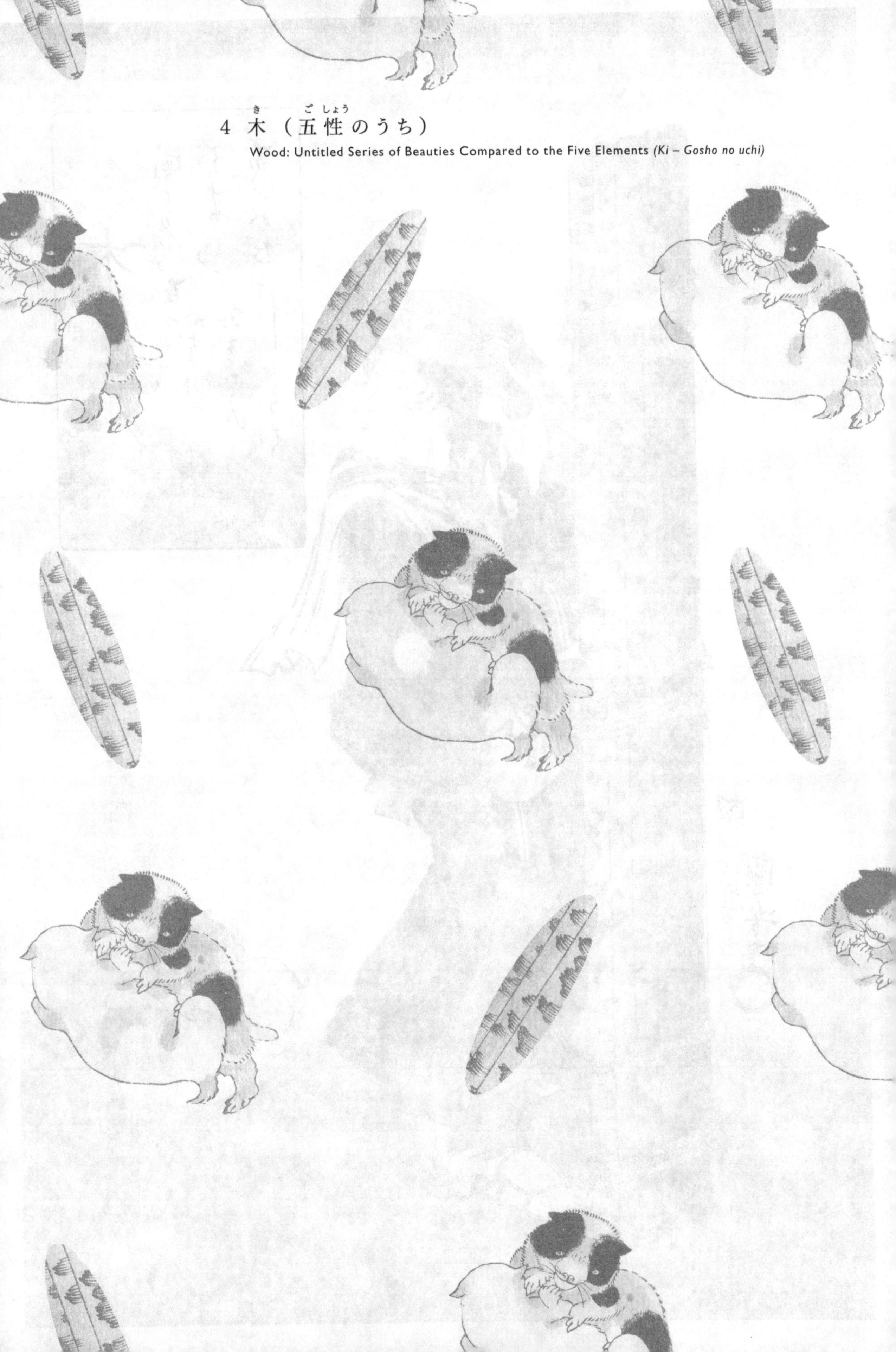

4 木（五性のうち）
Wood: Untitled Series of Beauties Compared to the Five Elements (Ki – Gosho no uchi)

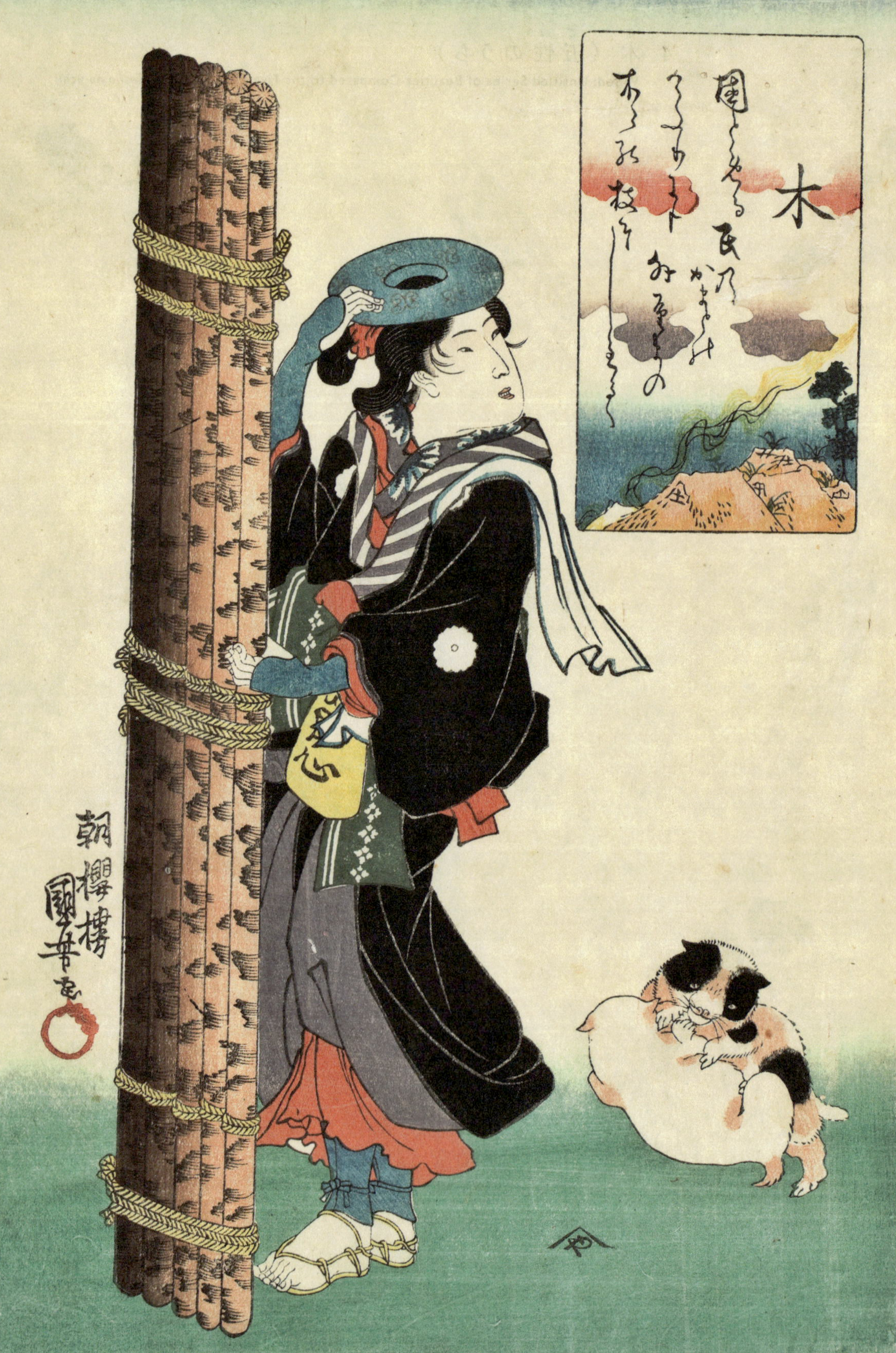

木

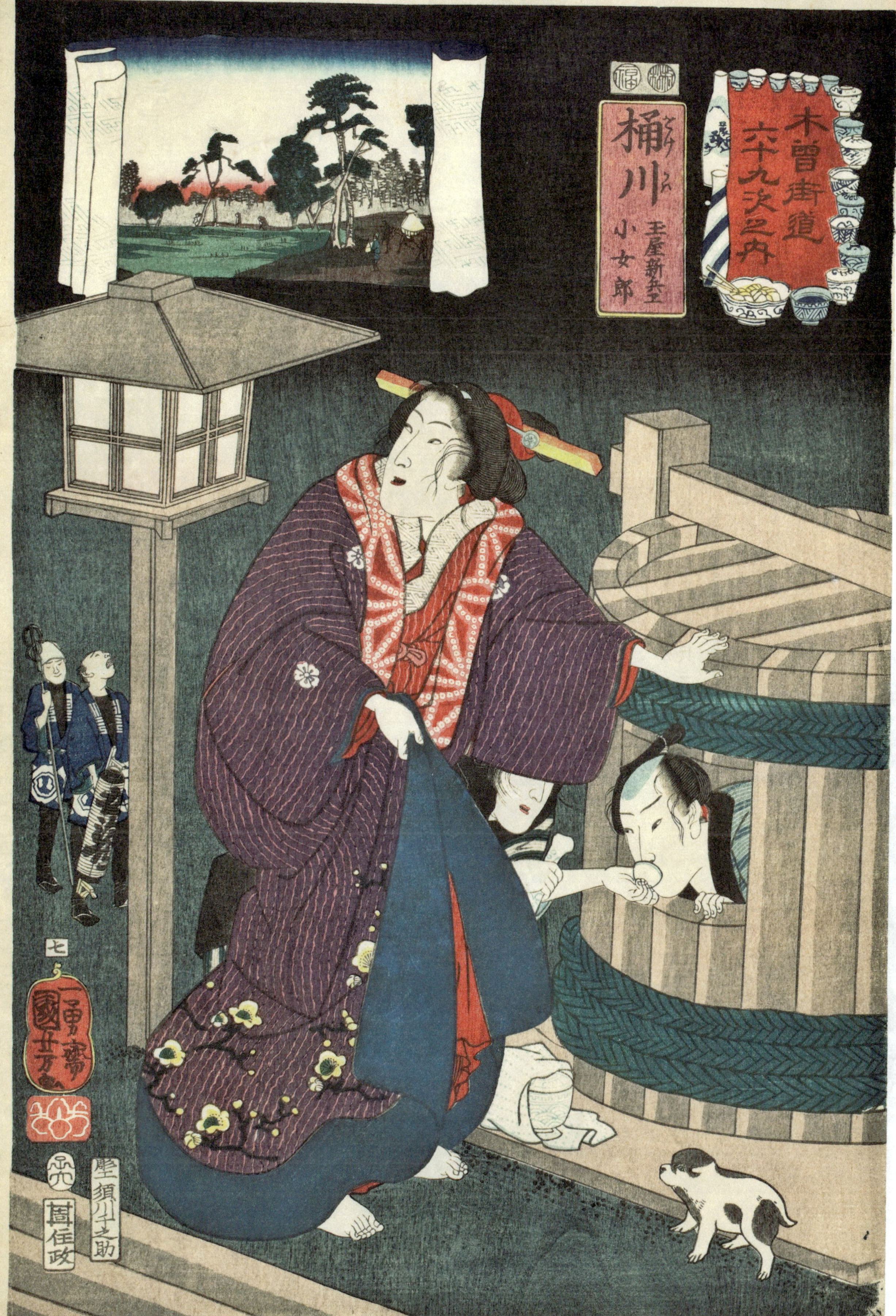
木曽街道 六十九次之内
桶川 玉屋新兵ヱ
小女郎

5
木曽街道六十九次之内 七 桶川 玉屋新兵ヱ 小女郎
Sixty-nine Stations of the Kisokaido: 7. Okegawa – Tamaya Shinbei and Kojoro

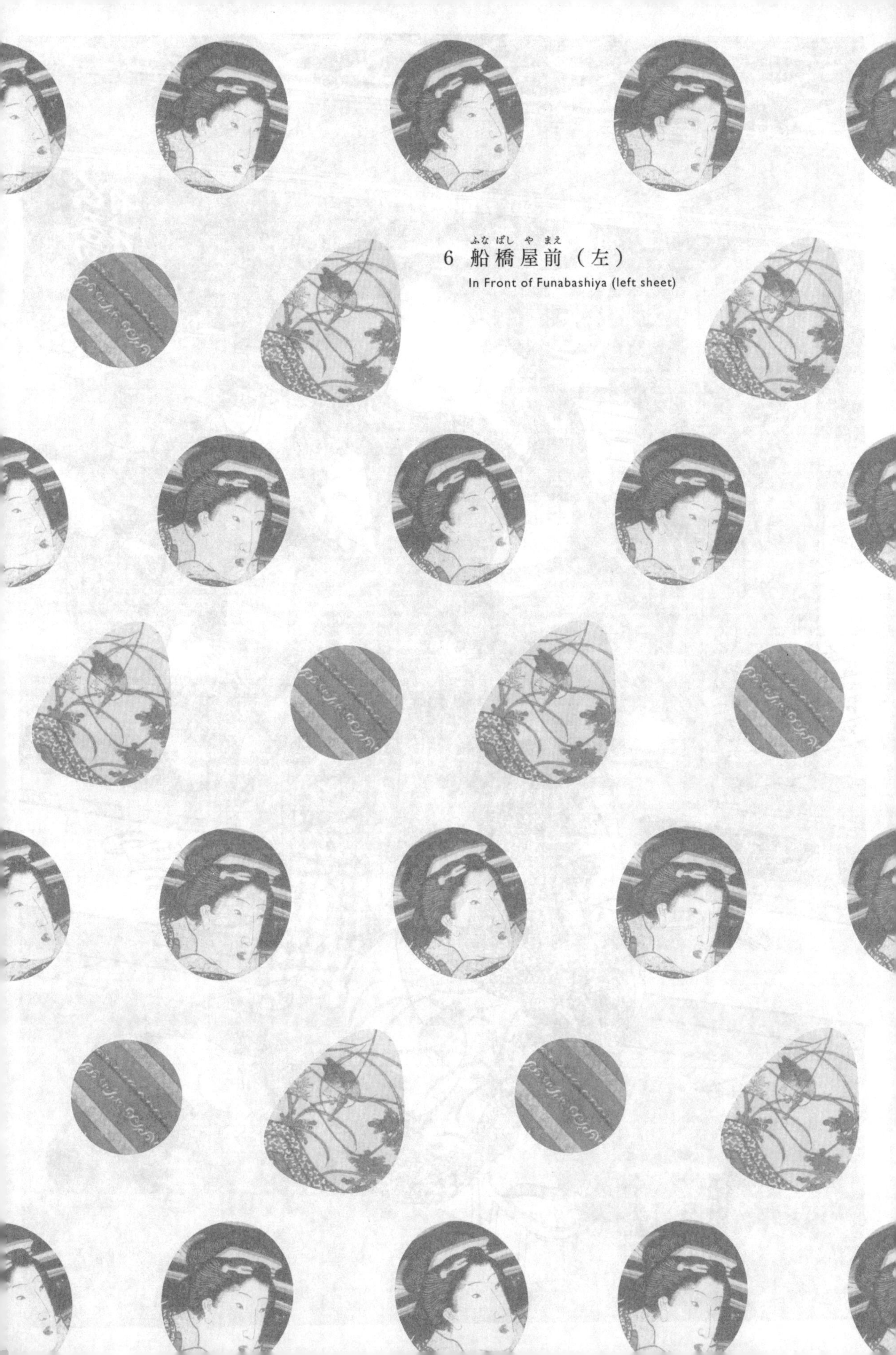

ふな ばし や まえ

6 船橋屋前（左）

In Front of Funabashiya (left sheet)

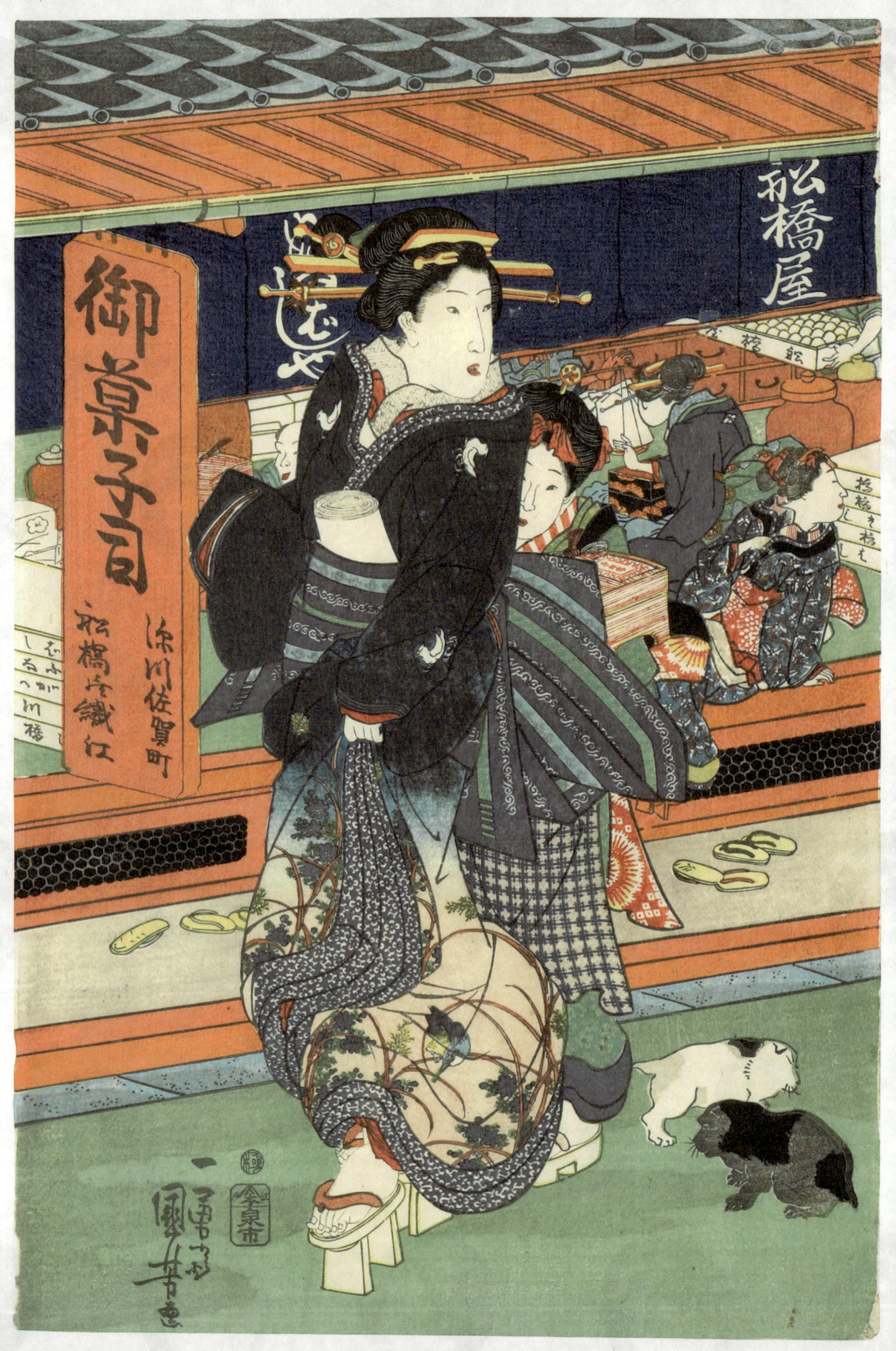
松橋屋
御菓子司
深川佐賀町
松橋珍織江
國芳画

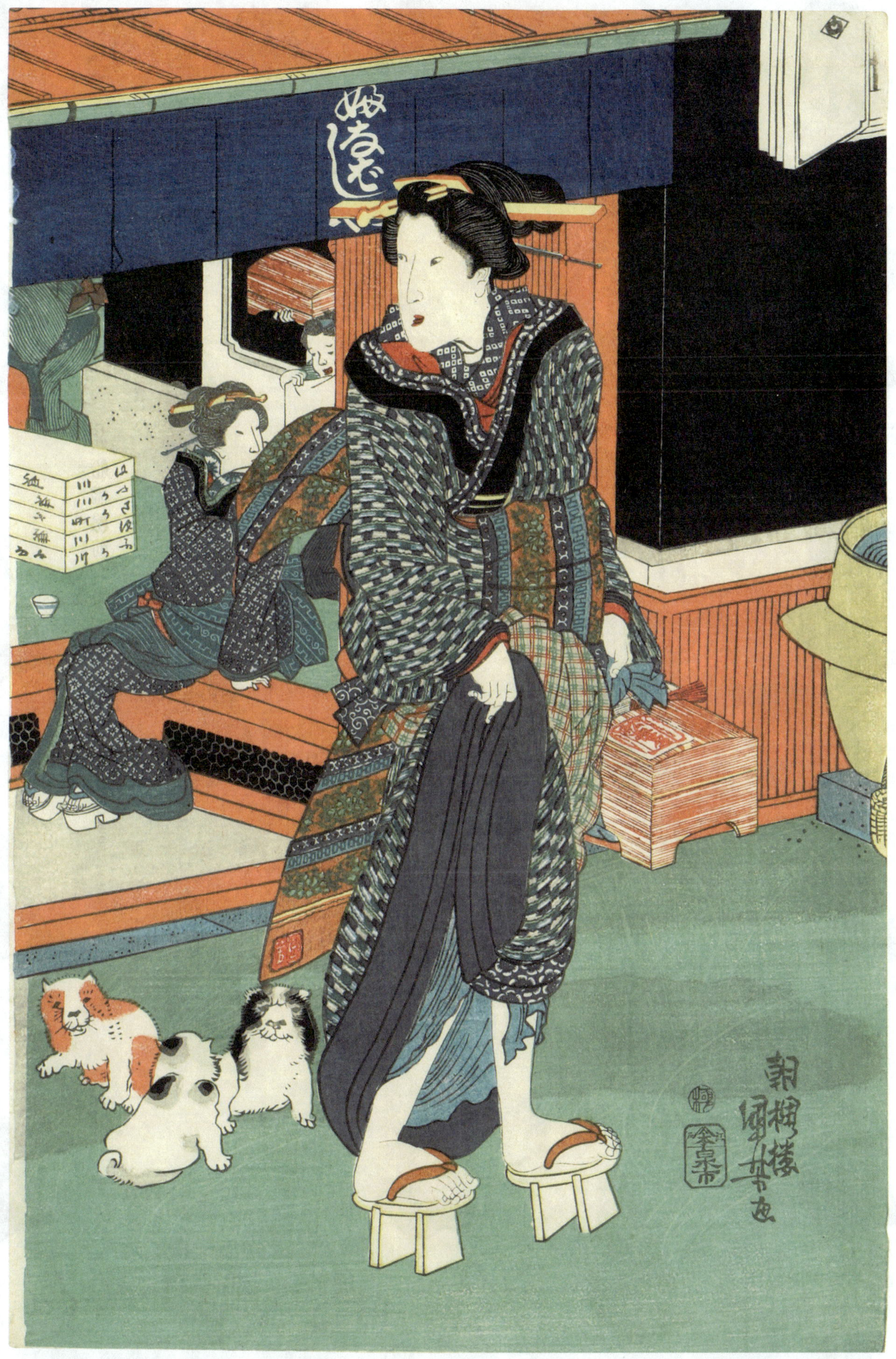

妙遠
朝櫻楼国芳画

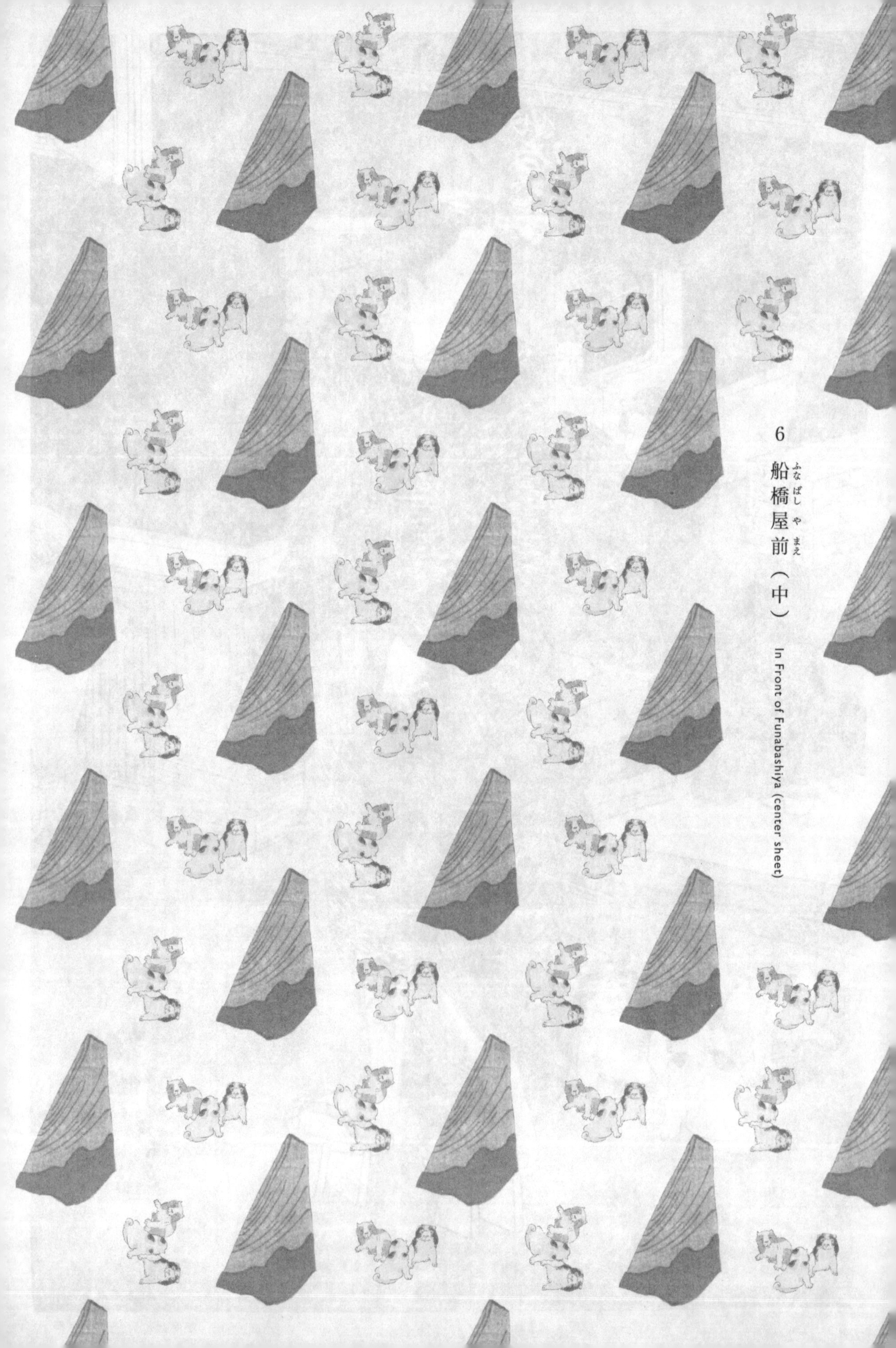

6
船橋屋前（中）
In Front of Funabashiya (center sheet)

6 船橋屋前（右）
In Front of Funabashiya (right sheet)

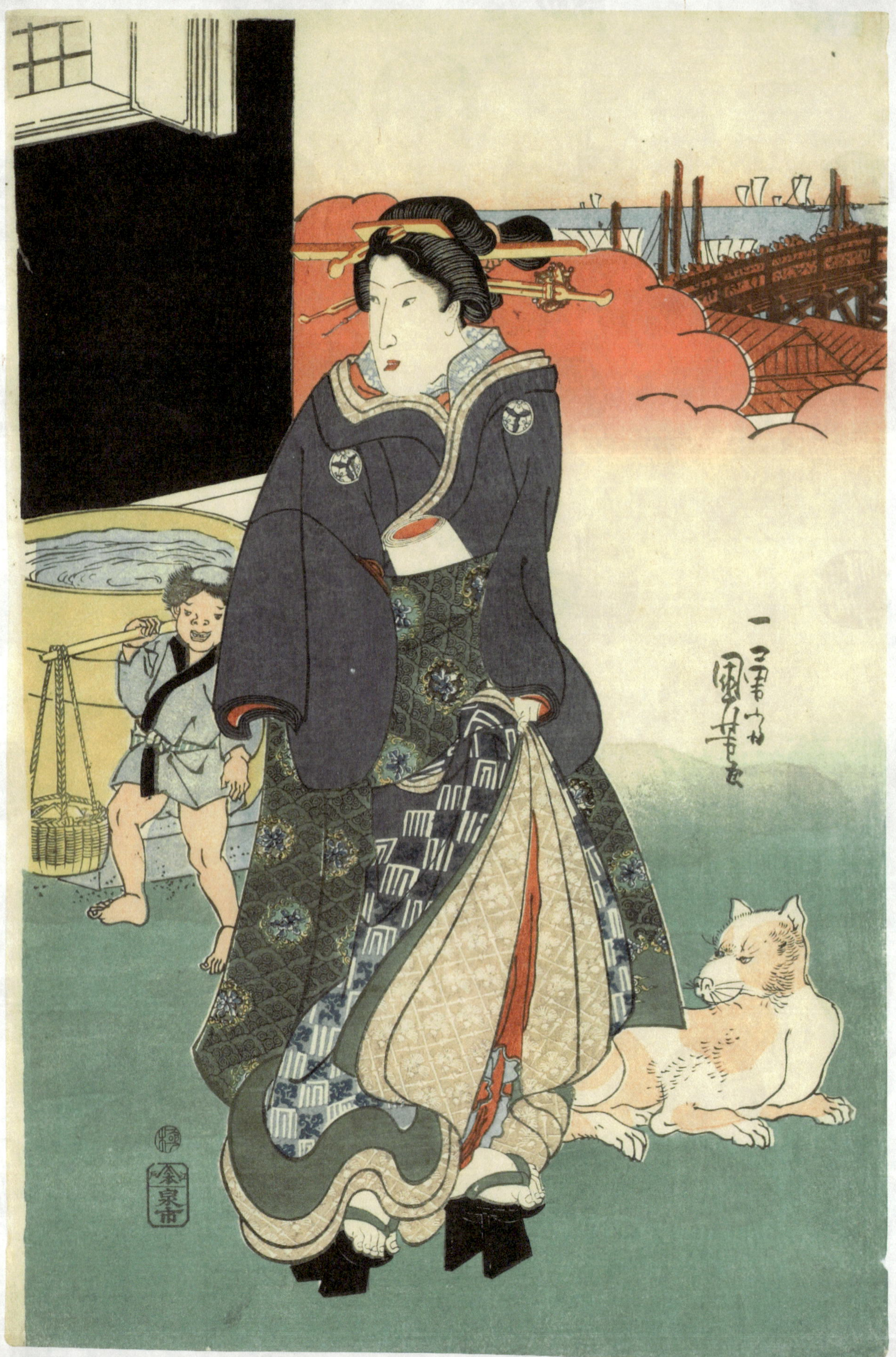

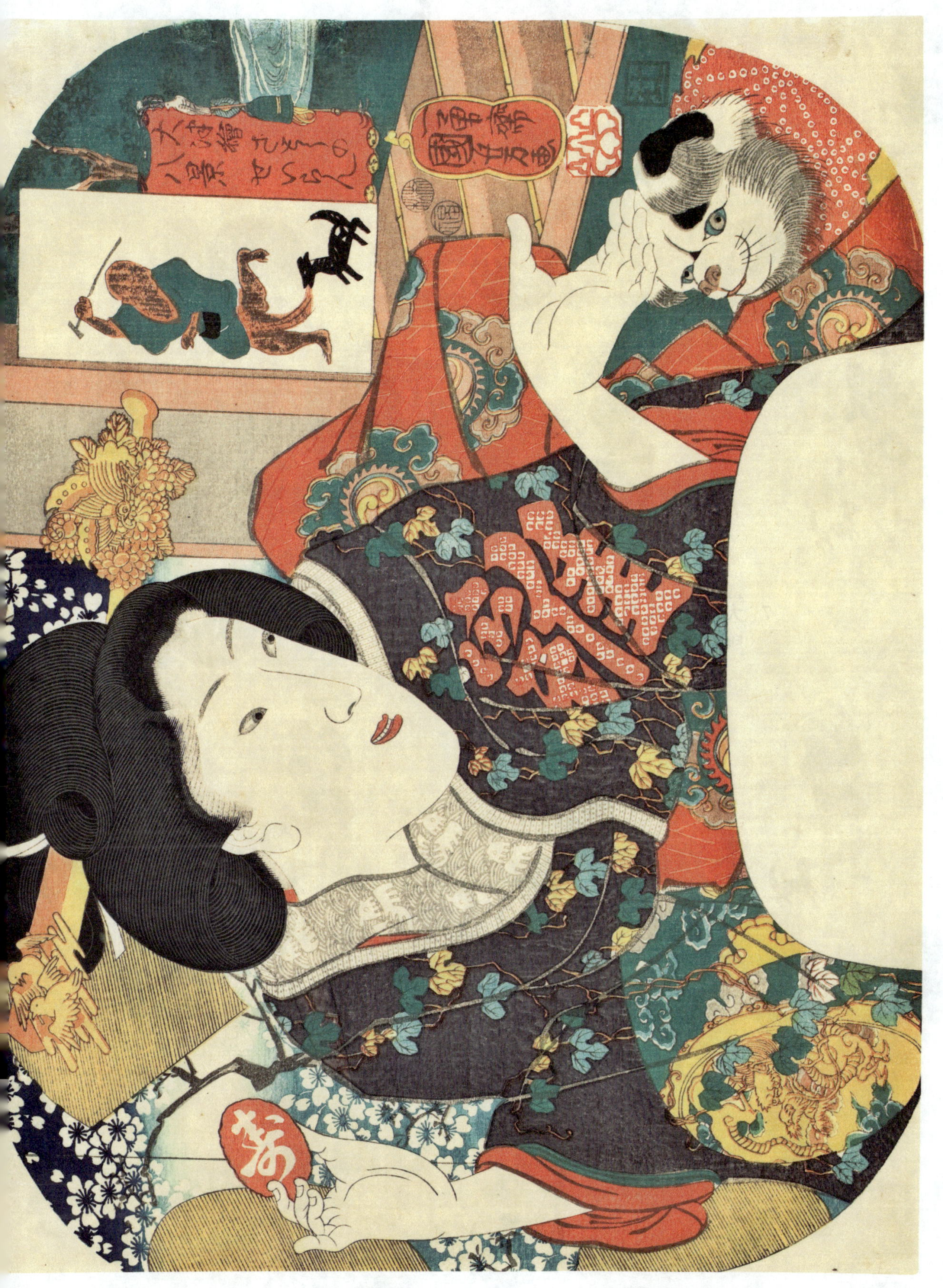

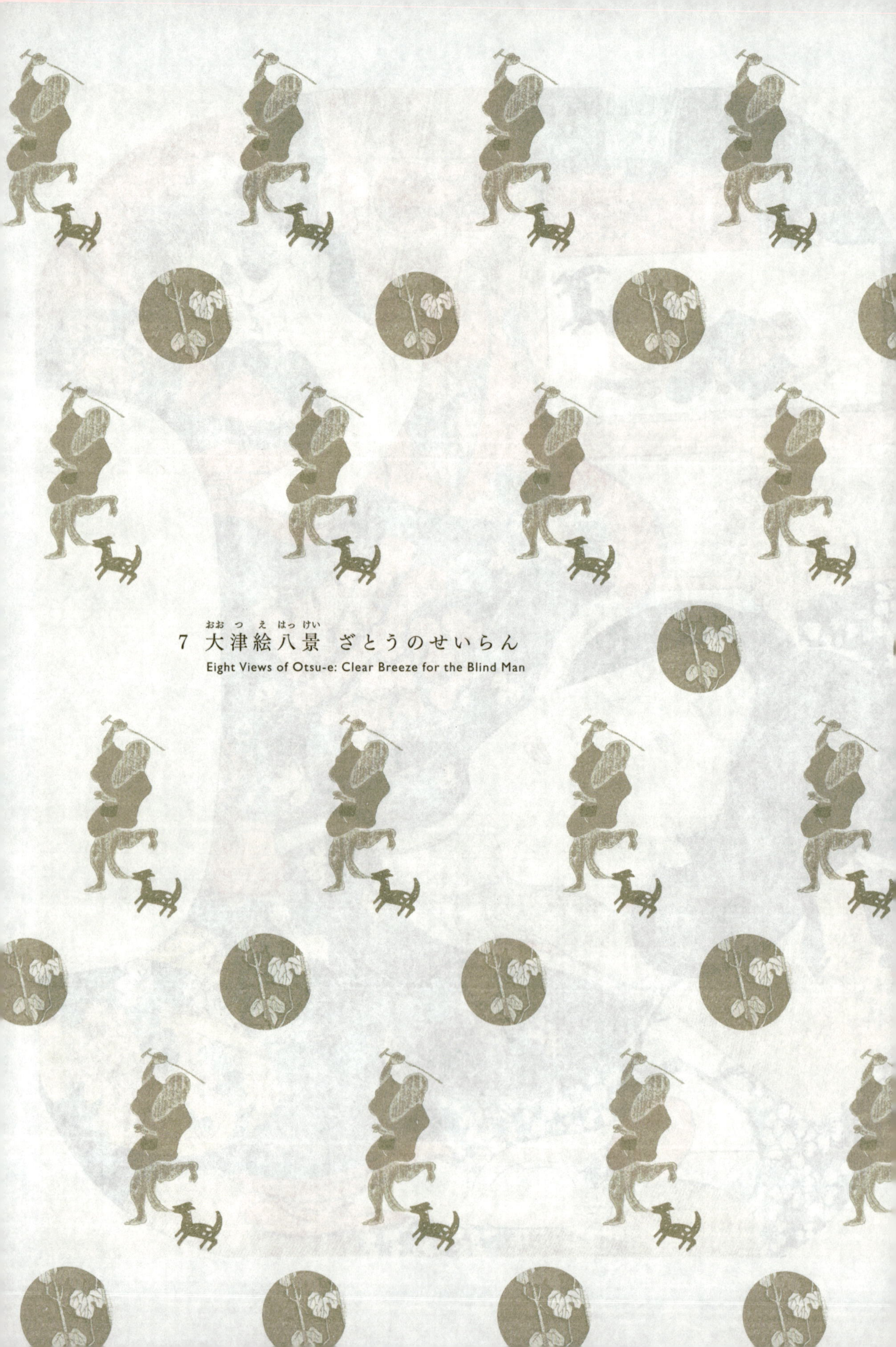

7 大津絵八景 ざとうのせいらん
Eight Views of Otsu-e: Clear Breeze for the Blind Man

8
本朝剣道略伝　犬江親兵衛
Abridged Stories of Our Country's Swordsmanship: Inue Shinbei

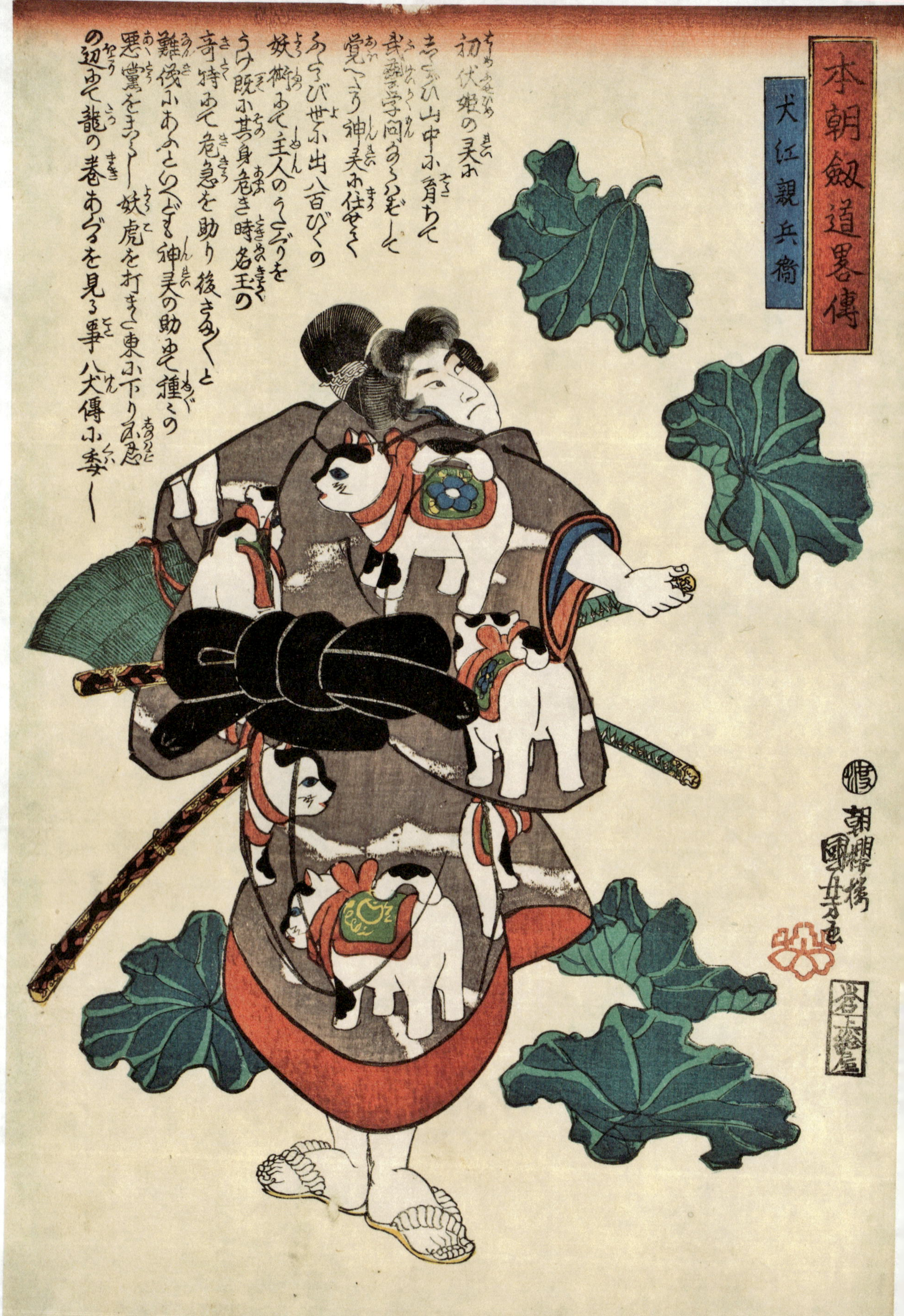

本朝剣道畧傳
犬江親兵衛
初伏姫の呉れ
たるひ山中に育ちて
武藝を学問する事をよく
覚へたり神美に仕へく
ふたゝび世に出八百びくの
妖術をもて主人のうらぶりを
うけ既に其身危き時名王の
寄持もて危急を助り後さるくと
難儀ふあらくども神美の助もて種々の
悪黨をまつし妖虎を打まて東ふ下りふ思
の辺もて龍の巻あづるを見る事八犬傳ふ小妻
朝櫻楼國芳画

本朝剣道畧傳
犬江親兵衛

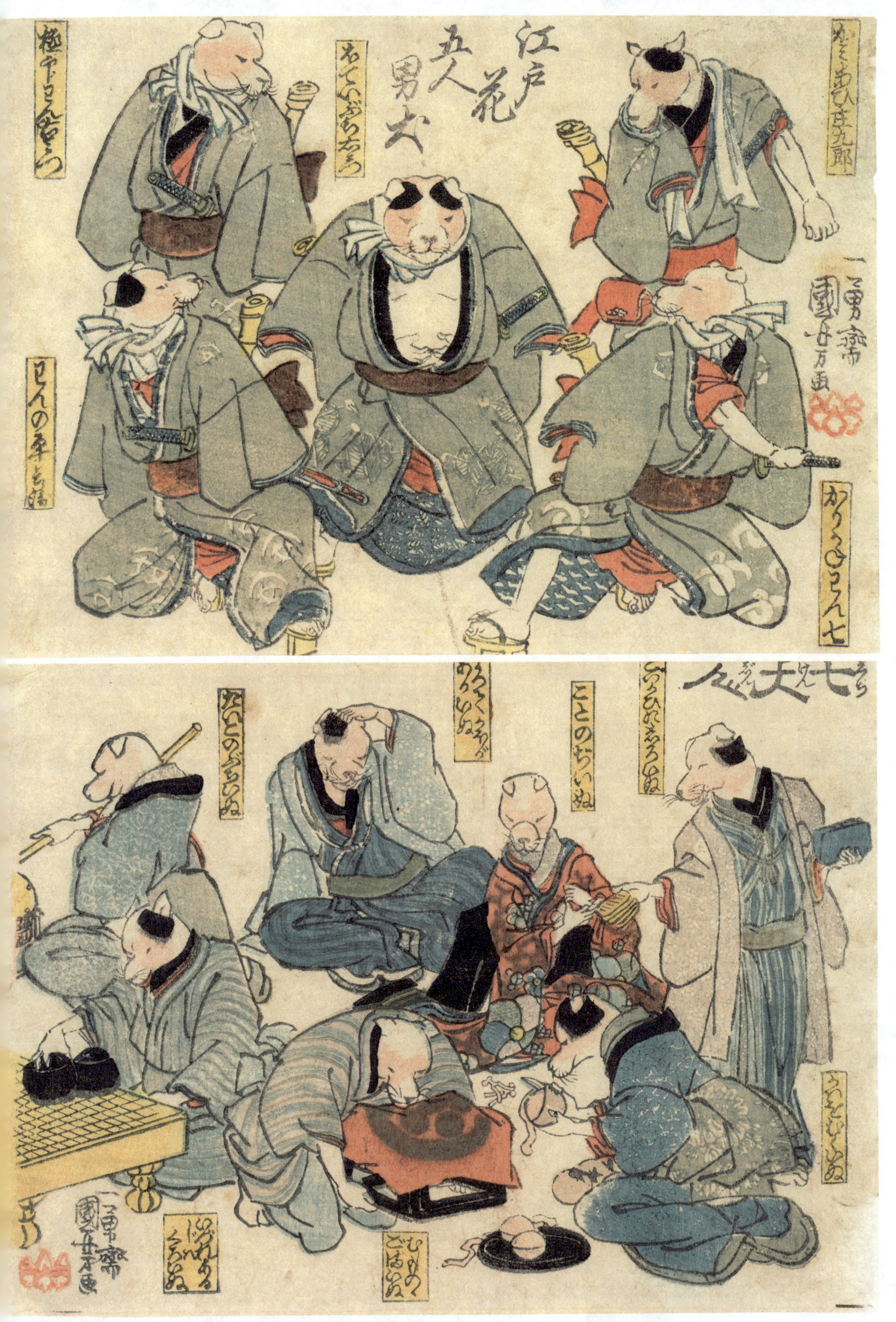
江戸花
五人
男女
極下ゝ 金ぶ
てといぶち ちゝ
ちみあ人庄九郎
一勇斎
國女万画
巳んの中をゝ島
かゝうさうら七
んゝ丈りん七ゝ
をとのぢいらゝ
うろくろゝゝゝゝ
のりゝ山ぬゝ
ことのぢいぬ
るゝひれゝろゝゝ
うゝとゝいゝゝぬ
一勇斎
國女才画
ひめのごほゝぬ
いけれゝゝぬ
にゝゝゝ
くゝゝゝゝゝ

9

<ruby>江戸<rt>え ど</rt></ruby>の<ruby>花<rt>はな</rt></ruby><ruby>五<rt>ご</rt></ruby><ruby>人<rt>にん</rt></ruby><ruby>男<rt>おとこ</rt></ruby><ruby>犬<rt>いぬ</rt></ruby>・<ruby>七<rt>しち</rt></ruby><ruby>犬<rt>けん</rt></ruby><ruby>人<rt>じん</rt></ruby>

Flowers of Edo: Five Dog-Men / Seven Dog-People

10 道外忠臣蔵五段め
Comic Chushingura Act 5

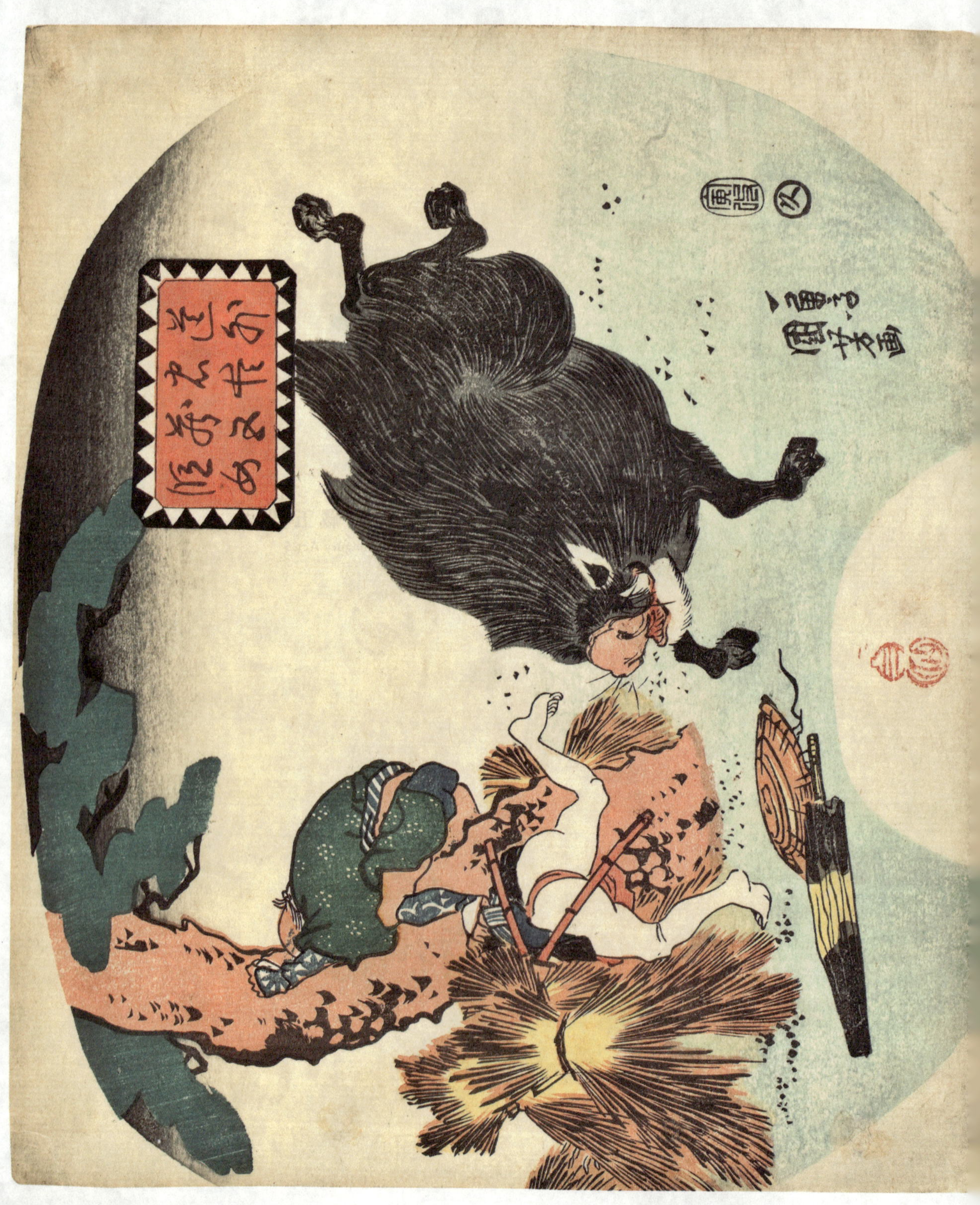

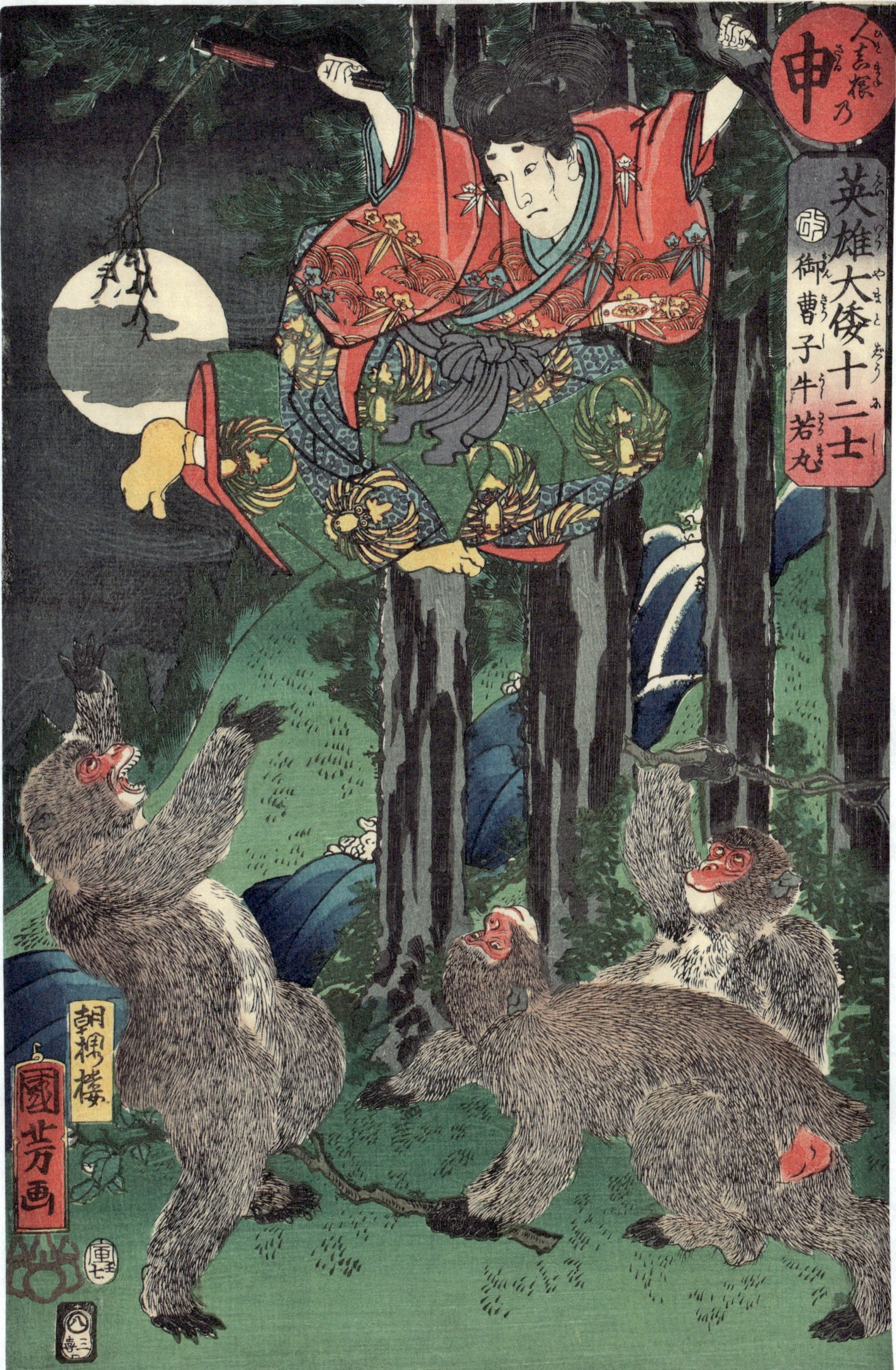
人真似乃
申
英雄大倭十二士
御曹子牛若丸
朝櫻楼
國芳画

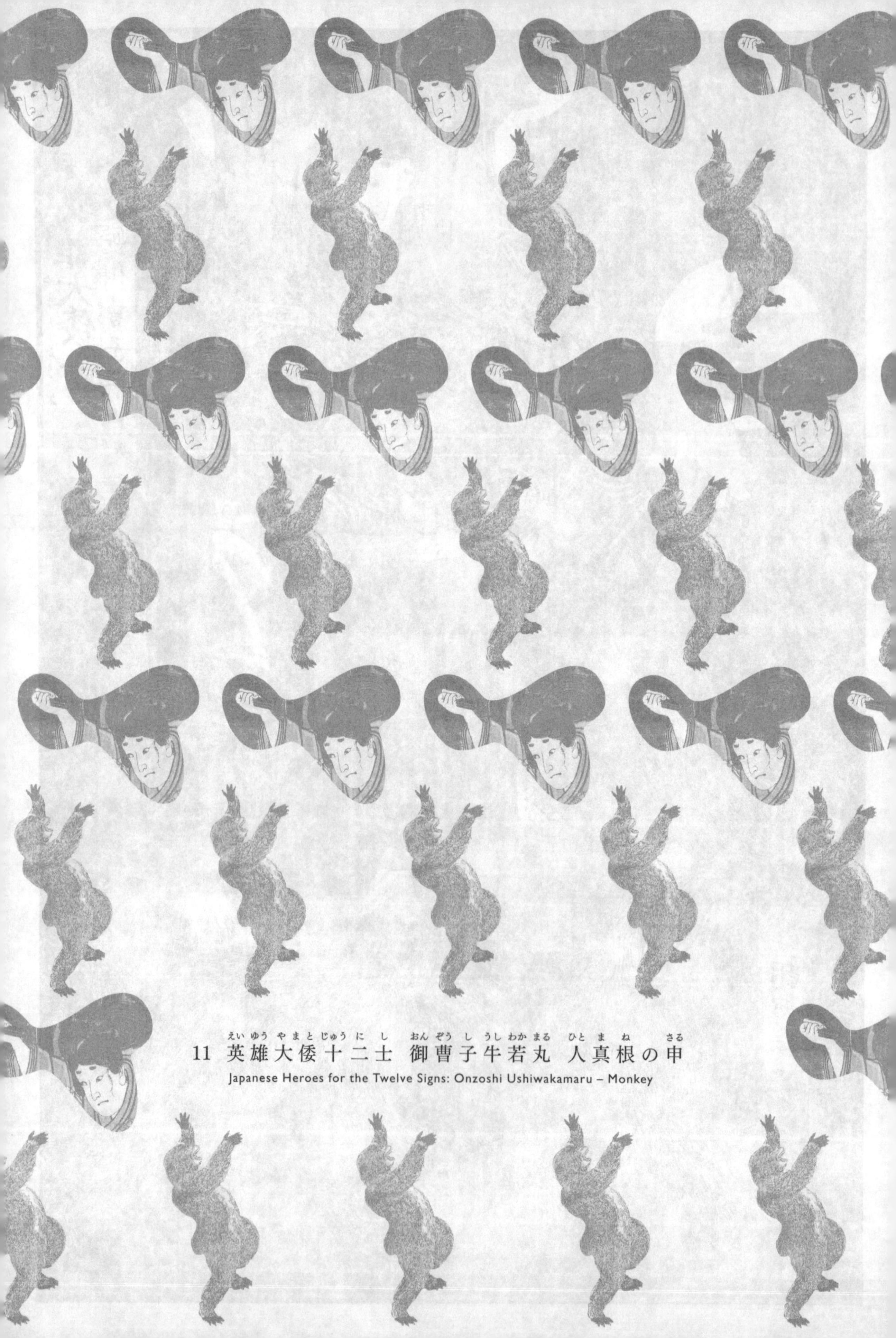

11　英雄大倭十二士　御曹子牛若丸　人真根の申
Japanese Heroes for the Twelve Signs: Onzoshi Ushiwakamaru – Monkey

12
列猛伝 足柄金太郎
Tales of Fierce Warriors: Kintaro of Ashigara

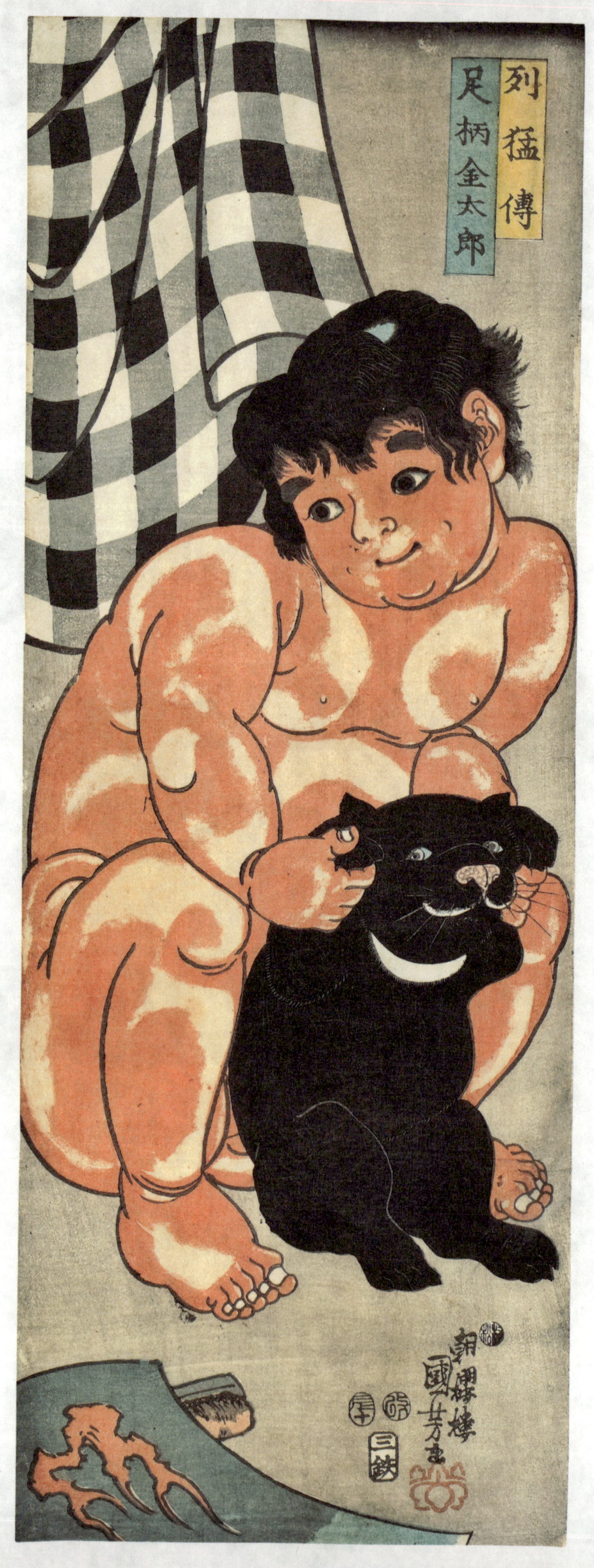

列猛傳
足柄金太郎
朝櫻樓
國芳画

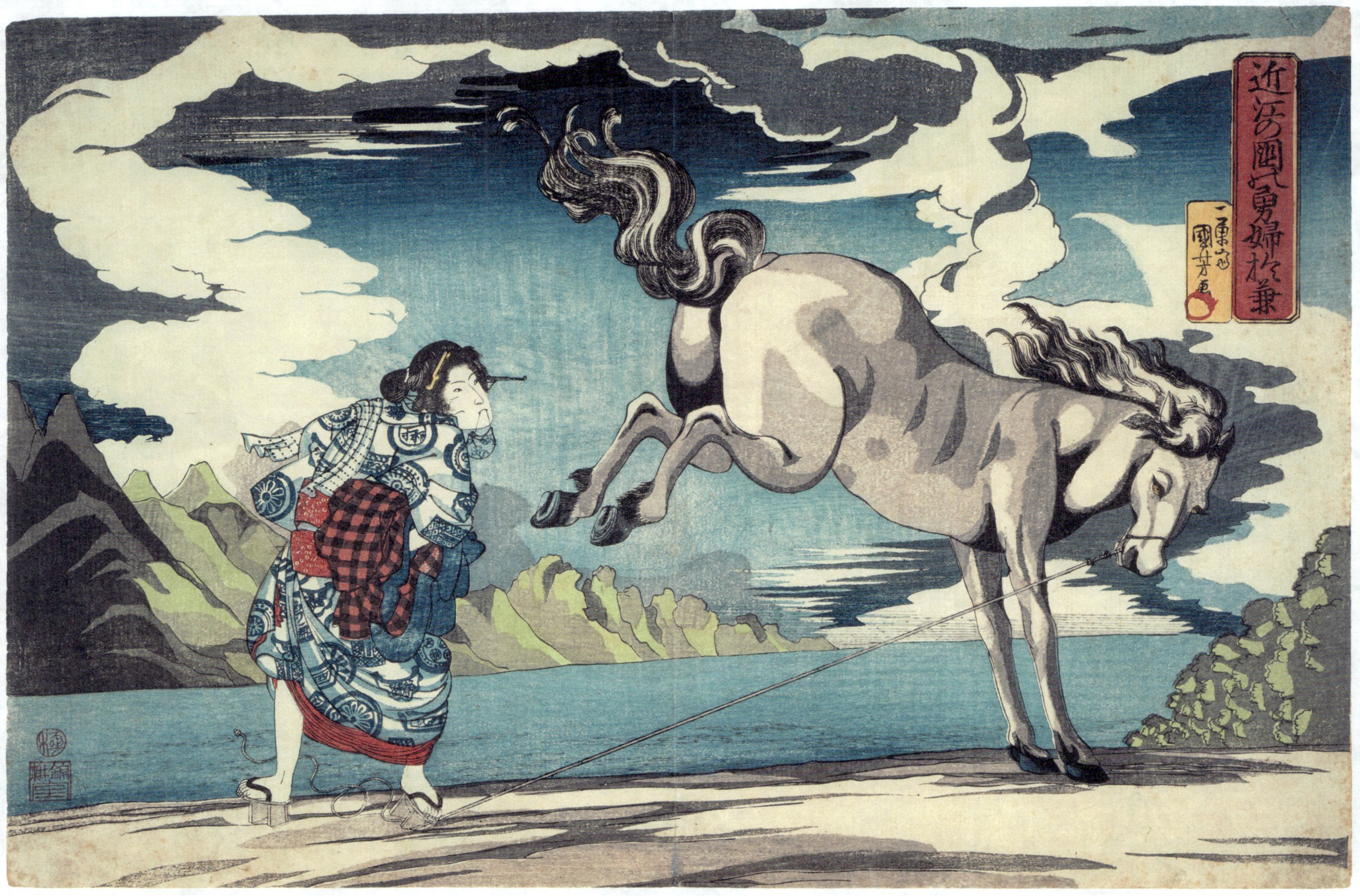
近江の国の勇婦於兼
一勇斎國芳画

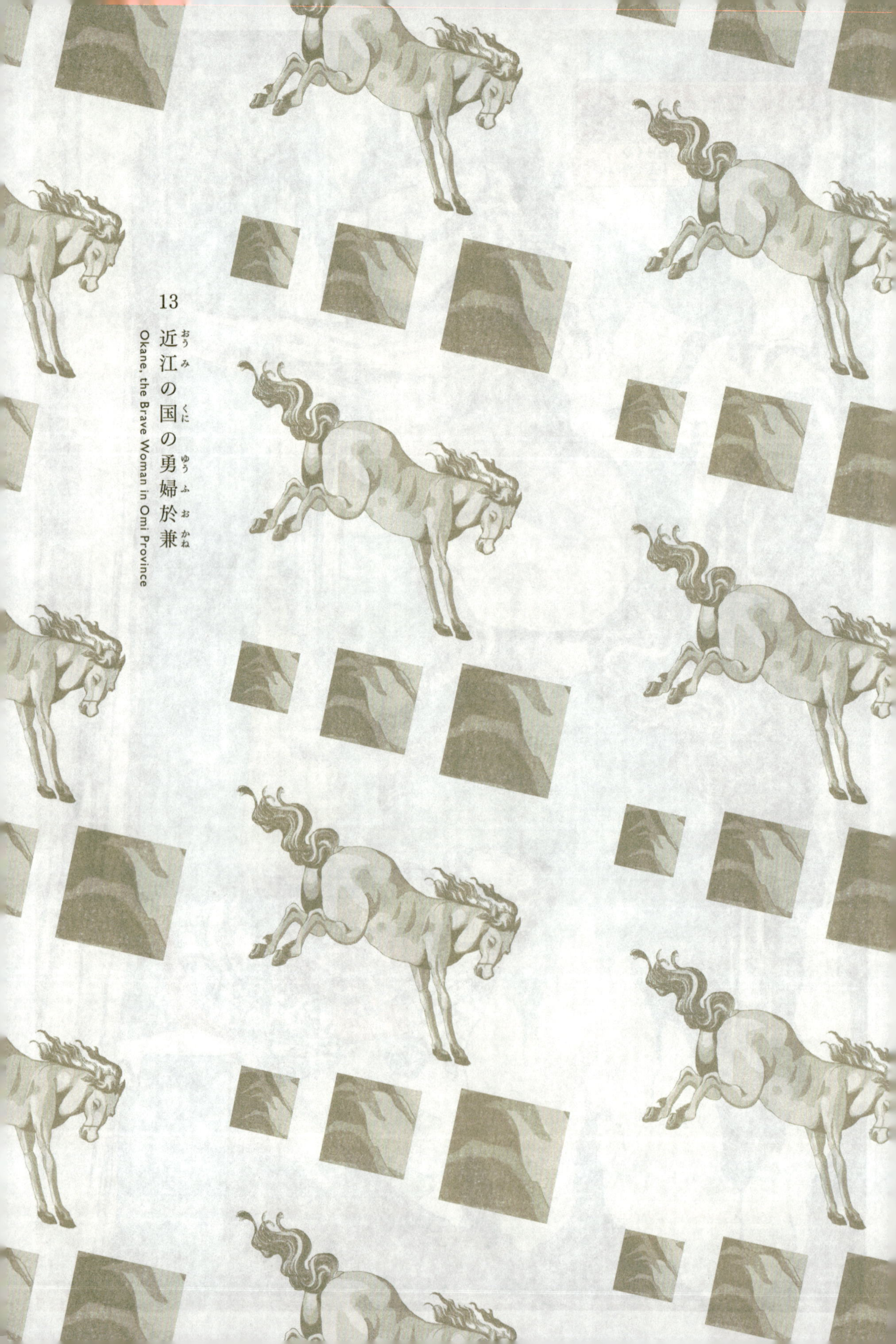

13

近江の国の勇婦於兼

Okane, the Brave Woman in Omi Province

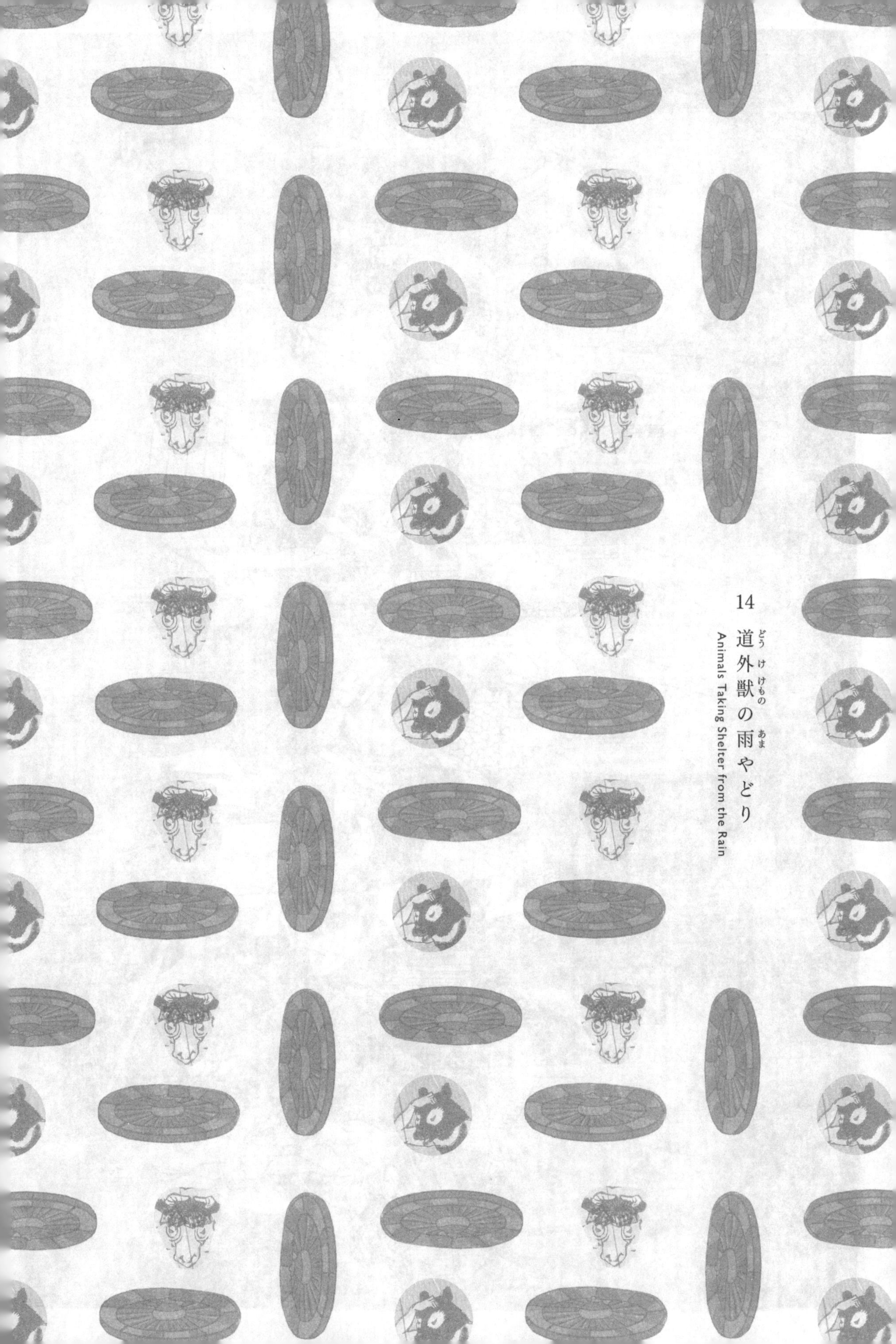

14
道外獣の雨やどり
Animals Taking Shelter from the Rain

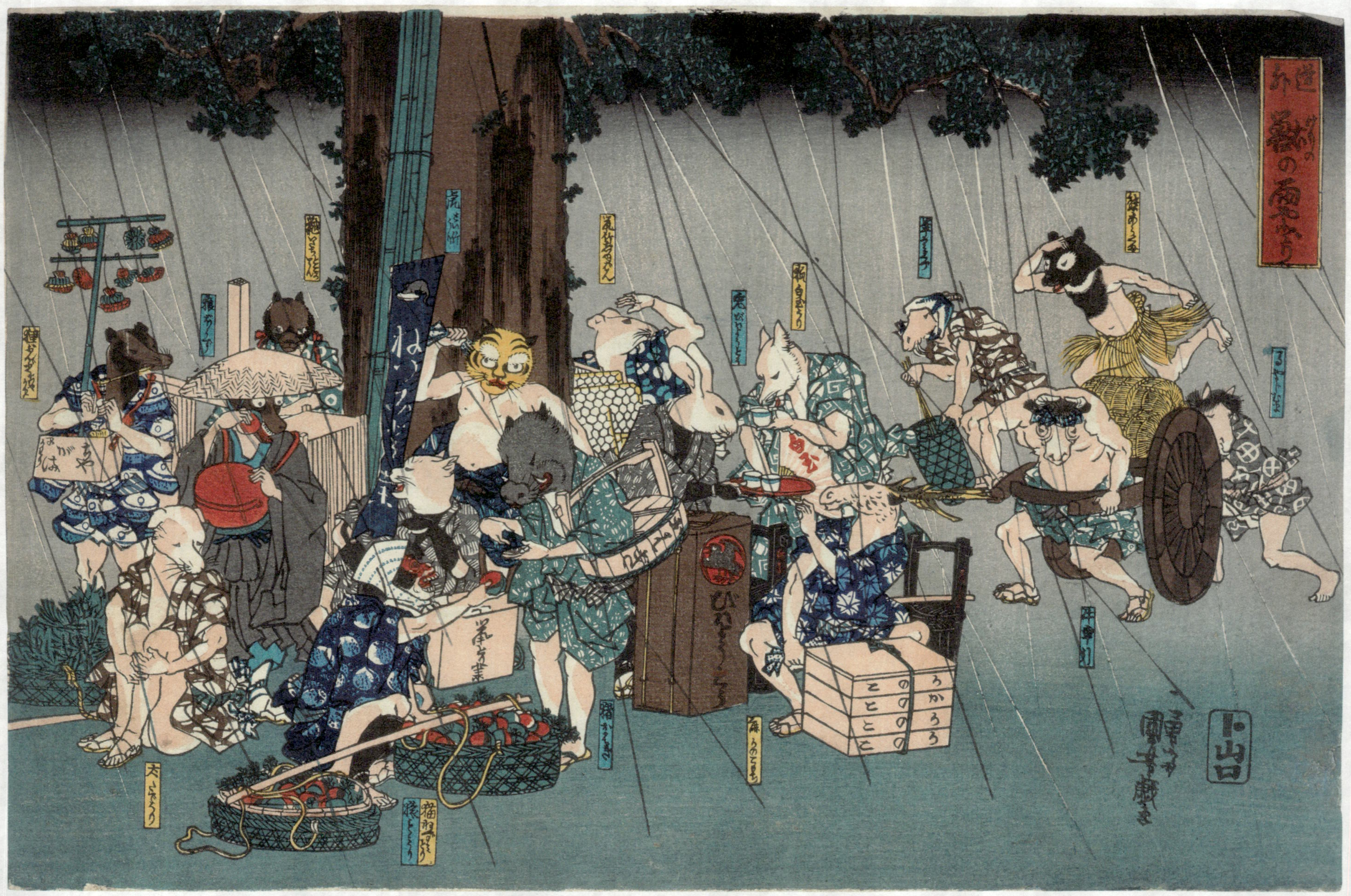

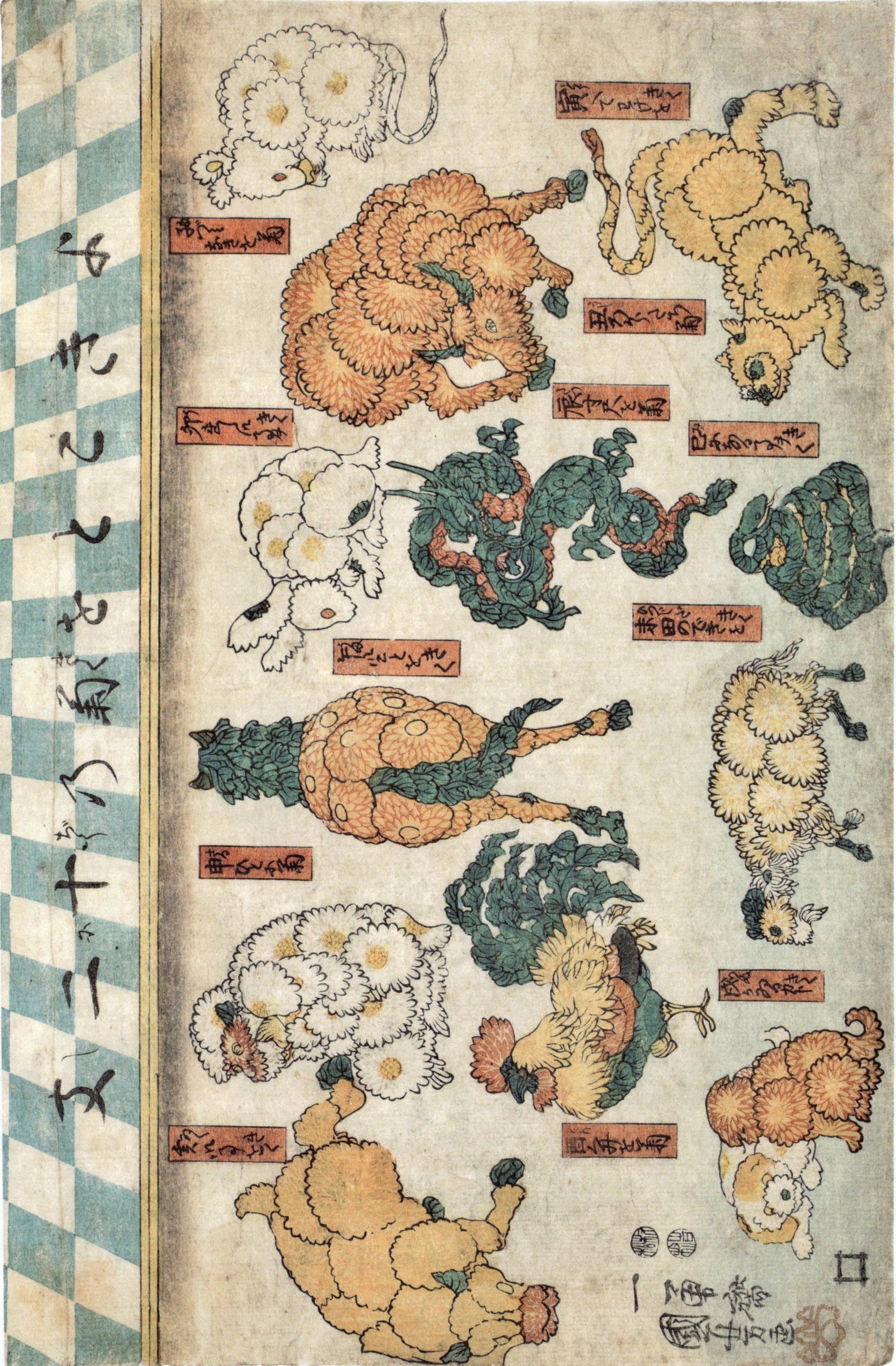

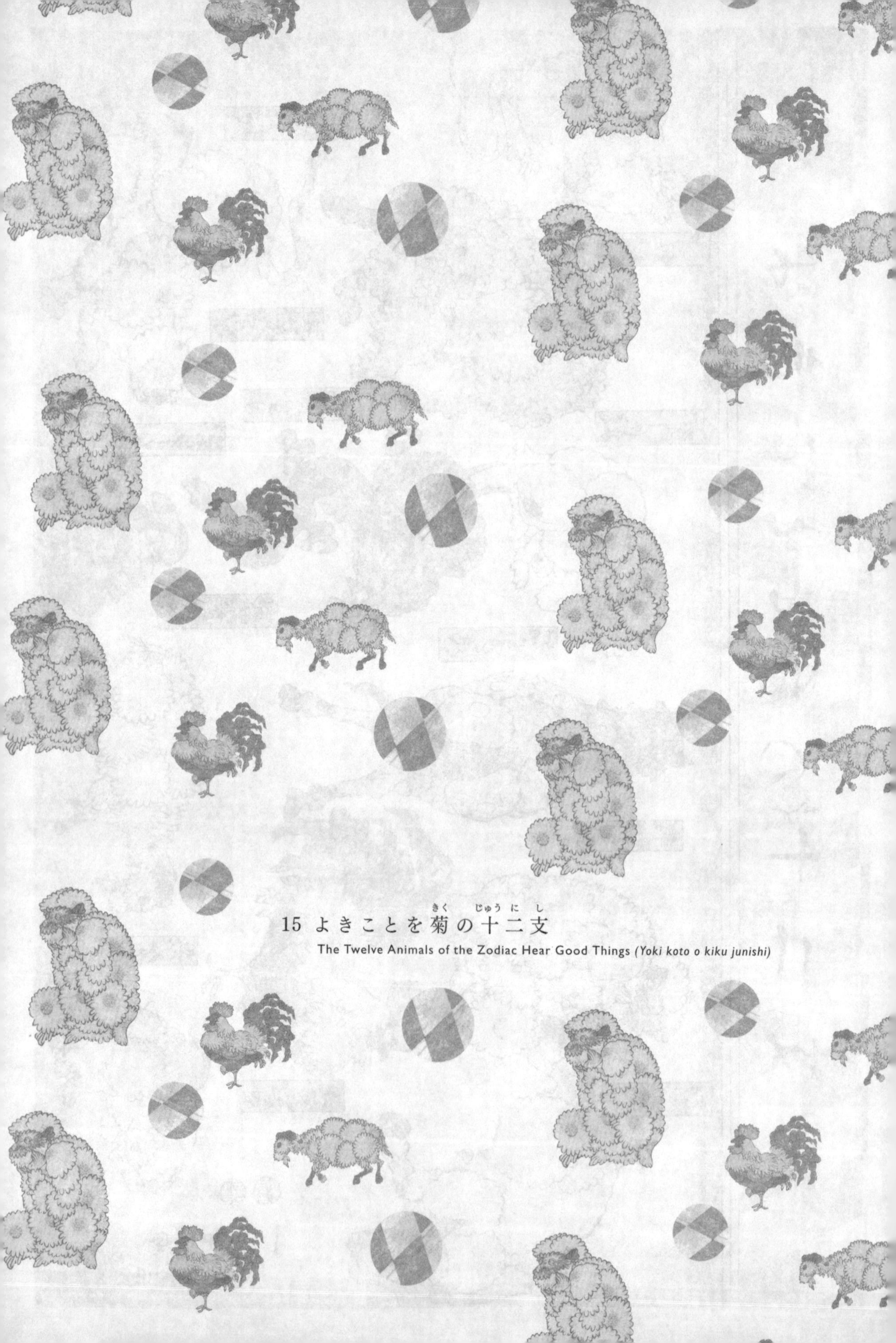

15 よきことを菊の十二支

The Twelve Animals of the Zodiac Hear Good Things *(Yoki koto o kiku junishi)*

16
誠忠義臣名々鏡　へ　間瀬忠太夫正明
Mirror of the True Loyalty of the Faithful Retainers, Individually: He - Mase Chudayu Masaaki

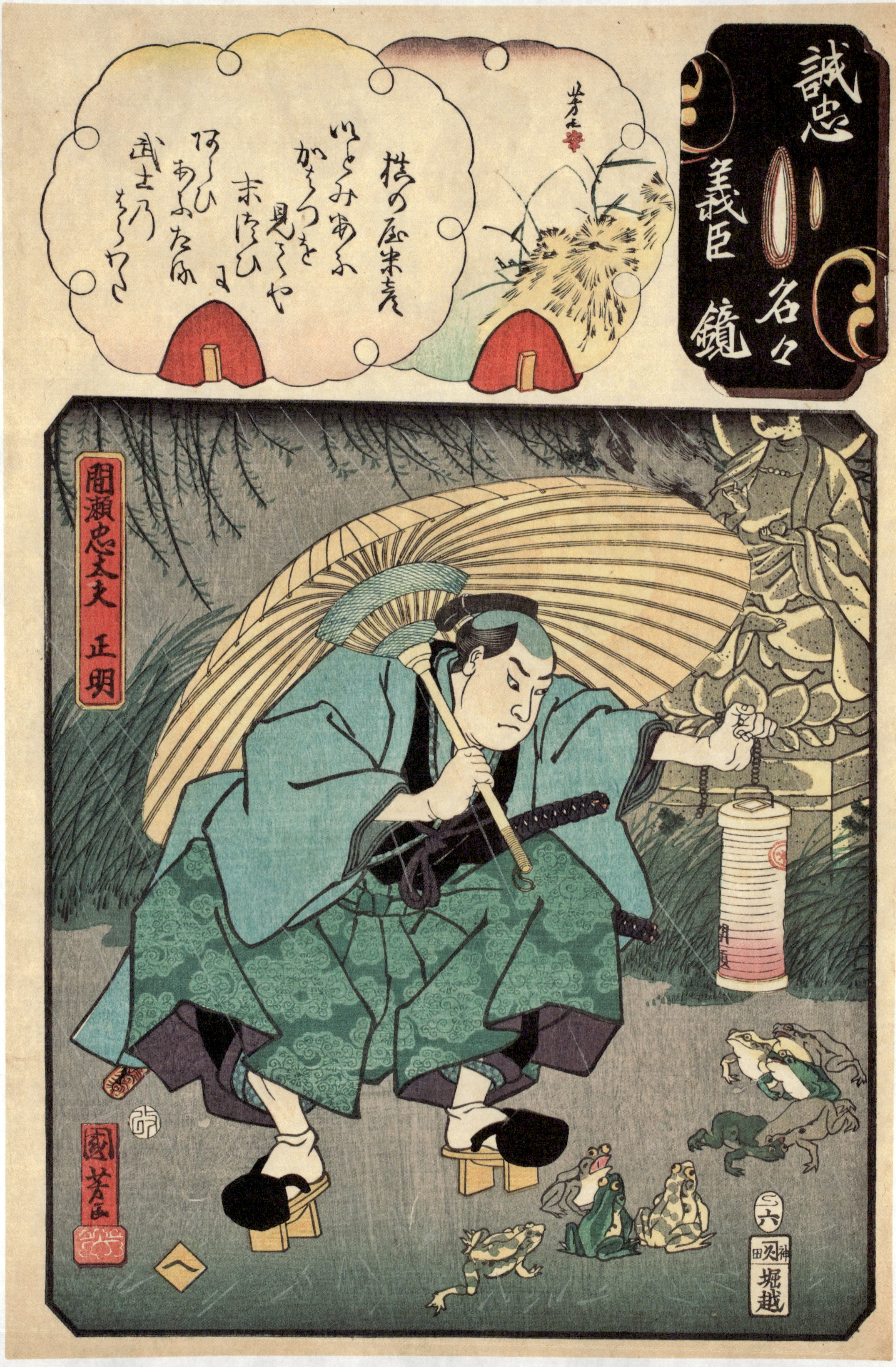

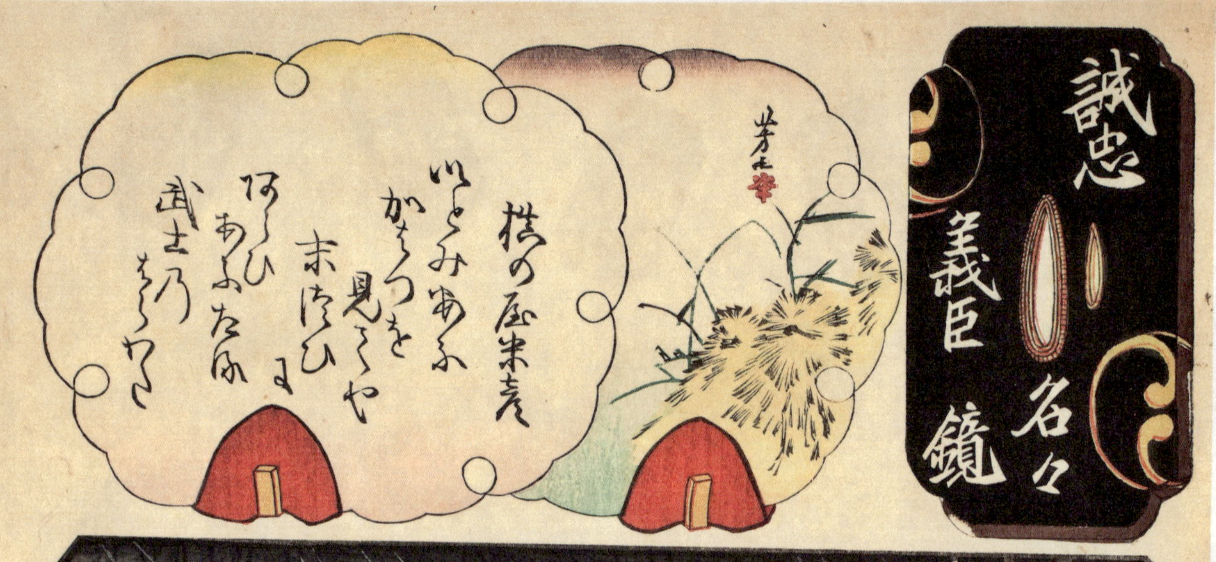

誠忠
義臣名々鏡
間瀬忠太夫　正明
芳玉
國芳画

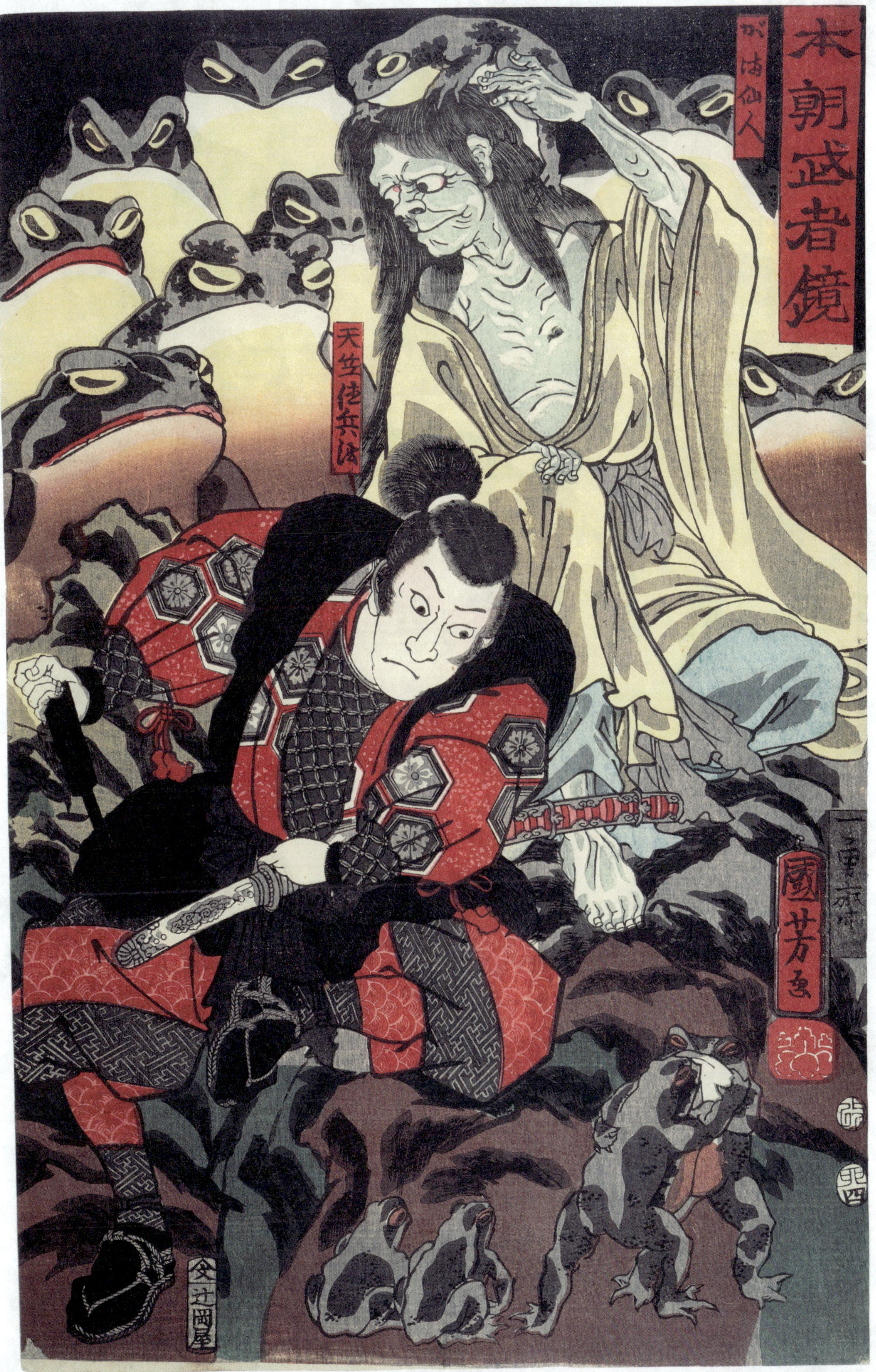
本朝武者鏡
がま仙人
天竺徳兵衛
一勇斎國芳画
辻岡屋

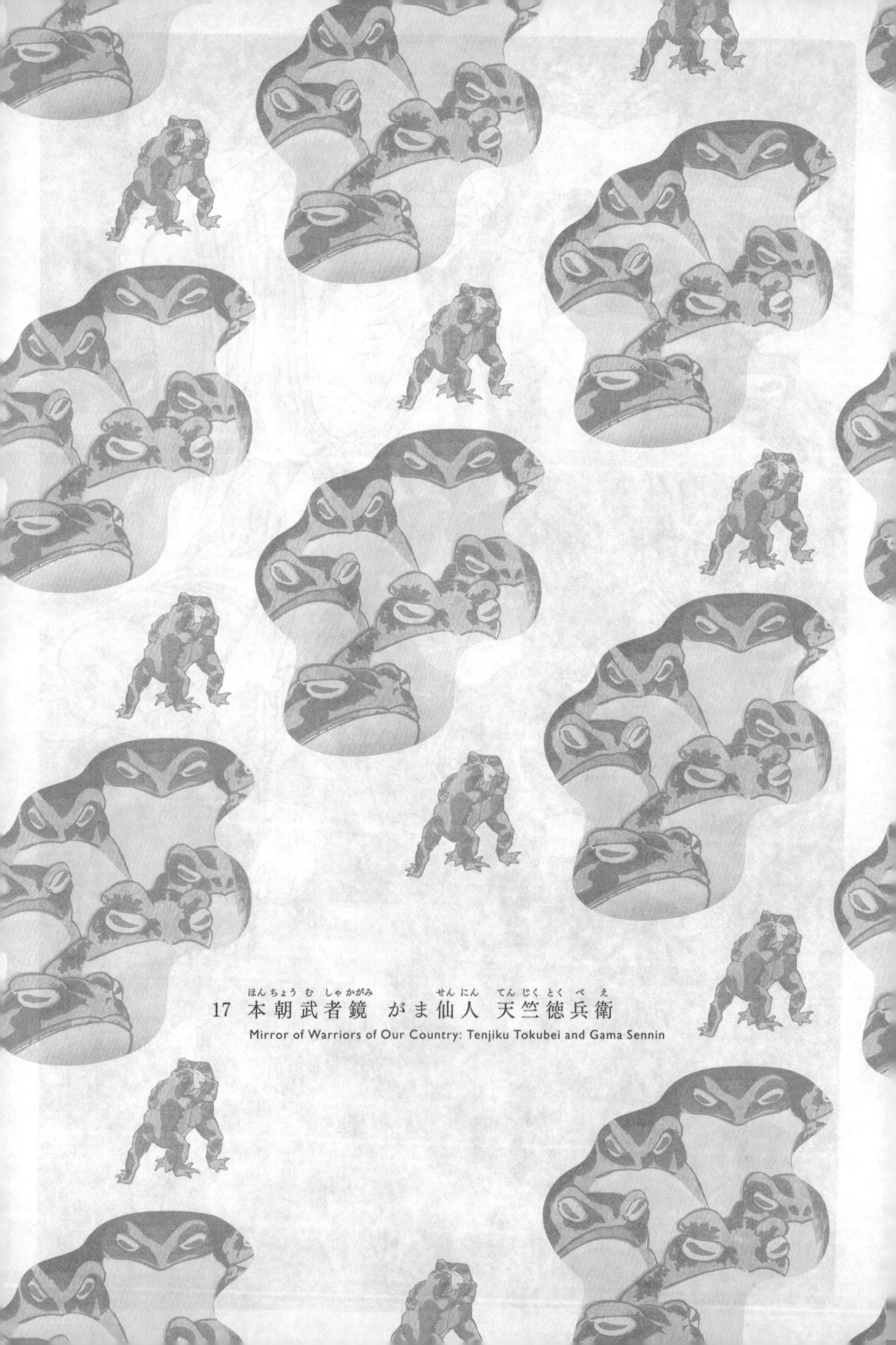

ほんちょうむ しゃかがみ　　　　せんにん　てんじくとくべえ
17 本朝武者鏡 がま仙人 天竺徳兵衛
Mirror of Warriors of Our Country: Tenjiku Tokubei and Gama Sennin

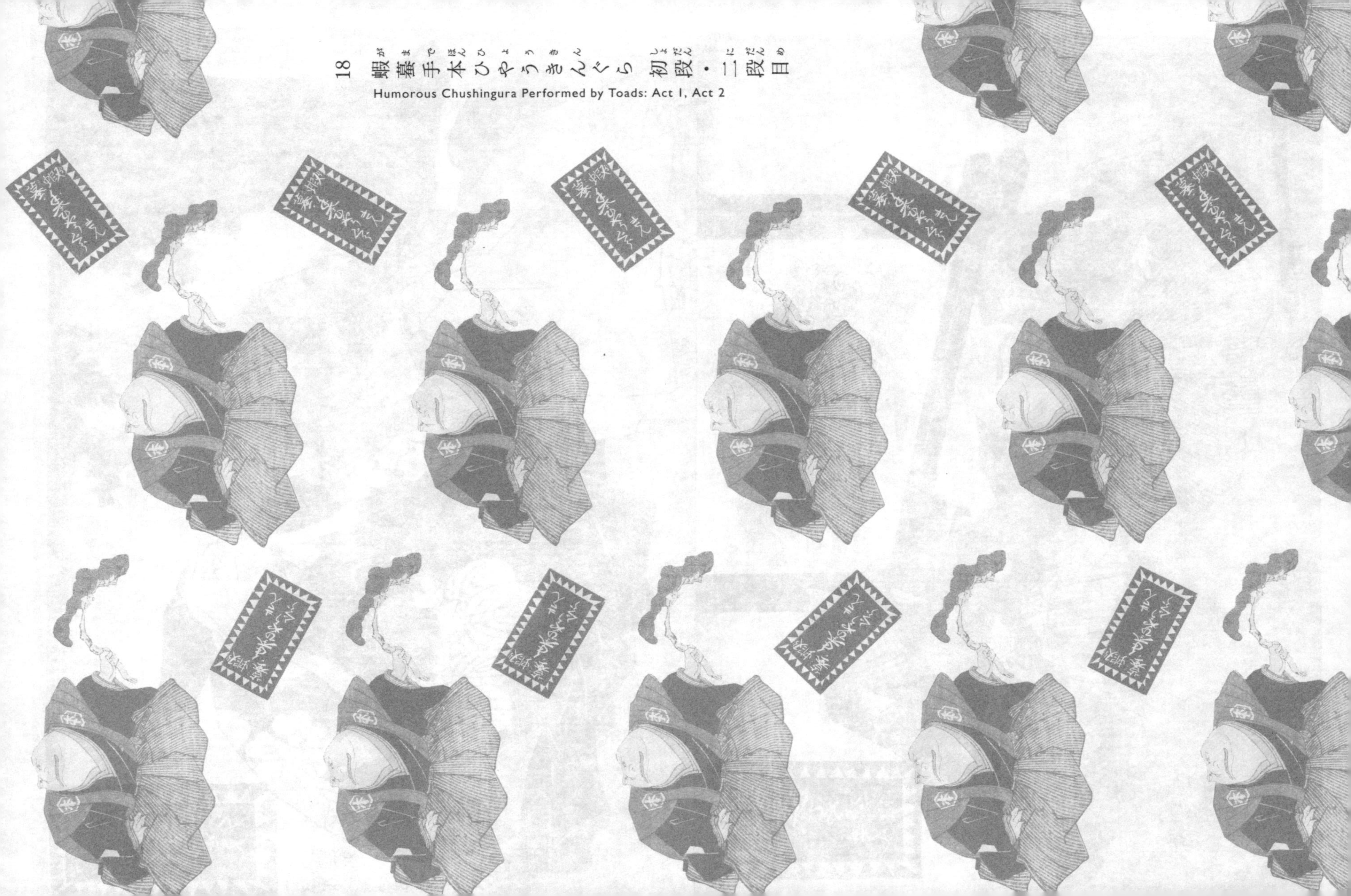

18 蝦蟇手本ひやうきんぐら　初段・二段目

Humorous Chushingura Performed by Toads: Act 1, Act 2

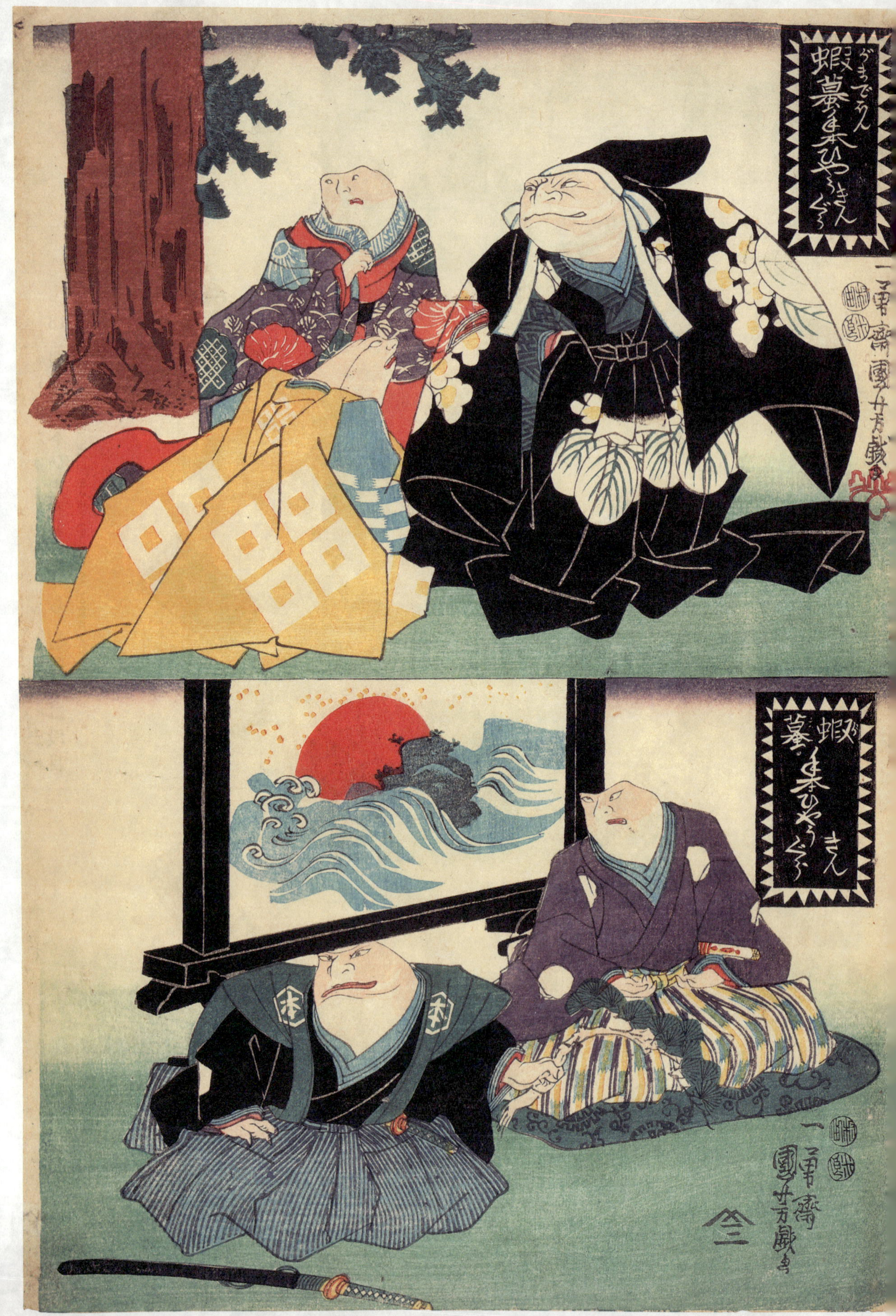

がまでろん　又　蝦蟇ノ手並ひやうきんぐん
蝦蟇ノ手並ひやうきんぐん
一勇齋國芳戯画

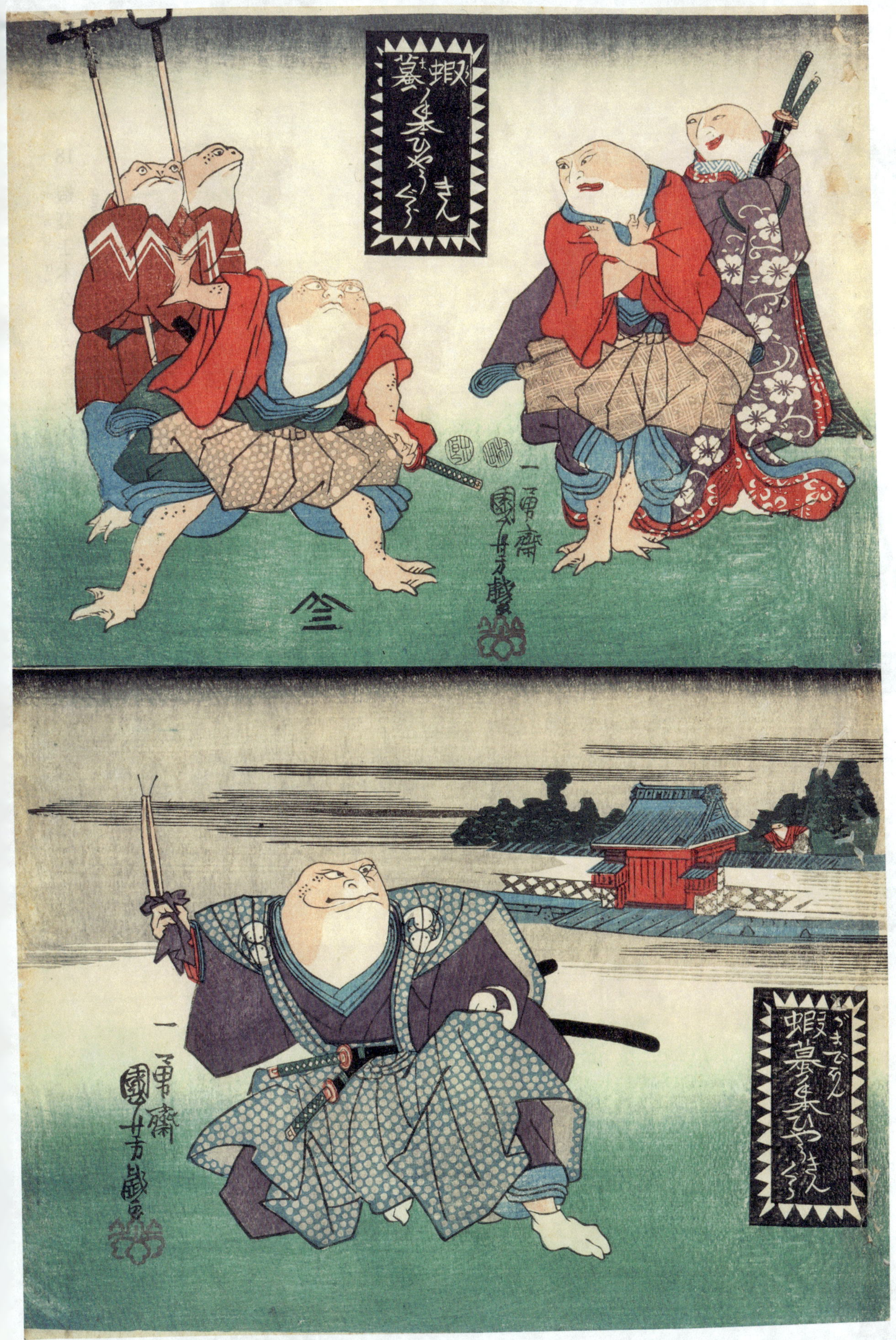
蝦蟇墓の手ひやうぐきえ
一勇齋
國芳戯画
蝦蟇墓の手ひやうきん
がまでろん
一勇齋
國芳戯画

18
蝦蟇手本ひやうきんぐら　三段目・四段目
Humorous Chushingura Performed by Toads: Act 3, Act 4

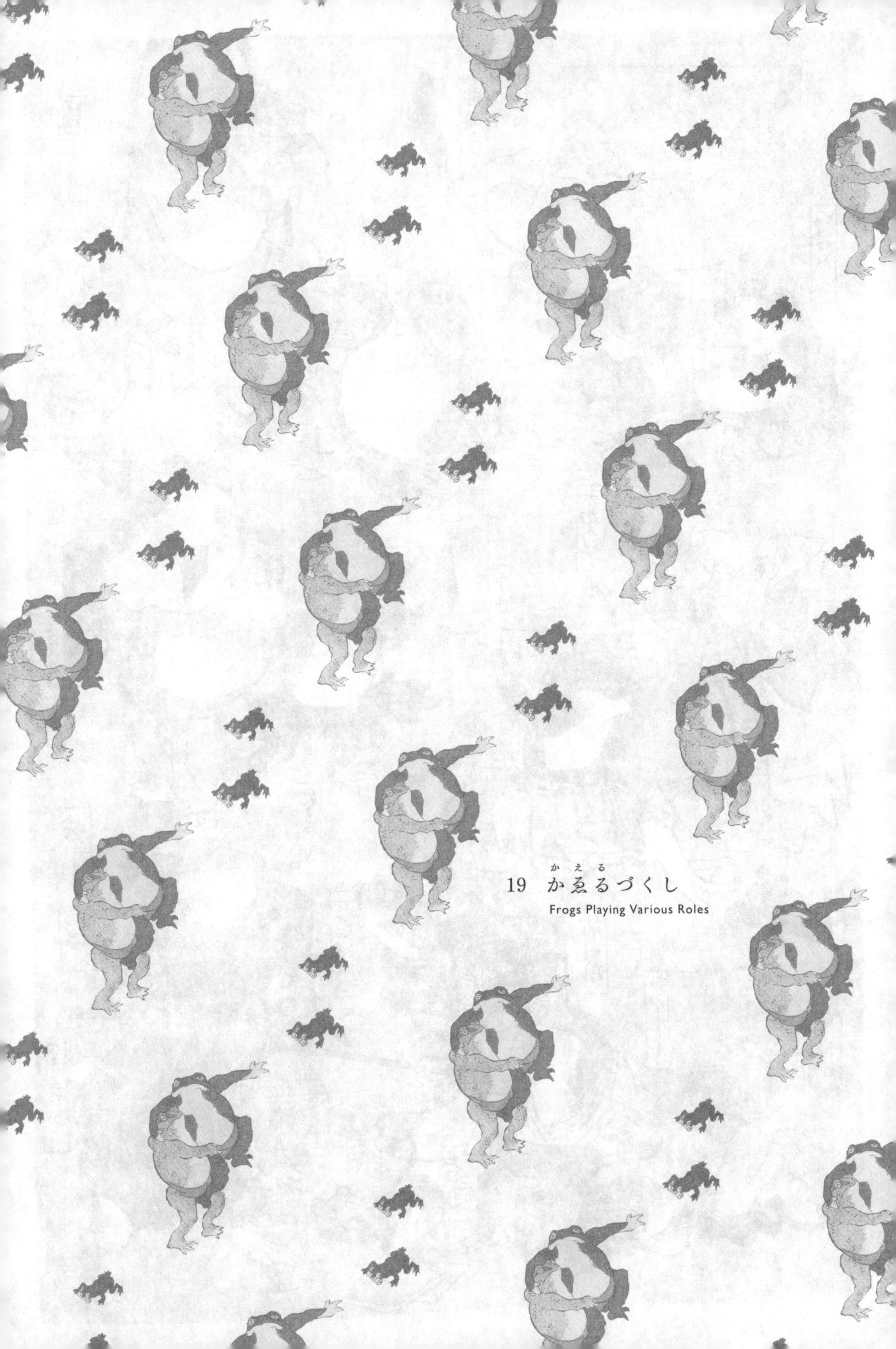

19 かゑるづくし
Frogs Playing Various Roles

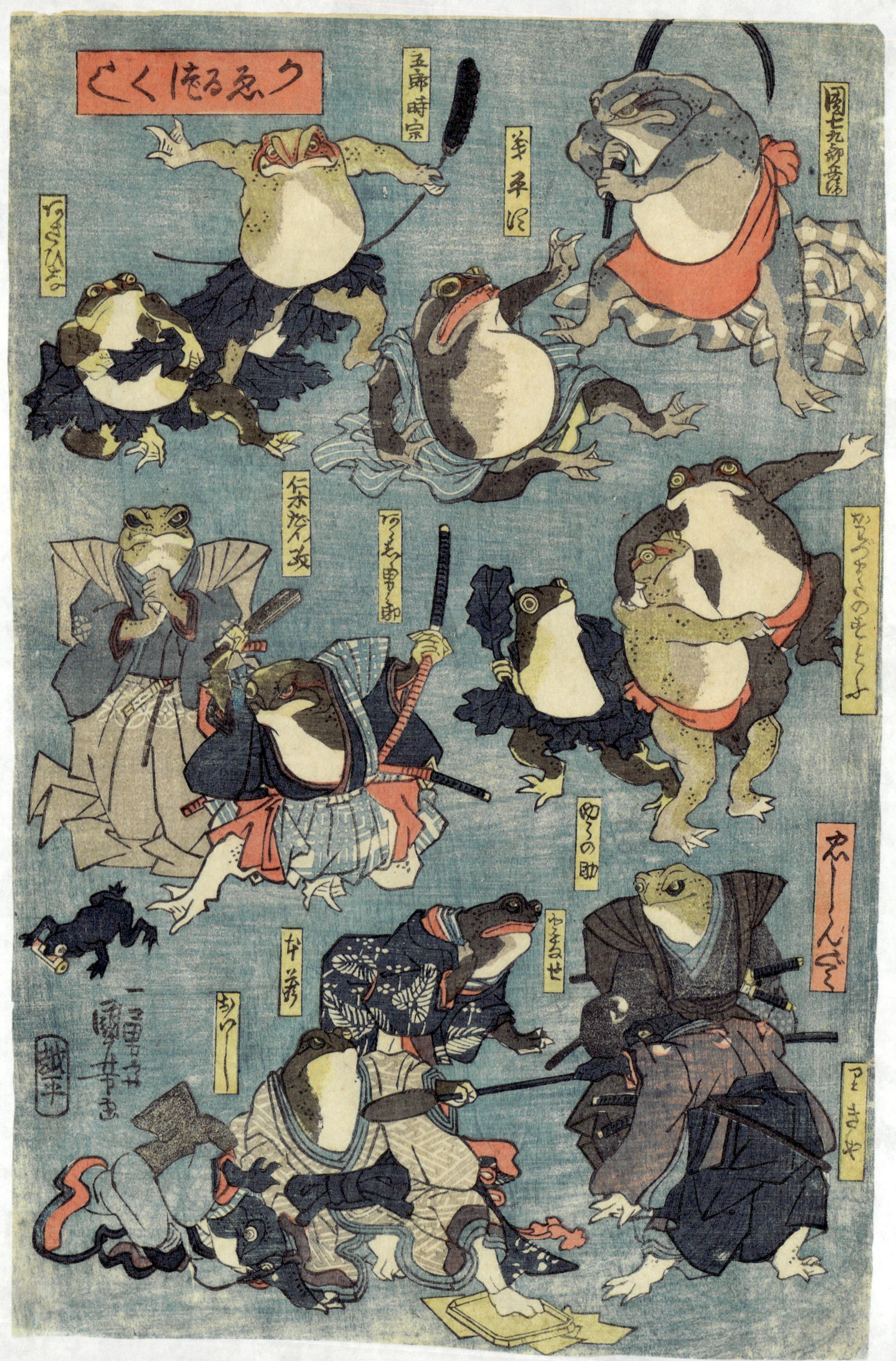

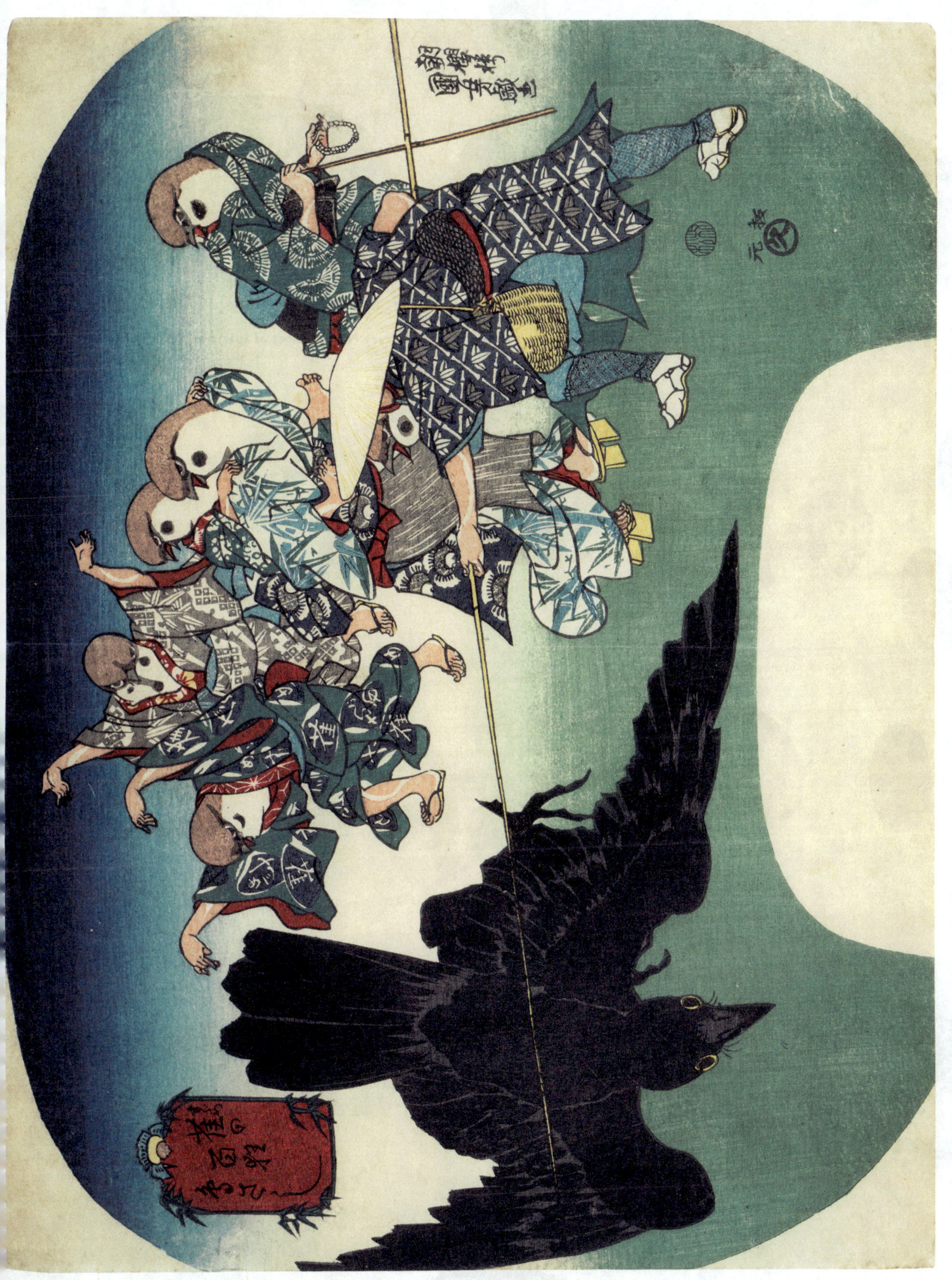

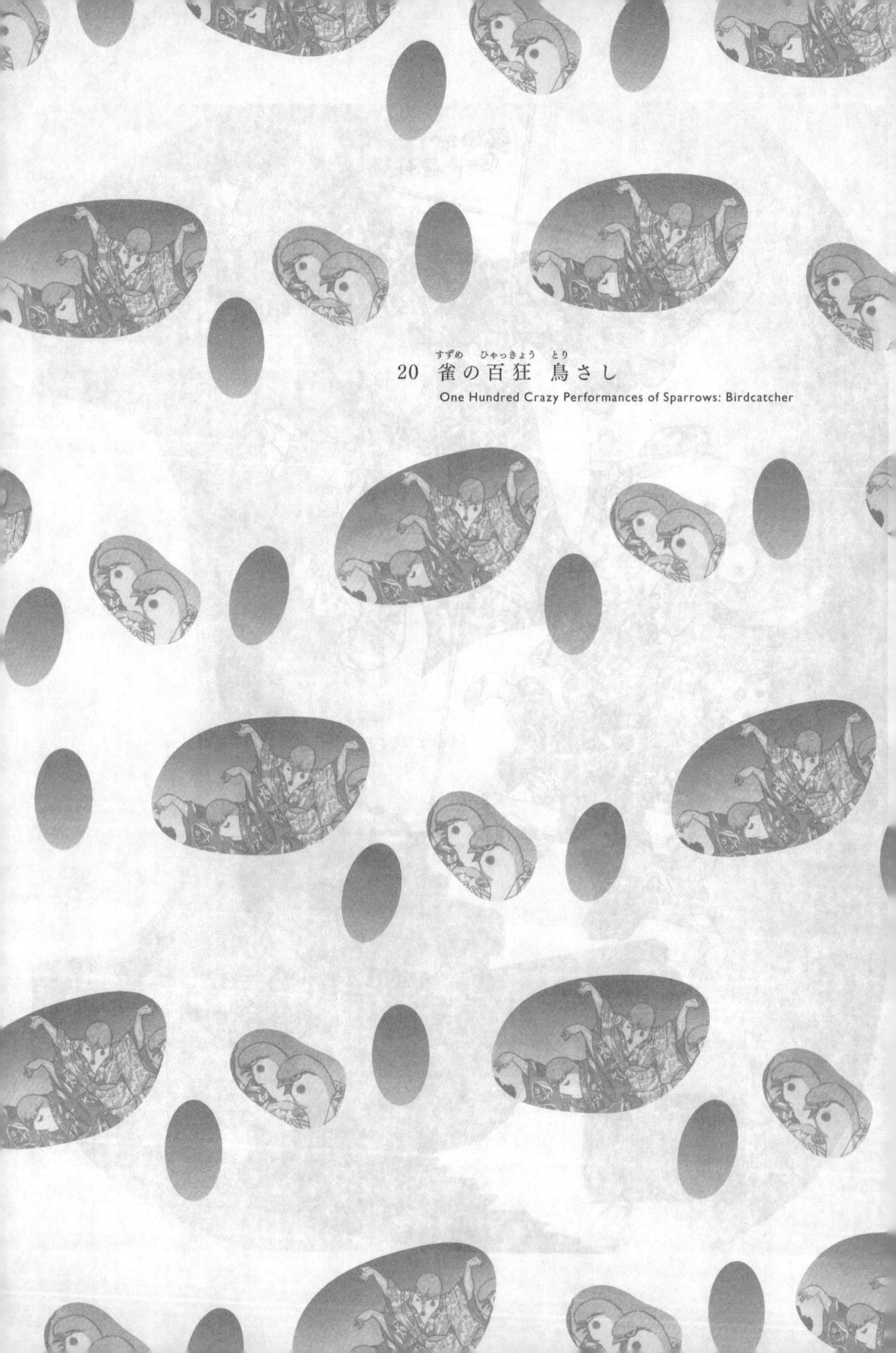

20　雀の百狂　鳥さし
One Hundred Crazy Performances of Sparrows: Birdcatcher

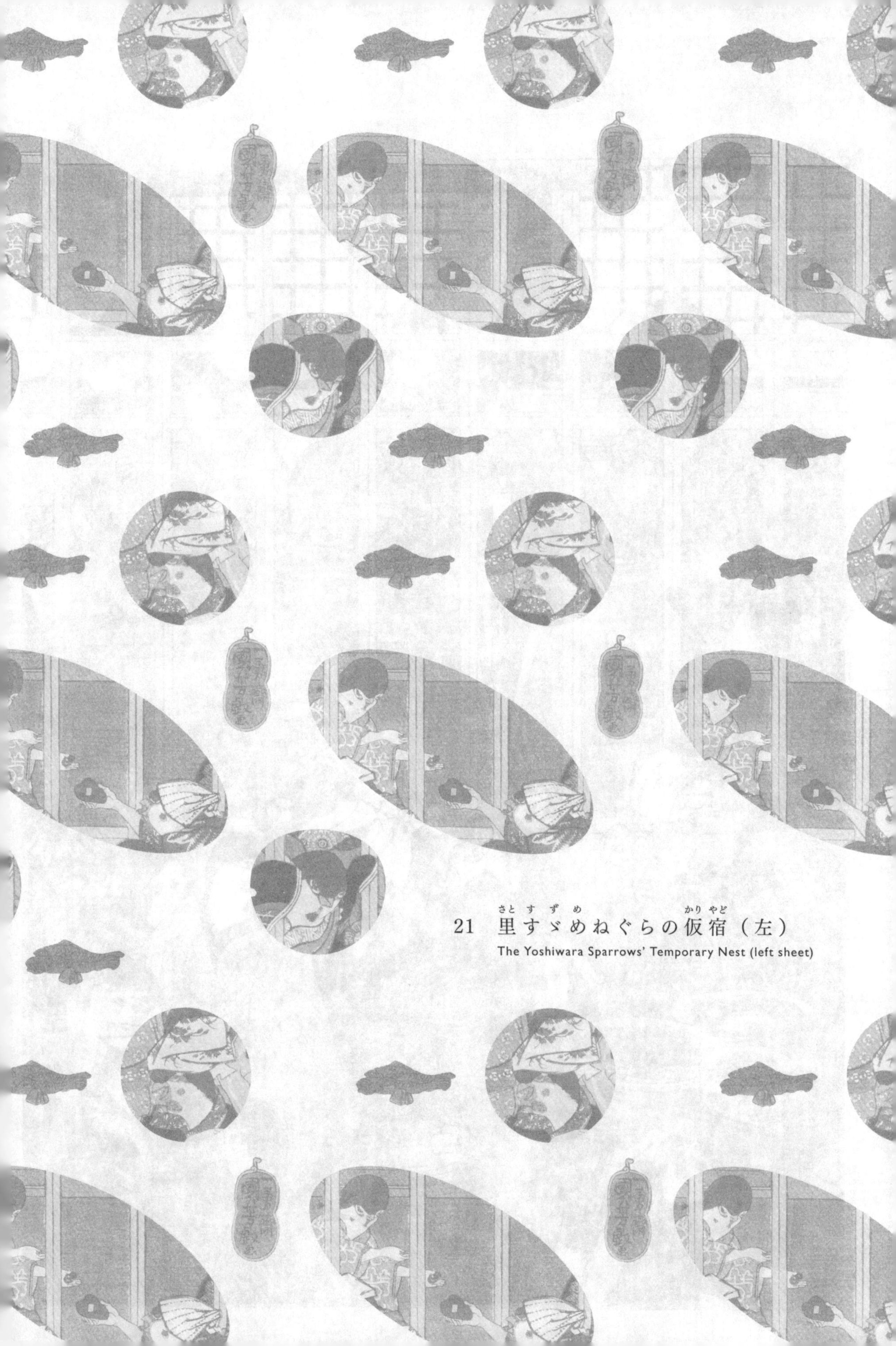

21　里すゞめねぐらの仮宿（左）
The Yoshiwara Sparrows' Temporary Nest (left sheet)

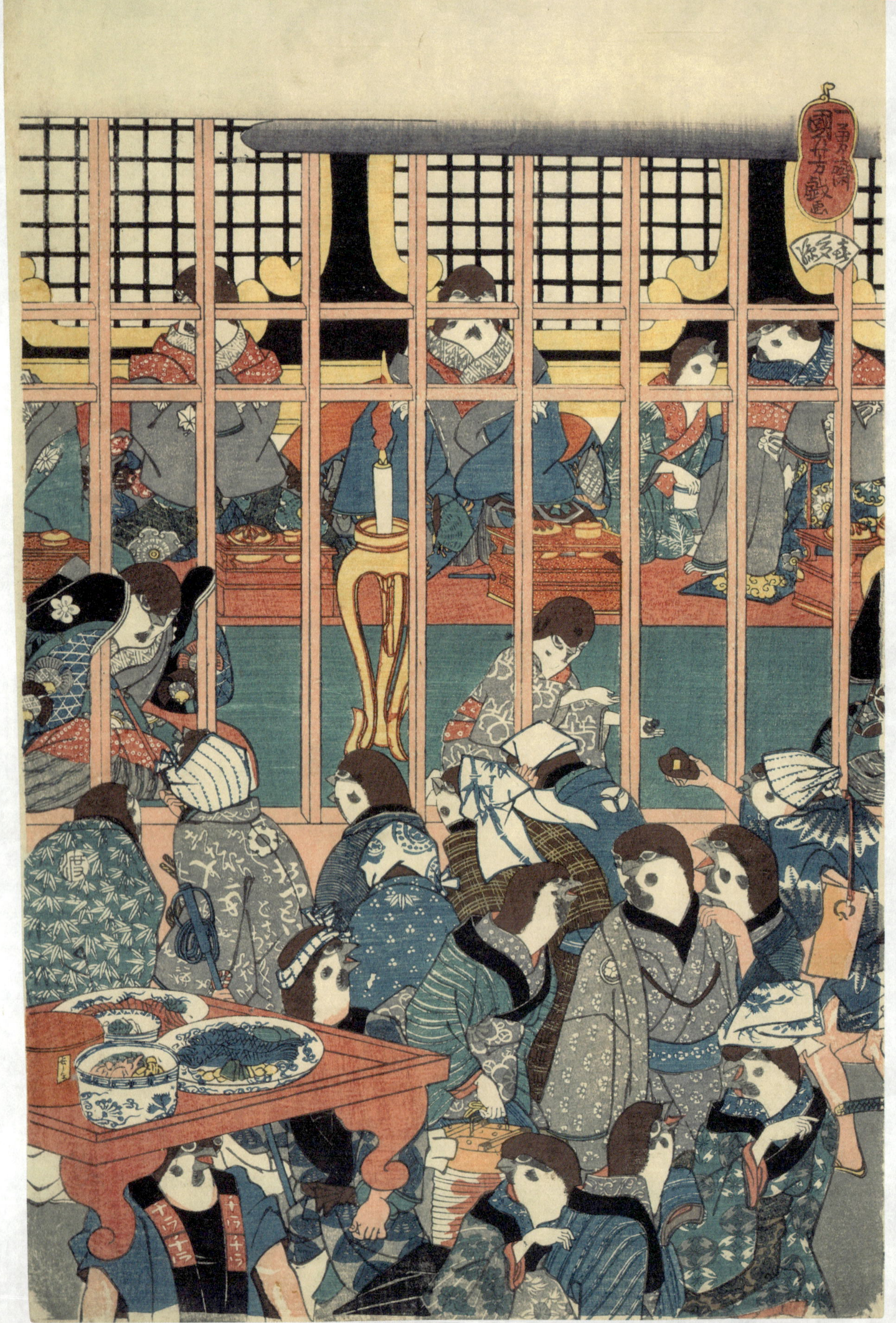

一勇齋國芳戲画

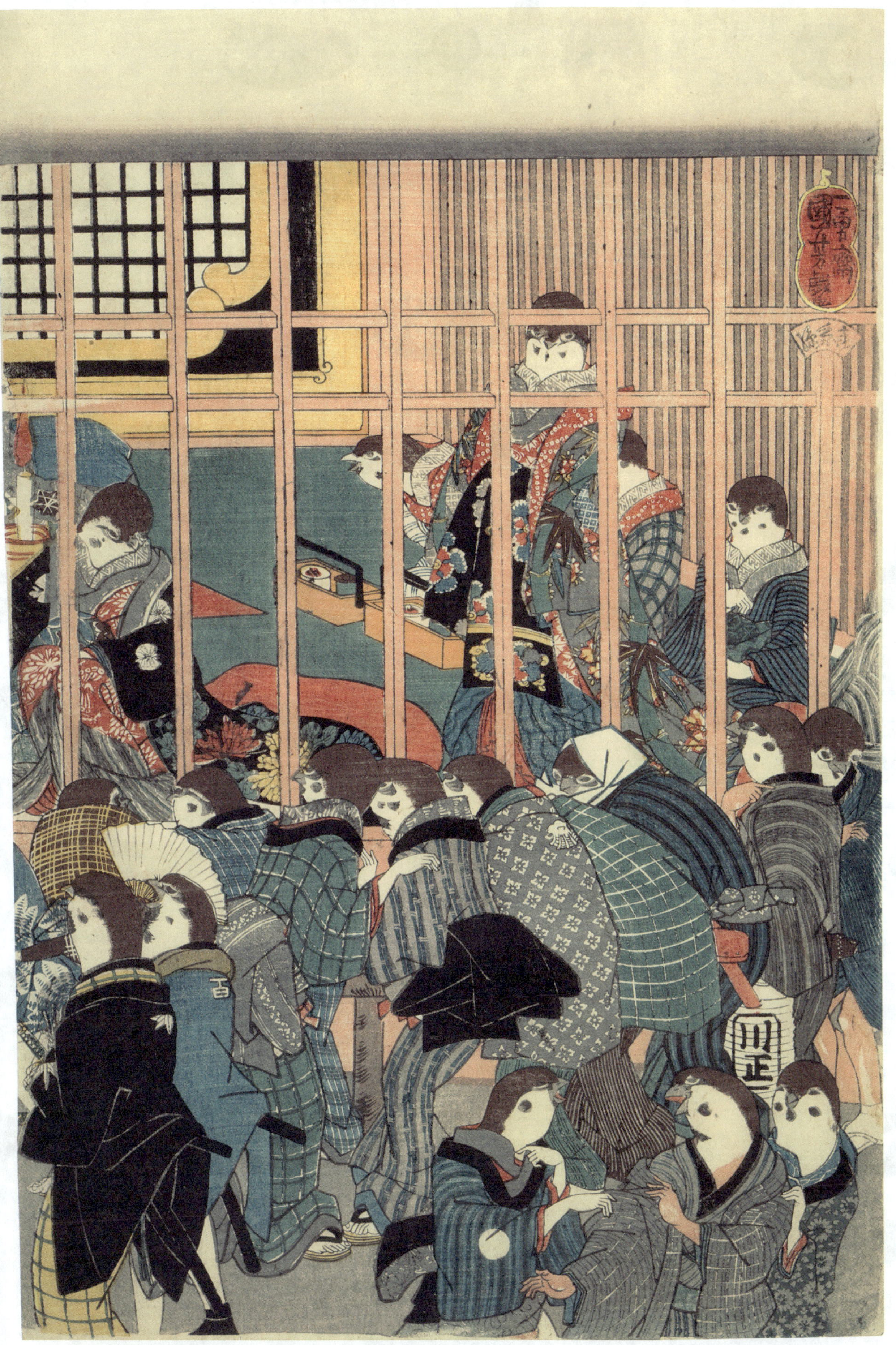

21

里すゞめねぐらの仮宿（中）

The Yoshiwara Sparrows' Temporary Nest (center sheet)

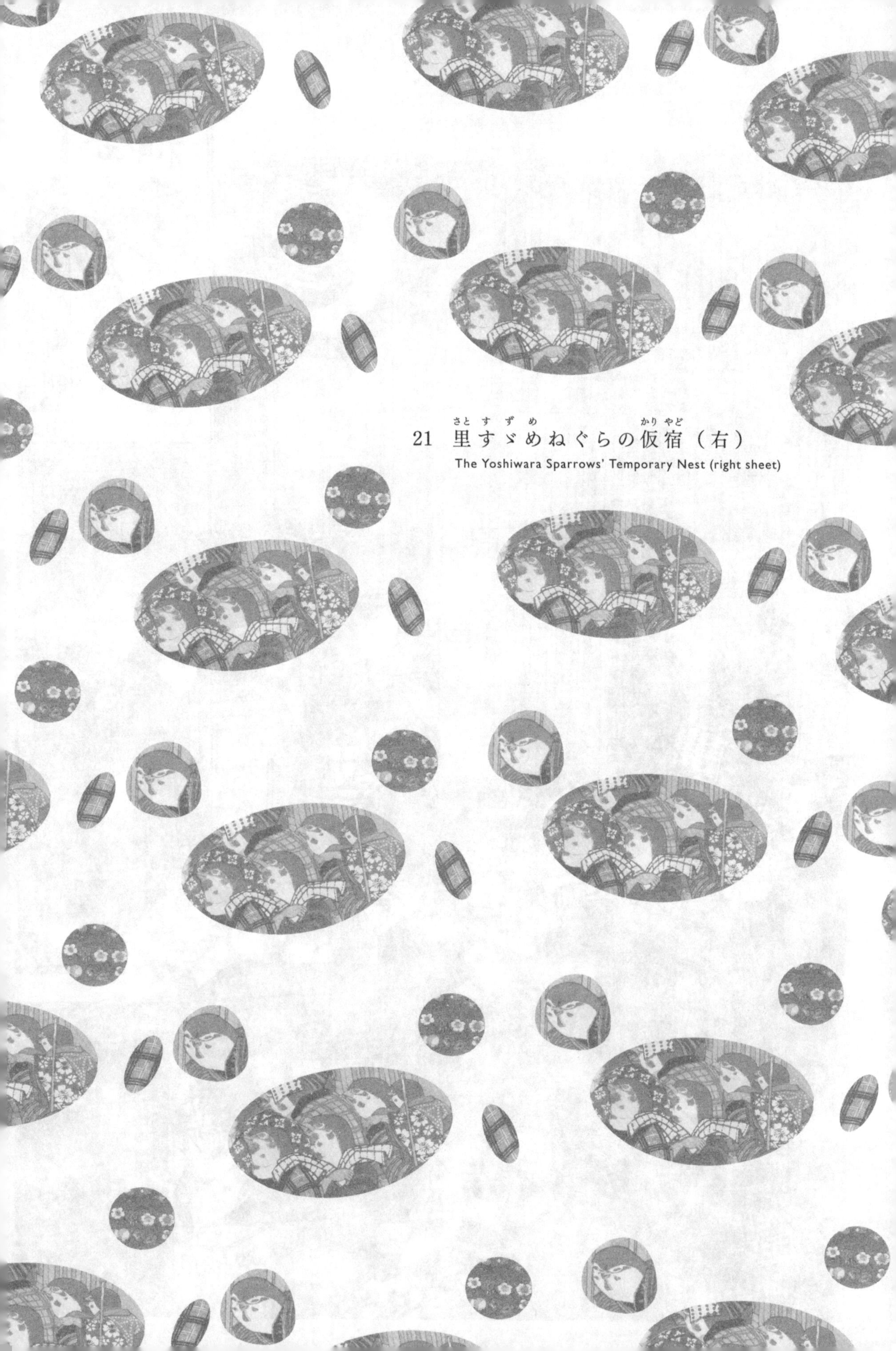

21 里すゞめねぐらの仮宿（右）

The Yoshiwara Sparrows' Temporary Nest (right sheet)

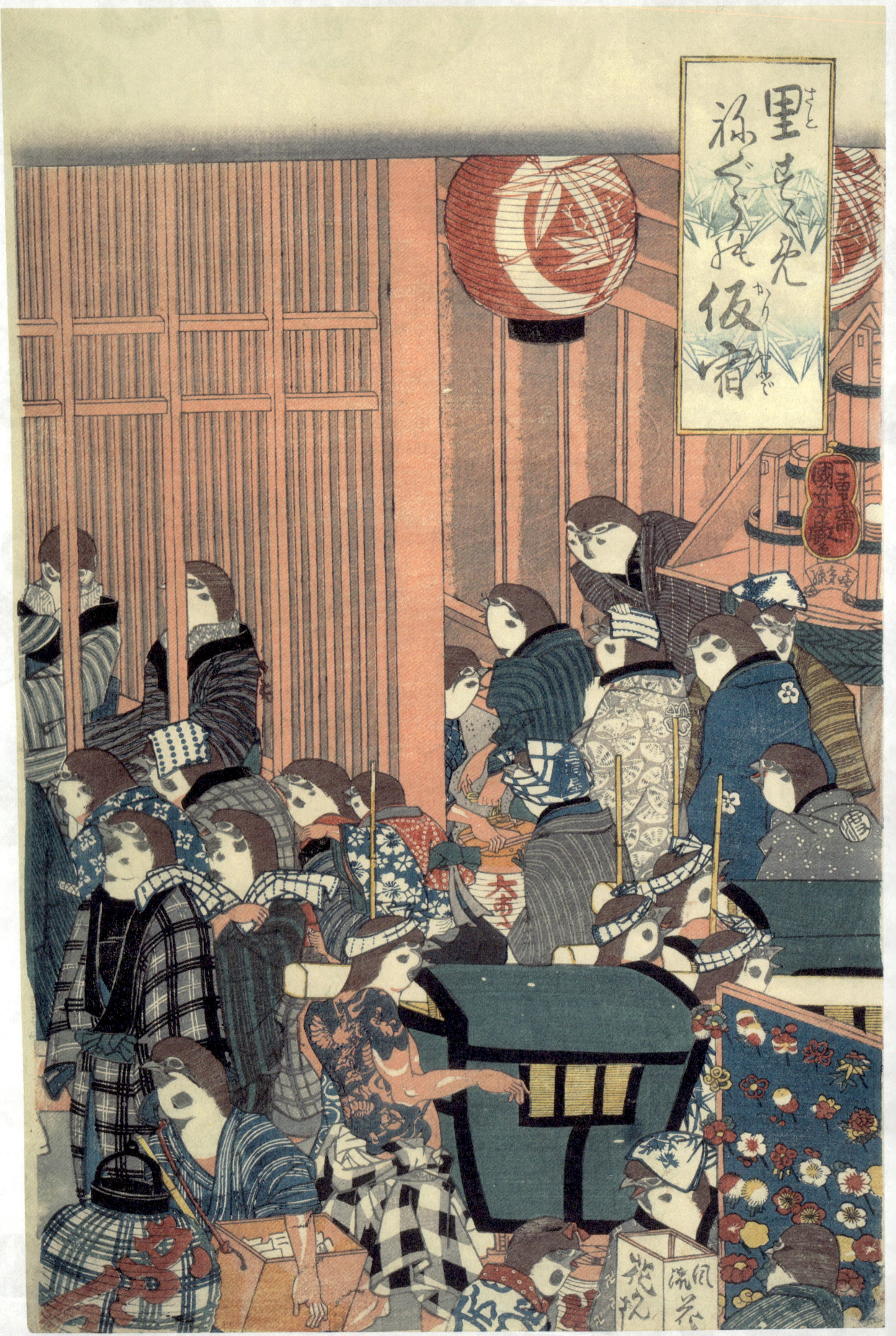
里さき福ぐくゝ仮宿

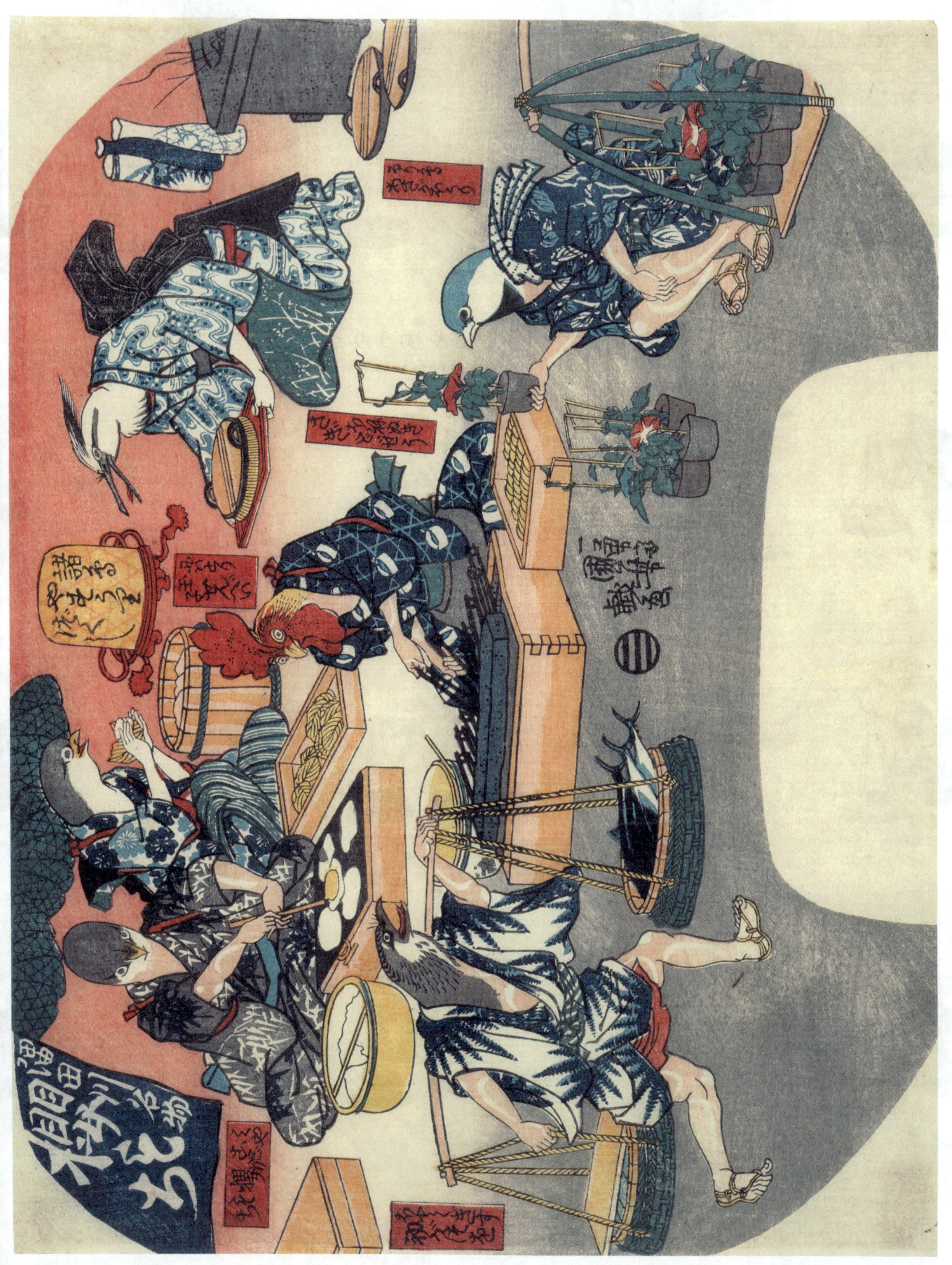

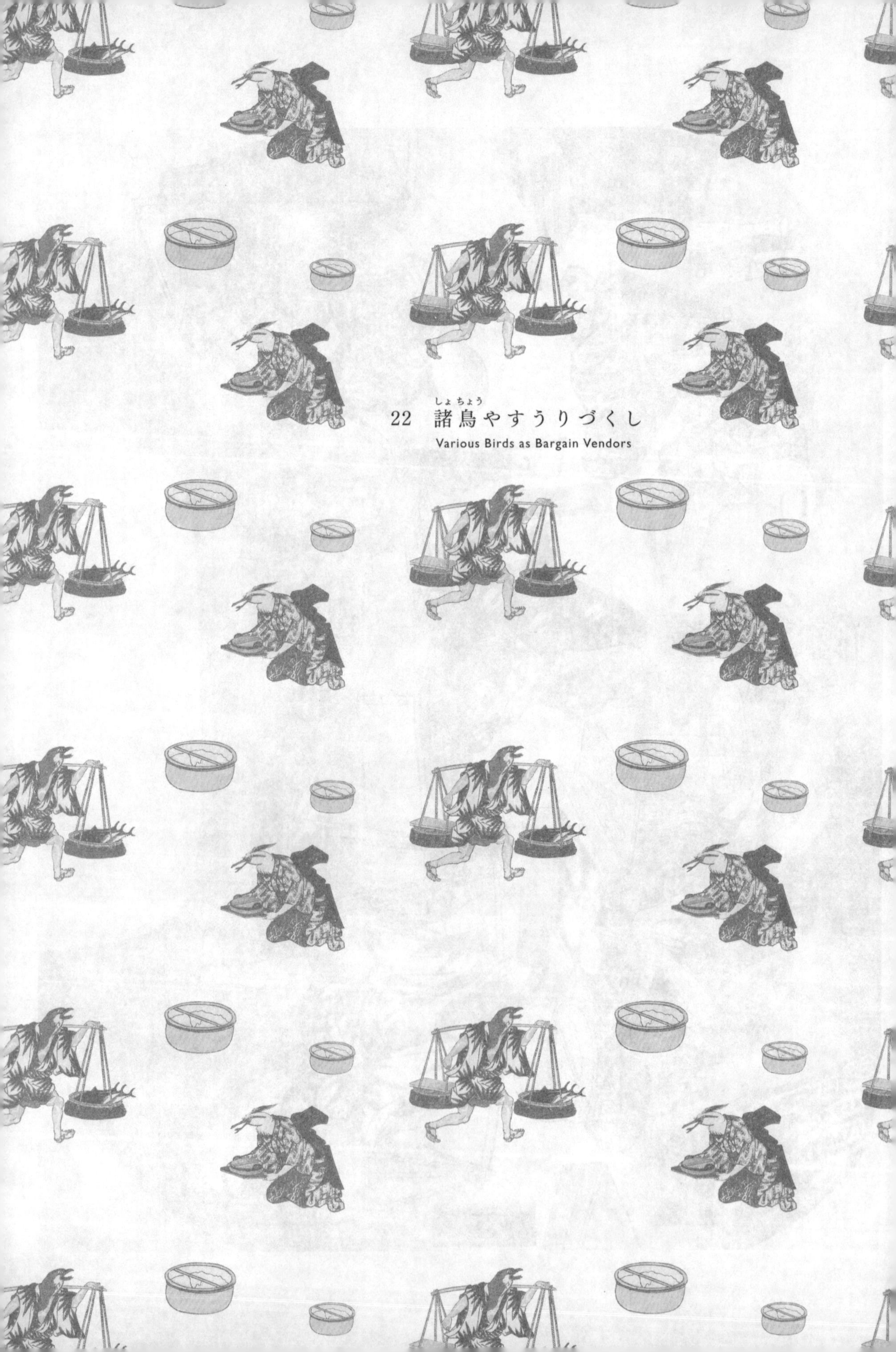

22 諸鳥やすうりづくし

Various Birds as Bargain Vendors

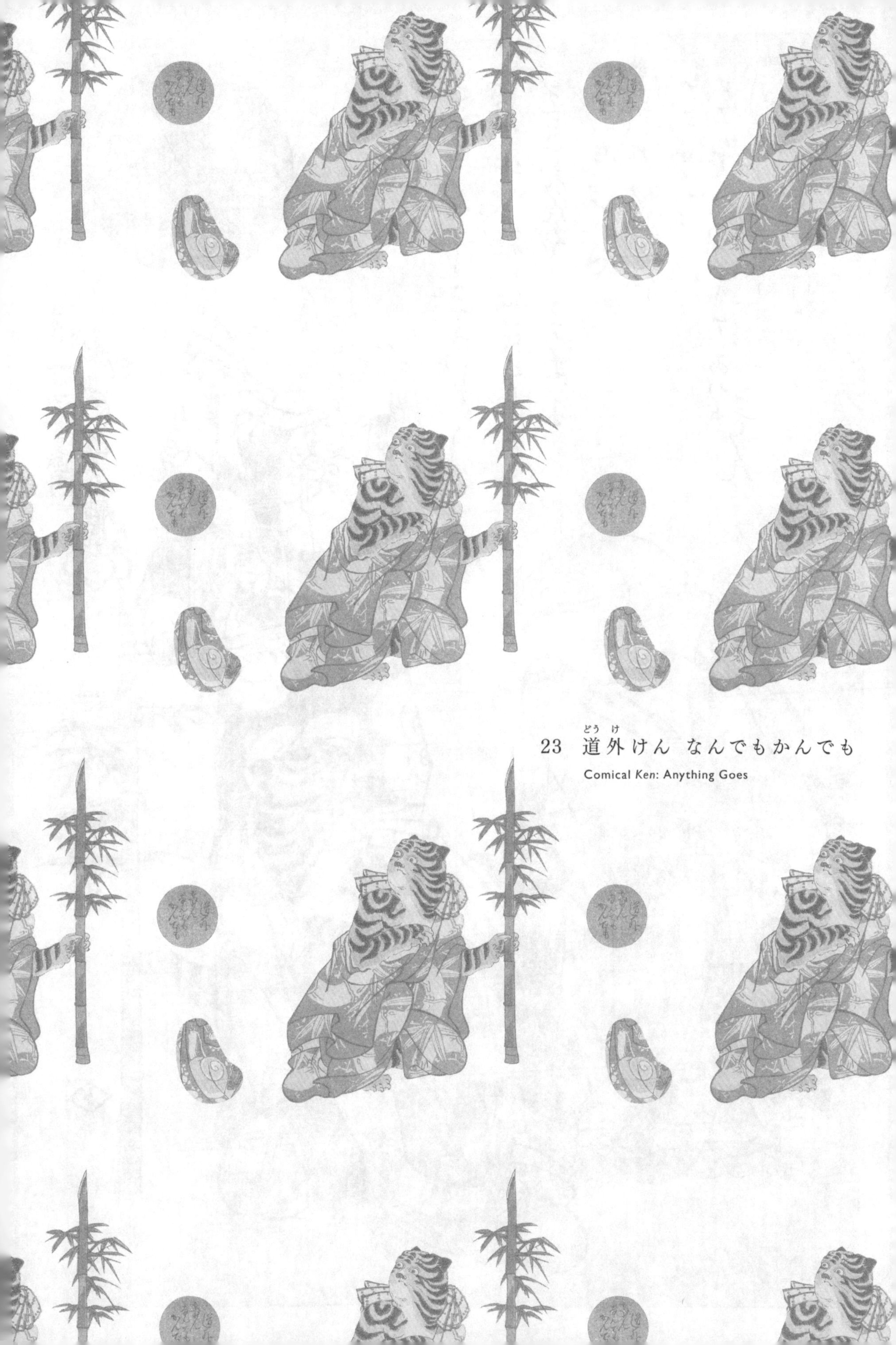

23 道外けん　なんでもかんでも
Comical *Ken*: Anything Goes

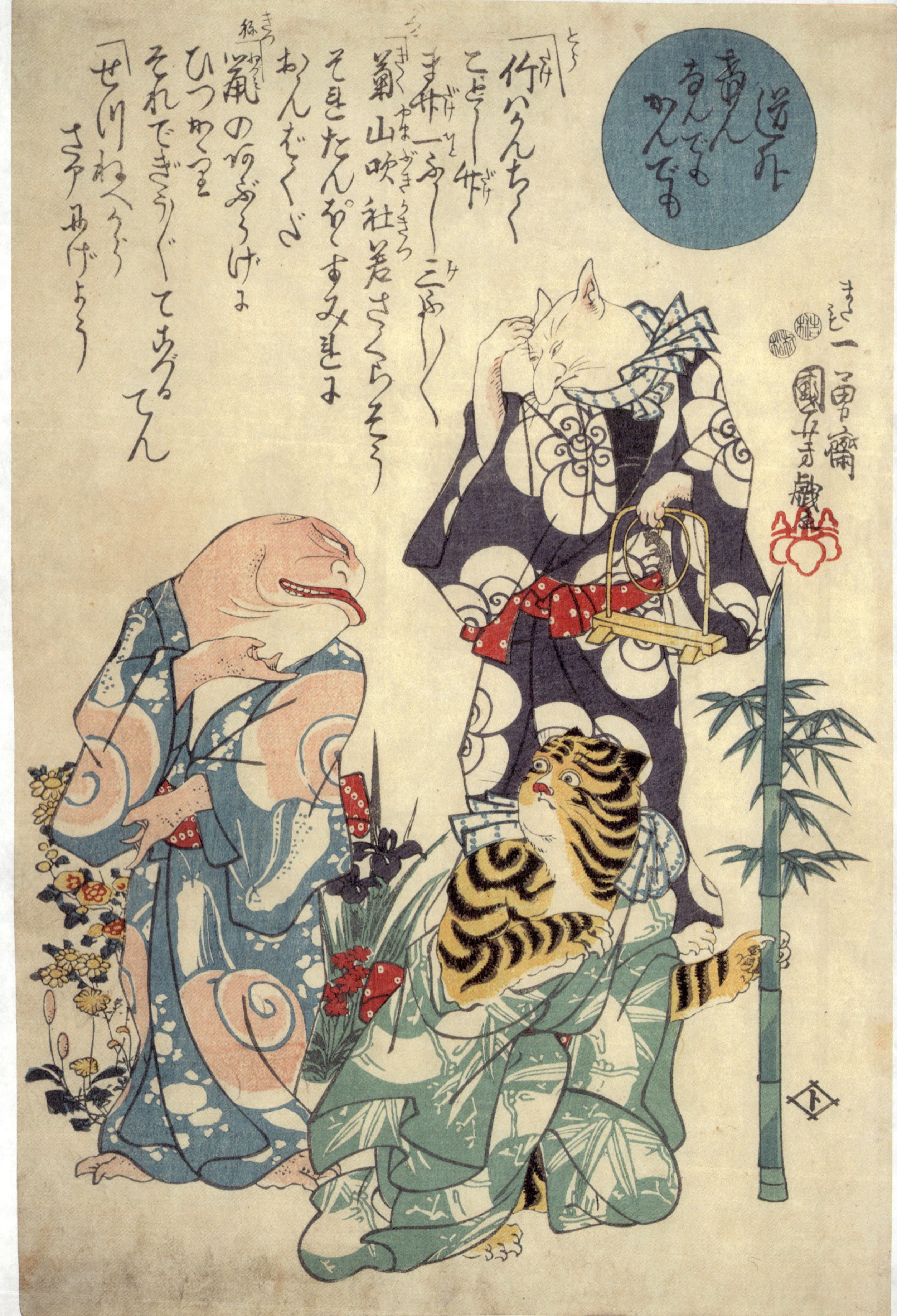
一勇齋
國芳戯画

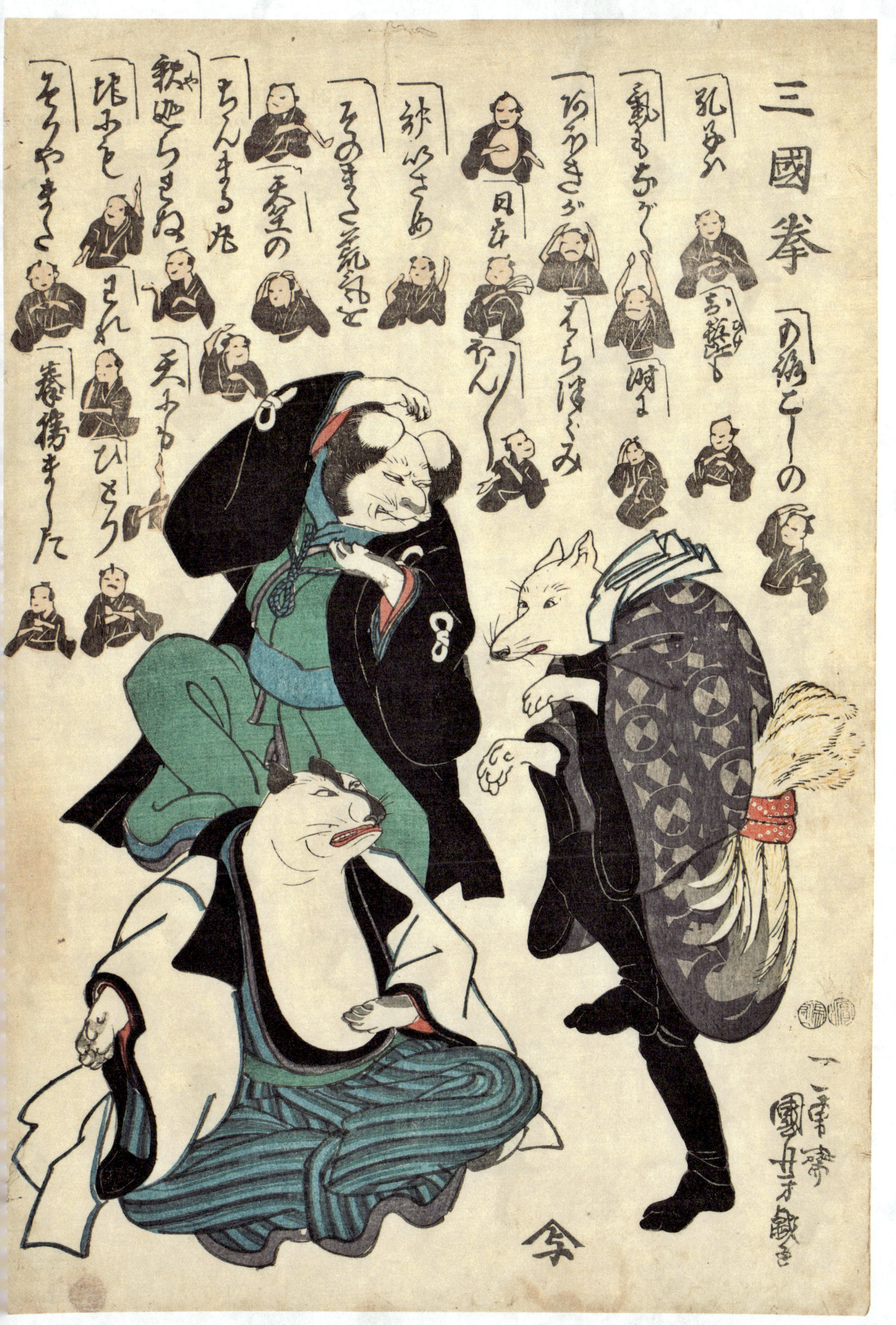

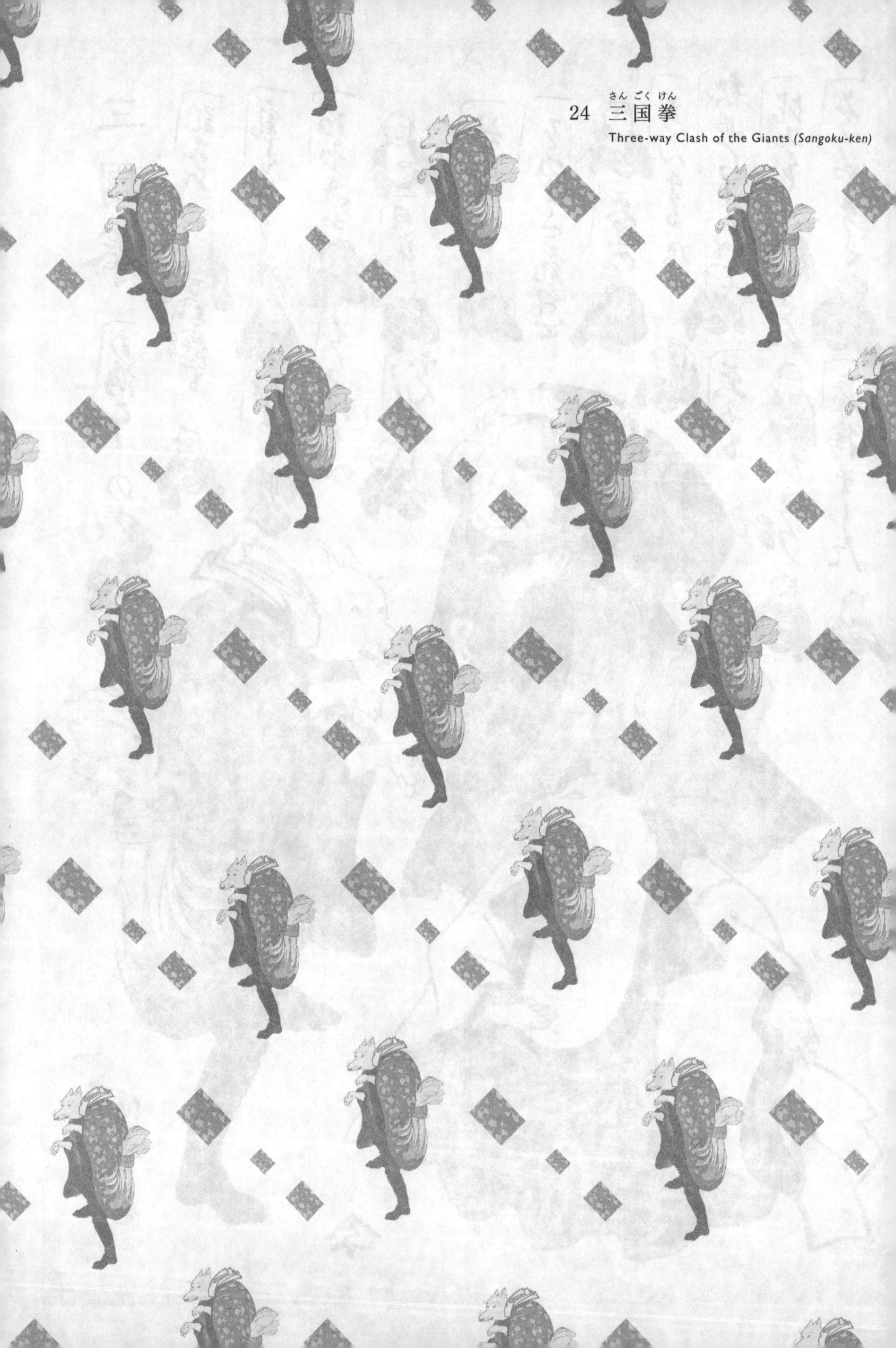

さん　ごく　けん
24　三国拳
Three-way Clash of the Giants (Sangoku-ken)

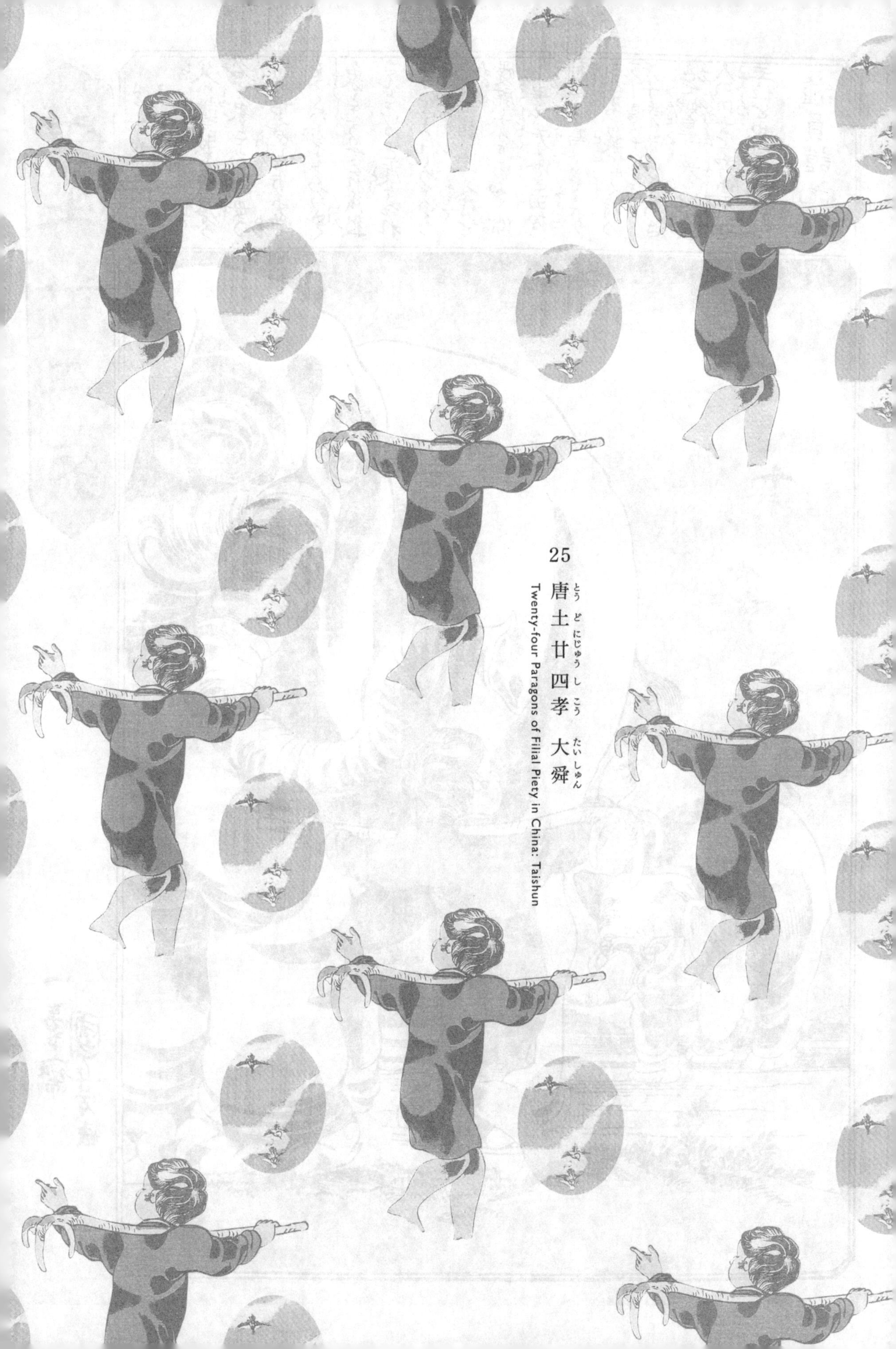

25
唐土廿四孝　大舜
Twenty-four Paragons of Filial Piety in China: Taishun

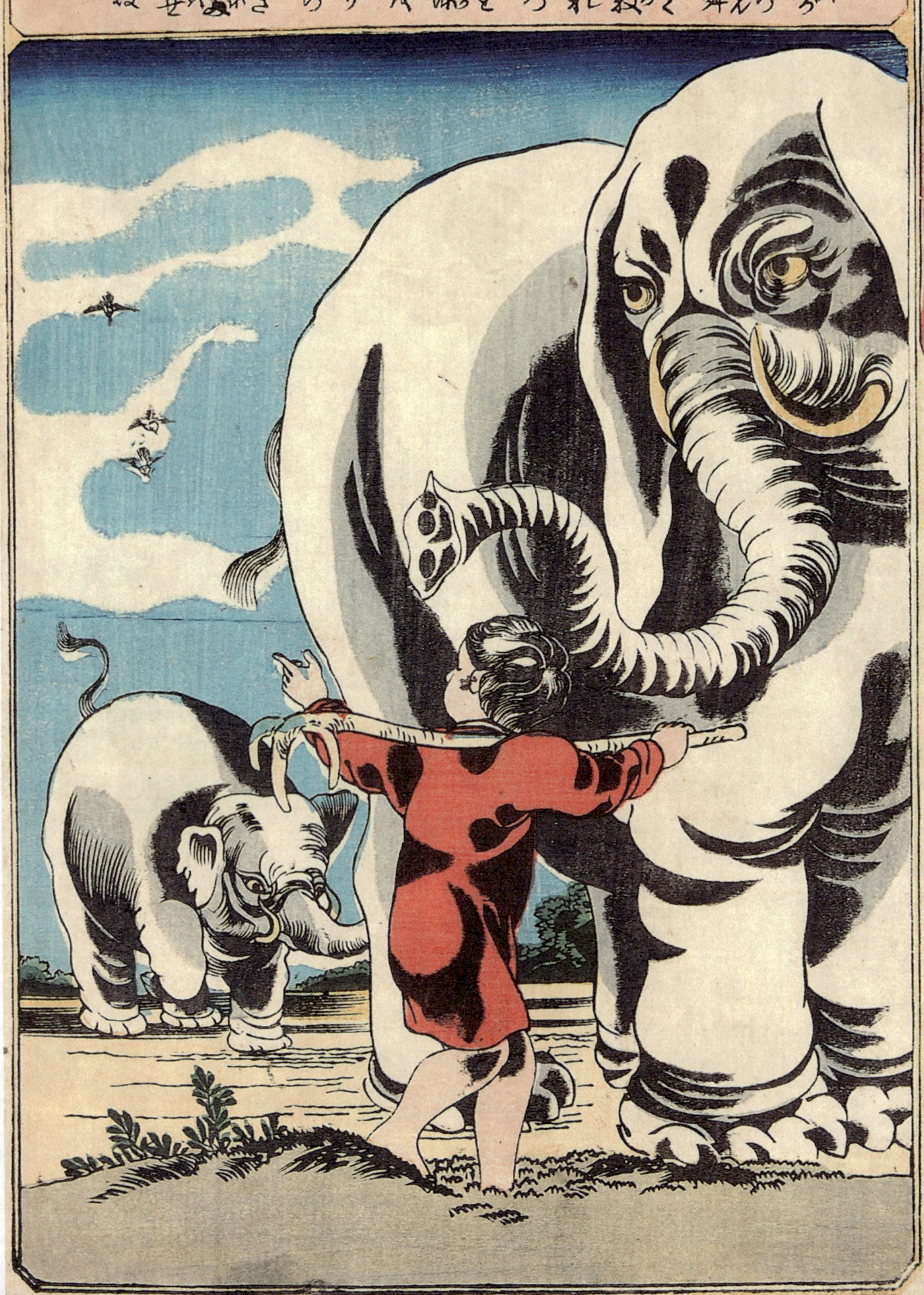

唐土廿四孝
大舜
種員謹記
一勇斎　國芳戯画

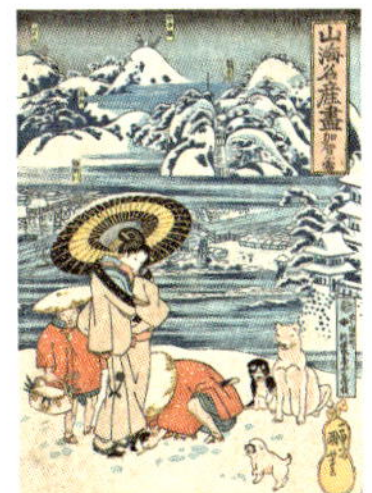

1　山海名産尽　加賀ノ雪

　19世紀は、各地の特産物への興味が高まり、名所図会などの出版も多かった。旅も盛んになったが、そう気軽には行けない。そこで、人々の興味をひき、旅情をもかきたてる、こんな浮世絵も作られた。この図のテーマは加賀の雪。各地の特産物や名所を題材にしたシリーズの一枚である。

　加賀藩では、旧暦六月一日に藩主が雪を召し上がる行事があり、雪を貯蔵する氷室が設けられていた。雪は幕府の将軍家にも献上され、江戸の町では川柳に詠まれるほど「加賀の雪」は有名だった。国芳の絵は、一面の雪景色。金沢の中心部を流れる浅野川に、春日山や一本松、甲申塚、観音院のお堂など、卯辰山一帯の名勝がちゃんと描き込まれている。まるで焼きものの染付のような白と青だけの風景が、人物や犬の光景を際立たせる。目立たない点だが、画面上辺の黒いぼかしが、冬の空の感じを表している。

　そして、雪の積もるなかを行くのは、奥女中風の女性。下駄にはさまった雪を従者に取ってもらいながら、とことこ近づいて来る子犬に目をやる。並ぶ二匹の犬は、その様子を見守っているような雰囲気である。男の子が持つ籠から笹の葉と魚の尾鰭がのぞいている。どこかへ魚を届けにいく途中だろうか。

Products of the Provinces: Frozen Snow of Kaga

From a series combining human endeavors with the specialty products and famous sightseeing spots of various locations around Japan.

The Kaga domain had a ritual in which the clan lord would consume snow on the first day of June (under the lunar calendar), and a cool room was built to store this snow. Snow was also gifted to the family of the shogun, and in the town of Edo, "Kaga snow" was so renowned that comic verses were penned about it. Forming the backdrop here are the Asano River, which flows through the center of Kanazawa, and the famously stunning scenery around Utatsuyama.

On the snow-covered path are a woman with the appearance of a lady-in-waiting – in this case to the Kaga lord's wife – and her traveling companions. Peeking from the basket carried by the young boy are sasa bamboo leaves and fish tails, suggesting that the party are on their way to deliver fish.

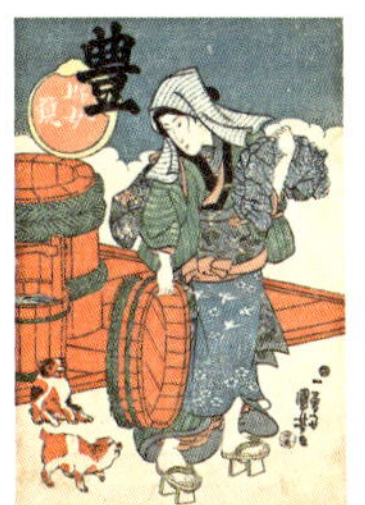

2　婦女鏡　豊　洗濯

　洗濯を終えて立ち去ろうという女性に、子犬がまとわりつく。桶のそばに座るもう一匹も、ぺったりとお尻をつけて足をだらしなく投げ出すという、いかにも子犬らしいポーズである。

　江戸時代、猫を描かせれば国芳がナンバーワンだが、子犬のかわいさを描き出した画家といえば、18世紀に京都で大活躍した円山応挙が筆頭だろう。この座る子犬のポーズは、応挙の描く子犬に似ている。はるばる京都から江戸へやって来た応挙の子犬が、かわいいもの好き、動物好きの国芳に拾われた……そう思うと、込み上げてくるものがある。

Mirror of Women: Abundance – Laundry

Puppies frolic around a woman who has completed her laundry duties, and is getting ready to depart.

When it comes to cat paintings, Kuniyoshi was the undisputed master during the Edo period, but it was 18th-century, Kyoto-based Maruyama Okyo who best captured the lovable charm of puppies. The cheeky little fellow plonked down by the bucket with his legs splayed is virtually a doppelganger of the dogs painted by Okyo.

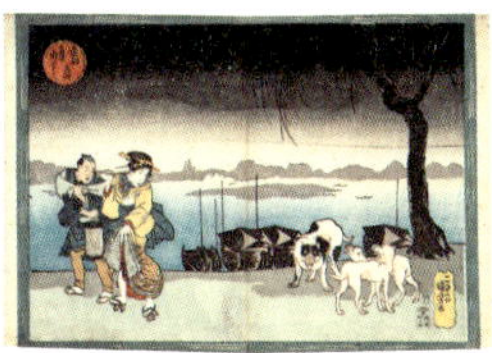

3　東都名所　両国柳ばし

　江戸の町の名所を題材に、景色や名物、そこで営まれる人の暮らしなどを描いたシリーズの一枚。青緑色の枠は、竹をデザインしている。

　舞台は柳橋。舟宿や料亭が多く、舟遊びや吉原通いの拠点としてにぎわった。お座敷へ向かう様子の芸者が、犬の喧嘩におののいている。いかにも親分風情の犬に立ち向かうとは、白い犬は果敢である。もう一匹は一緒に立ち向かっているのだろうか、それとも様子をうかがっているのだろうか。今は野良犬を見かけないが、ついひと昔前には、野良犬が急に目の前に現れて恐ろしい思いをすることもあったものである。

　国芳の風景画は、彼の仕事の全体量からみればとても少ない。けれども、場面の設定や演出はさすがに国芳。この図では、星空の描写も見逃せない。こんな風景画をもう少し手がけてくれていたら、と少し残念な気もする。

Famous Views of the Eastern Capital: Ryogoku Yanagibashi

This series of prints on Edo sightseeing spots depicting

landscapes, local specialty goods, and the activities of people, has a bamboo design on its blue-green frame.

This picture shows Yanagibashi, a district crammed with restaurants and pleasure boats for hire, and a bustling hub for punters out to enjoy some boating, or heading to the Yoshiwara pleasure quarters. Here, a geisha likely on her way to an engagement is startled by a dogfight, and hastens away.

Kuniyoshi did not produce many landscape paintings, but this example, which incorporates western painting techniques radically different from those of the usual Japanese paintings of the time, conveys the look of the era with considerable realism.

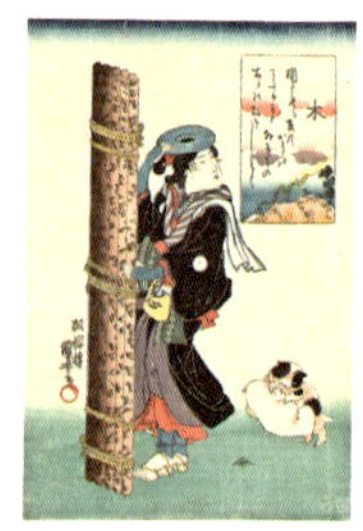

4 木（五性のうち）

　女性を、五つの性格で描き分けたシリーズの一枚。中国では古くから、天地の間には絶えず運行している五つの元素、すなわち「五行」があると考えられてきた。そして、人は生年月日によって、五行からそれぞれ異なる影響を受け、五つの性格に分けられるという。

　この図の女性は「木性」。なので、木を売り歩く女性を描いたわけである。右手に持つのは「輪」などと呼ばれる道具で、これを頭上にのせて、重い木を運ぶのである。ちなみに、京都には、梯子を頭上にのせて売り歩く女性もいた。有名な十返舎一九の『東海道中膝栗毛』には、弥次さんと喜多さんが京都の町で、頭に柴、たきぎ、梯子、すりこぎ、槌などをのせて商いをする女性に出会う場面もある。

　さて、右手でひょいと輪をのせる様子からみると、ひと休みして、そろそろ出かけようというところだろうか。腰に下げた巾着の文字は、恐らく「火の用心」。そう書かれた巾着は実際にあった物だが、五行思想では「木は火を生じる」と考えられていたので、それに引っ掛けたのかもしれない。

Wood: Untitled Series of Beauties Compared to the Five Elements (*Ki – Gosho no uchi*)

From a series depicting women categorized by five different personality types. The ancient Chinese believed there to be five elements – in Japanese the *gogyo* – that move constantly between heaven and earth, influencing human beings in different ways depending on their date of birth. People could thus be divided into five distinct personality types (*gosho*).

This print depicts a "wood" personality (*kisho*), and shows a woman peddling sticks. She places the ring-like implement in her right hand on her head to carry her load. Part of the phrase "Fire prevention" is visible on the pouch hanging from her waist. Such pouches did exist, but according to *gogyo* principles "wood starts fires," so the text is likely a reference to this.

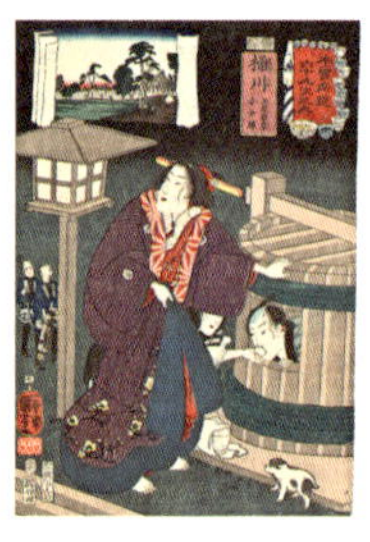

5　木曽街道六十九次之内　七　桶川　玉屋新兵ヱ　小女郎

　木曽街道、つまり中山道の宿場の名にかこつけて、小説や芝居の登場人物などを描いたシリーズである。この一枚は、桶川。街道の起点である日本橋から六つめの宿場で、今の埼玉県桶川市にあたる。左上の絵は桶川の風景で、こうした小さな画中画は「コマ絵」と呼ばれる。

　そんなことより気になるのは、この光景だろう。見るからに気の毒な男性は、「桶伏せ」にされているところである。吉原などでは、遊興費の払えない客を窓付きの桶に入れて、支払うメドがつくまで路傍にさらしたのである。実に恐ろしいが、そこへ人目を忍んでやって来たのは、新兵衛の恋人、小女郎。二人は、芝居や草双紙などの有名な登場人物で、新兵衛の桶伏せの場面は、幕末の地震に伴って作られた「鯰絵」にも登場するほどである。

　小女郎の仲間らしい女性が新兵衛になにか飲ませているが、新兵衛は何とも情けない姿だ。と、その横に子犬が一匹。この子も喉が渇いているのだろうか。

Sixty-nine Stations of the Kisokaido:
7. Okegawa – Tamaya Shinbei and Kojoro

In a series portraying characters from novels, plays and so on and named after stations on the Kisokaido, that is, the Nakasendo route connecting Edo and Kyoto, this print shows the sixth station from Nihonbashi: Okegawa-shuku, the modern-day city of Okegawa in Saitama Prefecture.

The chap in the barrel (Shinbei) has been incarcerated there. In red-light districts it was common practice to place customers unable to pay for their entertainment in an inverted barrel with a window, and leave them to languish by the side of the road until they found a way to cough up. Concerned for her lover, a young lady of the red-light district by the name of Kojoro sneaks up to the barrel, while her companion gives the hapless Shinbei something to drink. Shinbei and his girl were a familiar couple in contemporary culture, appearing frequently in plays and picture books.

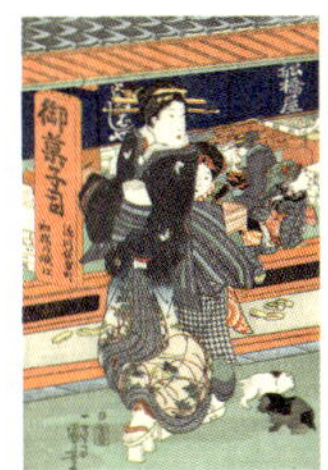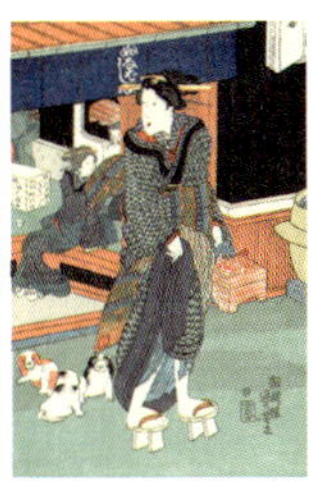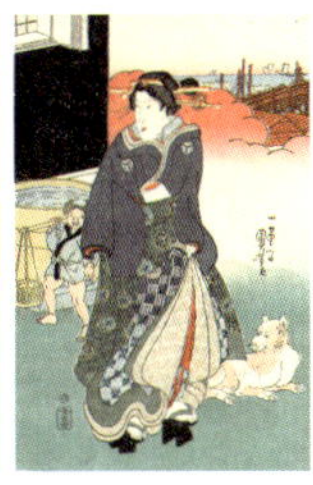

6　船橋屋前

　犬が六匹も登場するのは、国芳の作品では珍しい。子犬たちのポーズやコロコロと丸みを帯びた姿は、やはり円山応挙風である。それに対して、なぜか国芳の描く成犬はコワモテだ。

　子犬たちが戯れ、女性客が行き交うのは、大きな菓子屋の前。看板には「御菓子司　深川佐賀町　船橋屋織江」とある。深川佐賀町、つまり今の江東区佐賀、隅田川東岸の永代橋にほど近い所にあった、煉羊羹の名店、船橋屋である。さすがに店内も活気がある。

　ちなみに、船橋屋の主人は天保12年（1841）に『菓子話船橋』という本を著したが、その出版元は、この作品と同じ和泉屋市兵衛である。

In Front of Funabashiya

The roly-poly shapes of the puppies and their poses are, like in work No. 2, similar to those of Maruyama Okyo. Where the little dogs are loitering, and the lady customers passing, is a confectioner's known as Funabashiya, situated near Eitaibashi bridge in what is now Saga, Koto Ward, and famous for its *neri-yokan* jelly.

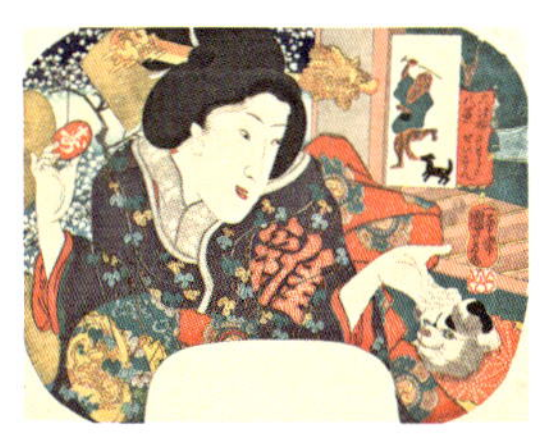

7　大津絵八景　ざとうのせいらん

　作品名にある「大津絵」は、有名な大津絵のこと。東海道の宿場、近江の国の大津宿で、江戸時代の初めから売られてきた素朴な土産物である。その大津絵の図柄の一つ「座頭と犬」が、右上のコマ絵に描かれている。座頭が褌の端を犬にとられて、杖を振り上げるところである。また、作品名の後半の「八景」は、琵琶湖周辺の名勝、いわゆる近江八景のこと。その一つである「粟津晴嵐」を、コマ絵の右の方の、湖水を連想させる水の流れと松の木で表しているのだろう。つまり、近江ゆかりの二つのものを組み合わせた趣向なのである。

　主役の女性は、コマ絵の座頭と似通ったポーズをとっているが、困ったことになっている座頭とは対照的で、余裕綽々である。狆の視線はいたずらっぽく見えるが、ご主人様の前ではおとなしくせざるを得ないのだろう。なお、今とは違って、江戸時代に室内で飼われた犬は、狆だけだと考えられている。

Eight Views of Otsu-e: Clear Breeze for the Blind Man

The "Otsu-e" of the title were pictures, rustic souvenirs from the Otsu station in Omi Province, one of the stations on the Tokaido. A well-known Otsu-e design features a blind man waving his stick as a dog snatches the end of his loincloth, and can be seen in the white frame at top right. The "eight views" of the title refers to the Eight Views of Omi: famous beauty spots around the shores of Lake Biwa. One of these, "Clear breeze at Awazu" is indicated by the pine and the flowing water calling to mind the water of the lake at top right of the picture. Thus Kuniyoshi's idea was to combine two Omi-related elements.

The woman dominating the picture has adopted a similar pose to the blind man in the inset, and is looking at the Pekinese. Unlike the hapless visually impaired fellow however, she appears quite relaxed.

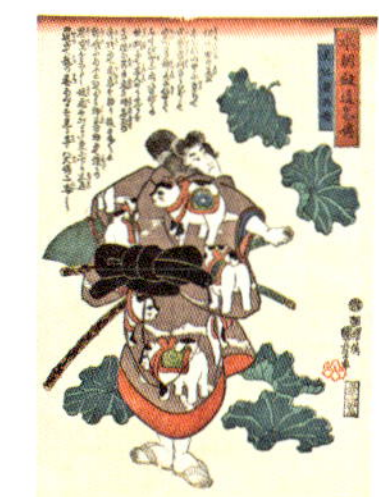

8　本朝剣道略伝　犬江親兵衛

　江戸時代を代表する長編小説、曲亭馬琴の『南総里見八犬伝』は、里見家の興亡を背景に八犬士が活躍する物語である。「本朝剣道略伝」と銘打ったこのシリーズには、八犬士全員が登場している。

　この一枚は犬江親兵衛。画面の上方に、こんなことが書かれている。

　伏姫の霊にしたがって山中に育ち、武芸学問を習うことなく覚え、神霊に任せて再び世に出たが、八百比丘の妖術によって主人に疑われ、危ういところを名玉の奇特で助かり、その後、さまざまな難儀にあったが、神霊の助けによって種々の悪党を殺し、妖虎を打ち、また、東に下って不忍のほとりで竜の巻き上がるところを見た。これらは八犬伝に詳しく載っている、とある。

　どうやら場面は「竜の巻き上がるところ」のようだ。人に姿を変えていた狐が不忍池に飛び込み、竜となって昇天したのである。その時、巻き上げられた池の水は暴雨となり、小魚は打ち捨てられて足元で飛び跳ねたという。まわりに描かれているのは、その時ちぎられた蓮の葉である。

　さて、親兵衛の着物の柄の犬張り子のかわいさを、どう言い表せばよいだろう。そもそも犬張り子自体がかわいらしいものだが、着物から抜け出して歩き出しそうな感じといい、足の突っ張り加減といい、国芳の絵としての捉え方は抜群である。

Abridged Stories of Our Country's Swordsmanship: Inue Shinbei

This print depicts an episode involving Inue Shinbei, one of the eight brave warriors who appear in Kyokutei Bakin's *Nanso Satomi Hakkenden*, one of the best-known full-length novels of the Edo period.

One day, right before Shinbe's eyes, a fox in human form leaped into the Shinobazu Pond in Ueno, turned into a dragon, and ascended to the heavens. The pond water whipped up in the process turned into torrential rain, shredding the lotus leaves on the pond. These leaves can be seen surrounding Shinbei.

The design on Shinbei's kimono contains *inu hariko*, little folk doll dog figures often placed on the tiered stands used for Doll's Festival displays, as a talisman for the good health of children, and symbol of safe childbirth.

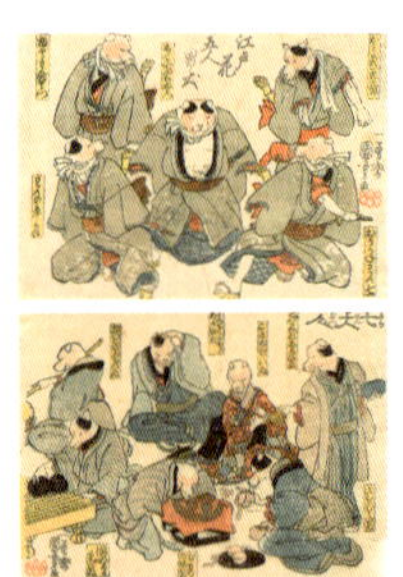

9　江戸花五人男犬・七犬人

上は、歌舞伎などに登場する雁金五人男のパロディー。犬としては妙な姿だが、モデルは、元禄のころ大坂に実在し、処刑されたならず者たちである。頭領は雁金文七、ほかの面々は、布袋市右衛門、極印千右衛門、安の平兵衛、雷庄九郎。それが犬バージョンになると、「かりかねわん七」「ほていぶち右衛門」「極印わん右衛門」「わんの平兵衛」「かみあひ（嚙み合い）庄九郎」となる。みな歌舞伎役者よろしく決めているが、あまりのおかしさだ。着物の紋などは、ちゃんと役者版を踏襲している。

下の七犬人は「竹林の七賢」のパロディーだろう。中国の七人の隠士のことで、日本では、竹林で琴棋書画を楽しむ光景として描かれることが多い。それゆえ棋、すなわち囲碁と、さらに琴を連想させるものが描かれている。

だが、それより重要なのは、駄洒落でつけた犬の名前。小判を女性に差し出す犬の名は「こづかひにしろいぬ」。つまり「小遣いにしろ」と「白犬」を引っ掛けている。目をそらし気味に小判を受け取る犬は「ことのぢいぬ」。見れば、膝の前に琴柱が落ちている。そして「地犬」は、その土地の犬、そこで飼われている犬のことだから、お小遣いをもらって暮らす犬という、大人の世界の意味も込められているようだ。ほかは、「よってかほ（顔）があかいぬ」

「たいこのぶちいぬ」「いづれあるじはくろいぬ」「むしものゝごまいぬ」「かは（皮）をむくいぬ」。それぞれ、赤犬、斑犬、黒犬、胡麻犬、尨犬に引っ掛けている。蒸し物というのは赤飯のようなものだろう。

Flowers of Edo: Five Dog-Men / Seven Dog-People

The top picture is a parody of the "Karigane five" gang led by Karigane Bunshichi that appears in kabuki and other settings. The models were a real band of Osaka blackguards executed in 1702, and the yellow boxes contain made-up monikers that play on their actual names: Kaminari for instance becoming "Kamiai" ("biting each other"), and Sen'emon becoming "Wan'emon" (*wan* = bow-wow).

The seven "dog-people" in the bottom image are most likely a parody of the seven Chinese hermits known as the Seven Sages of the Bamboo Grove. In Japan, the Sages are often depicted passing their time in the eponymous bamboo grove indulging in the Four Accomplishments (koto, Go, calligraphy and painting), and this painting shows Go, and the bridges of a koto, calling to mind the instrument. The names and actions of the canine characters are puns on features such as the colors of their coats.

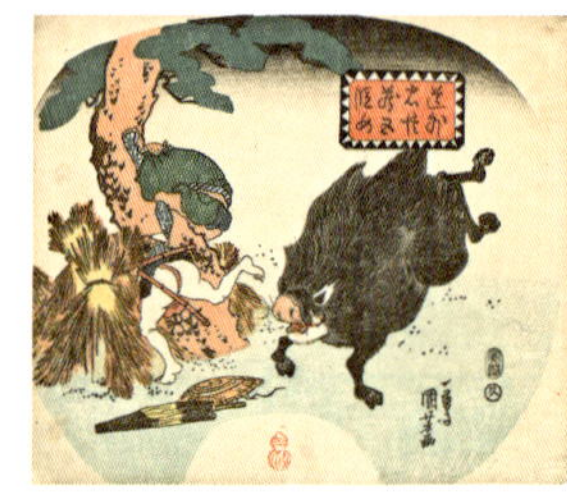

10　道外忠臣蔵五段め

元禄15年（1702）の赤穂浪士の仇討ちは、多くの文芸作品を生んだ。その決定版とも言えるのが「仮名手本忠臣蔵」。浮世絵でも定番の題材で、国芳も何度も描いている。これはその五段目のパロディーで、タイトルの「道外」は、おかしなズッコケの意味である。長めの毛をなびかせながら突進してくる猪に、二人の男が大あわて。松の木にしがみつくのが与市兵衛、藁に突っ込んでいるのが斧定九郎である。

この二人は、実際の物語では敵味方。定九郎は与市兵衛を斬殺して金を奪うが、その後、猪を狙った鉄砲の弾にあたり、自らも命を落とすという筋である。しかし、ここでは、猪が待ちきれずに早く舞台に出てしまったのだ。おかげで、二人とも死なずにすむかもしれない。団扇に貼るための図だが、こんな団扇に涼味を感じるかどうかは微妙である。

Comic Chushingura Act 5

The 1702 incident in which wandering samurai (the

famous "forty-seven samurai") of the Ako domain avenged the death of their master has inspired numerous works of literature, plays and more. *Kanadehon Chushingura*, of bunraku puppetry and kabuki renown, is the definitive example. Staged as frequently in the Edo period as it is today, it also became a standard theme for ukiyo-e.

This picture was for affixing to fans, and is a parody of Act V. In the actual play, Yoichibei, seen here clinging for dear life to a pine tree, and Ono Sadakuro, diving into a clump of straw, are foes. Sadakuro slays Yoichibei and takes his money, but is then shot and killed himself by a hunter with a wild boar in his sights. In this picture however, the impatient boar has appeared on the scene early, and as a result, perhaps neither man will lose his life.

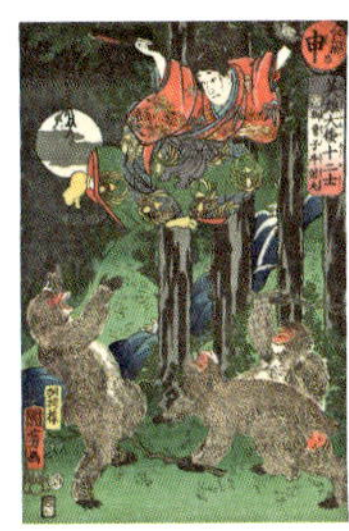

11　英雄大倭十二士　御曹子牛若丸　人真根の申

　十二人の英雄に、十二支を重ねたシリーズの一枚。

　源氏の大事な御曹司牛若丸、つまり後の源義経は、幼い頃、鞍馬寺の奥にある僧正が谷の貴船明神に夜ごと参詣し、武芸の稽古に励んだという。この作品で稽古相手を務めるのは猿。猿が相手をするという話は、国芳より古い時代の版本にも出てくる。しかし、それよりも、『太平記』などにある天狗相手に腕を磨いた話のほうが有名かもしれない。

　さて、右の一匹は、枝を太刀の代わりに振り上げてはいるが、表情からすると、やや真剣さが足りないようだ。同じく枝を持って見上げる猿、「やられたあ！」とばかりにただ叫ぶ猿。いずれも、御曹司の相手としては、やや頼りない感じである。

Japanese Heroes for the Twelve Signs: Onzoshi Ushiwakamaru – Monkey

From a series depicting twelve heroes, connecting them to the twelve signs of the Chinese zodiac.

Here we have Ushiwakamaru, later known of course as Minamoto no Yoshitsune, prominent scion of the Minamoto clan. One famous Yoshitsune legend has him honing his martial skills as a child with *tengu* at the Kurama temple. In this image however, it is monkeys who are helping him practice. The animal on the right brandishes a branch instead of a long sword, in an attempt to imitate a human, but by its expression, does not seem to be taking the task very seriously. What with another monkey holding a branch and dreamily gazing upward, and yet another yelling theatrically "I'm hit!" one feels these are not the

most reliable companions for the heir to a great dynasty.

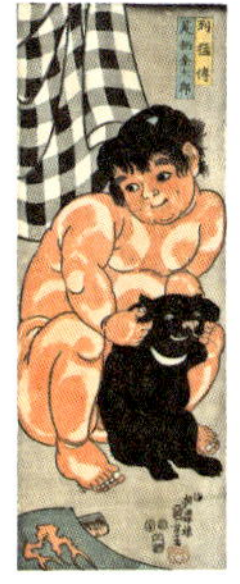

12　列猛伝　足柄金太郎

　英雄や豪傑を題材にしたシリーズの一枚。坂田金時や怪童丸の名でも知られる金太郎である。金太郎は江戸時代、多くの版本の題材になり、山中で動物たちと遊びながら立派に成長したというイメージも、多くの人たちに定着していた。そして、そうした版本で繰り返し描かれた動物が、猪や鹿、猿、兎、それに熊である。熊は、金太郎と力比べをしたり、金太郎を乗せて歩いたり、荷物を持ってお伴を務めたりと大活躍している。

　この作品の愛らしさには文句のつけようがない。両者はにっこりして、金太郎が子熊をあやしているかのようだ。金太郎に握られた熊の前足のかわいらしさといったらない。

　ところで、金太郎の体が赤いのはお決まりだが、奇妙な濃淡がついている。実は、金太郎は山姥、つまり、山深くに住むという鬼女の子である。それゆえ、普通ではない奇異な存在であることを示すために不思議な表し方をしたのでは、という解釈もある。

Tales of Fierce Warriors: Kintaro of Ashigara

This print from a series on brave men and other figures from history features Kintaro, the hero of a folktale still familiar to Japanese today. The saga of Kintaro was the subject of numerous woodblock-printed books in the Edo period, and the story of his development into a robust young lad frolicking with animals in the mountains, widely known. Bears appeared frequently in such books. The sight of both bear and boy smiling, as Kintaro plays with the cub, gives this work an undeniable charm.

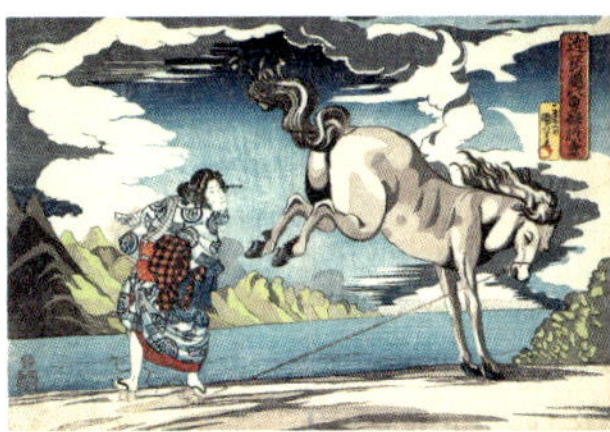

13　近江の国の勇婦於兼

　馴染みのある浮世絵の感じとは違って、まるで西洋の絵のようだ。それもそのはず、輸入された西洋の書物の挿絵を取り込んで描いた一枚なのである。特に、馬や遠くの山並みはほぼそのままで、立体感を表すための陰影もつけられている。

　対する「純和風」の女性は、近江の国海津宿の遊女、金。中世の説話集に登場する、とてつもない怪力の持ち主である。ある時、彼女は、大勢の力でも引きとどめられなかった暴れ馬に出くわす。そして、前を走って行く馬の口取り縄を、高下駄でむずと踏みつけ、足首まで砂に埋まりながら制したという。この説話が浄瑠璃や歌舞伎舞踊に取り上げられて、「近江のお兼」として親しまれるようになった。お兼さんだけでなく、江戸時代には、実際に女性の力持ちの見世物があったり女相撲があったりと、腕っぷしの強い女性は人気者だったようだ。きりりとした眼差しで縄を踏む姿は、本当に格好良い。

Okane, the Brave Woman in Omi Province
A work clearly influenced by illustrations from the western books being imported at the time. Notably, the horse and distant mountains are largely identical to the originals, the horse being copied from Le Cheval et l'Âne" in a European edition of Aesop's Fables, and the mountains from "De Haven St. Vincent" of Gedenkwaerdige zee en lantreize door de voornaemste landschappen van West en Oostindien (1682) by Johan Nieuhof.
The contrasting "purely Japanese" female figure is Okane, famous from kabuki dancing. A prostitute from the Kaizu station in Omi Province, she possessed superhuman strength, allowing her to control a bucking horse simply by standing on the lead rope.

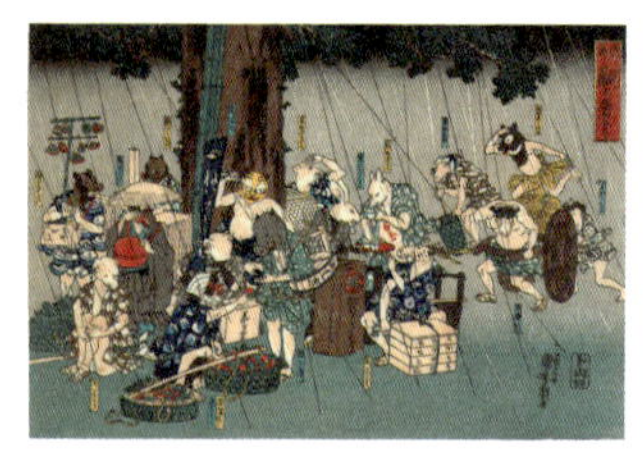

14 道外獣の雨やどり

　雨宿りの様子を描いた絵は、江戸時代に珍しくはないが、この図は、そのおふざけ版。ぱっと見のおかしさだけではない。大木のもとに集う動物たちは、それぞれが、自分と縁のある商いをしていたり、自分とゆかりのある柄の着物を身に着けていたりと、かなり細かいところまで凝っている。

　たとえば右端近く、青い着物の牛は車引き。人に使われて車を引く牛が車引きを生業にしているわけだから、それだけでおかしい。さらに着物の柄は、牛車の車輪をかたどった、みやびな「源氏車」の模様である。また、猪は萩模様の着物で、おはぎを売っている。猪といえば萩のイメージがあるのは、花札でもお馴染みだろう。

　もう一つ二つ、見てみよう。虎の商売は樋竹売りで、着物は竹の葉模様。なぜなら、虎といえば竹林が付きものだからである。また、その手前に見える小判模様の着物の猫は、鼠とり薬を売っている。薬など売らずに、自分がその家に出向けばよさそうなものだ。

Animals Taking Shelter from the Rain
Sheltering from rain is in itself not an uncommon theme

of paintings of the Edo period. But it is animals, not people, that gather under this large tree. Moreover, animals wearing kimono with designs related to their own identity, or doing related business, making for an elaborate picture of multiple layers.
Take for example the cat in front of the tree trunk. It is wearing a kimono with a *koban* (small oval gold coin) pattern, a reference to the expression *neko ni koban* (literally "gold coins for a cat," i.e. "pearls before swine"), and is selling rat poison. On the right of the frame are a horse, bear, bull and sheep. To the left of them, a deer, fox, rabbit and mouse. In front of the tree trunk, a boar, tiger, cat and monkey. To the left of the trunk, a weasel, wolf, and raccoon dog. The seated animal is a dog.

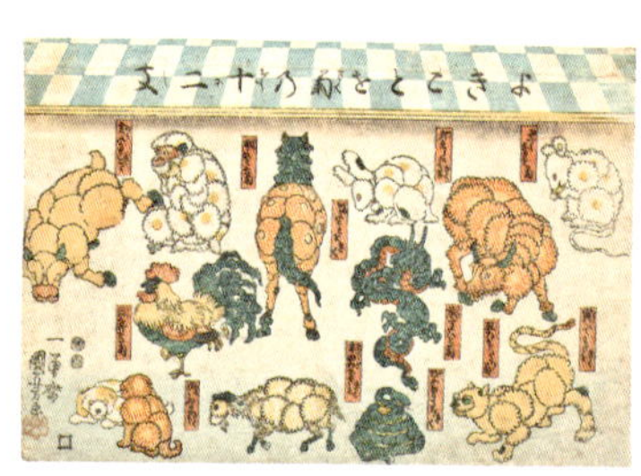

15 よきことを菊の十二支

　菊で十二支の動物の形を表し、それぞれの動物名が入った「聞く」で終わる言葉を添えた一枚。タイトルの「よきことをきく」は、良い話を耳にする、というおめでたい意味だろう。ちなみに、今も手ぬぐいなどに使われる「斧琴菊文」という、おめでたい文様がある。これは、斧の小形のものを「よき」というので、斧と琴と菊を表して「よきことをきく」と洒落たわけである。

　さて、見世物が盛んだった江戸時代だが、菊細工もその一つ。種々の動物や舟、二見浦の夫婦岩や富士山など、色々なものを菊でかたどったようだ。そういう菊の楽しみ方は、今も秋になると、各地の菊の展示で目にすることができる。

　動物たちに添えられている言葉は、ねづみなきを菊（鼠鳴きを聞く）、丑ろからたち菊（後ろから立ち聞く）、寅てわけをきく（捕らえて訳を聞く）、卯れしい事ヲきく（嬉しいことを聞く）、辰寸尺を菊（裁つ寸尺を聞く）、巳（身）になる事ヲきく、午いことをきく、未田のできをきく、申ひとに菊（さる人に聞く）、酉くみを菊（取組を聞く）、戌かゐるカトきく（犬がいるかと聞く）、亥い事をきく。

　最初の鼠鳴きは鼠の鳴きまねのことで、遊女が客を呼んだりする時などに使われる。ひつじ田は、刈った後の稲株にまた芽が生えてきた田のこと。解釈が難しいのは、猿と鶏だろうか。「さる人」は、「ある人」か「立派な人」か、それとも「去る人」だろうか。「取組を聞く」は、ものごとへの取り組みを尋ねているようにもとれるが、鶏といえば闘鶏に使われるだけに、相撲の取組かもしれない。

　現代では、ともすると駄洒落は嫌われる。しかし、異なる言葉の相通じるところを楽しむ遊びには、長く深い歴史がある。空気の読めない駄洒落と十把一絡げにしないで、言葉というものの不思議さや味わいを感じながら、ほんのりと、しみじみと楽しみたいものである。

The Twelve Animals of the Zodiac Hear Good Things (*Yoki koto o kiku junishi*)

People in the Edo period had access to a plethora of entertainments, one of which was building figures from chrysanthemum flowers. This is still done today, and just like today, people made some ambitious sculptures that ranged from the usual human figures to various animals, boats, and Mt. Fuji, to name just a few.

This print shows the twelve animals of the Chinese zodiac, rendered in chrysanthemums (*kiku*) and accompanied by phrases containing the creature's name and ending in the homonymous word kiku meaning "to hear." The rabbit, for instance, is accompanied by the text *ureshii koto o kiku* (to hear wonderful news), connecting the *u* of *usagi* (rabbit) and *ureshii* (pleasing).

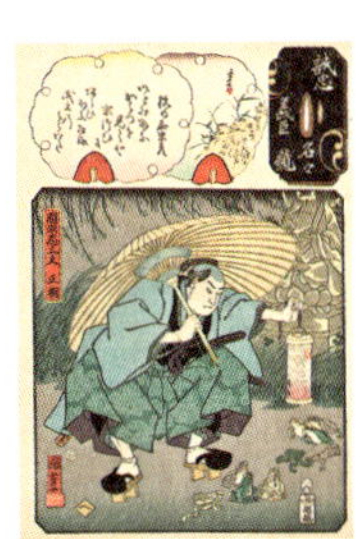

16 誠忠義臣名々鏡 へ 間瀬忠太夫正明

　赤穂義士全員を取り上げたシリーズの一枚。赤穂義士にはさまざまなエピソードがあるが、ここに描かれているのは、国芳が絵を手がけた版本『忠臣銘々画伝』に載っている、こんな逸話である。

　ある夜、家に帰る途中のこと。草むらで蛙が挑み合っている。提灯を出してしばらく見ていると、一匹の大蛙をあまたの蛙が食い殺そうとして、大蛙も負けじと戦っている。人間の合戦のようだと思って見物したが、ついに大勢の蛙が大蛙に勝った。正明は手を打ち合わせ、力を合わせれば一矢を報いることができると悟り、仇討ちへの決意を新たにしたのである。

　蛙が九匹もいる。戦う二匹以外は、情勢を見守っている様子だ。話にある大蛙がどれなのか、大きさからは今ひとつ決めかねるが、それはよしとしよう。口を大きく開けた一匹に何とも心をつかまれる。

Mirror of the True Loyalty of the Faithful Retainers, Individually: *He* - Mase Chudayu Masaaki

Mase Chudayu Masaaki was one of the ronin of the Ako domain also mentioned in No. 10. These vengeful samurai acquired heroic status and were depicted repeatedly in ukiyo-e. This work shows a particular episode from their collected stories.

One night on his way home, Masaaki came upon a large frog fighting a group of other frogs. Watching the skirmish unfold and noting how similar it was to a human battle, he saw the smaller frogs win. It was then Masaaki realized that by joining forces, he and his fellow samurai could retaliate for their master's death; giving him renewed determination to seek revenge.

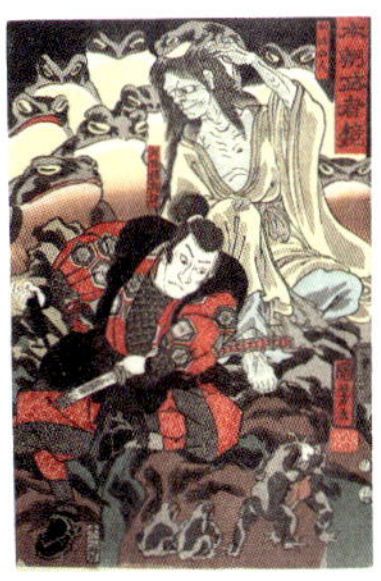

17 本朝武者鏡 がま仙人 天竺徳兵衛

　説話や歌舞伎に登場する人物を取り上げたシリーズだが、この作品を含めて、どれも異様な画面である。それもそのはず、人物とともに描かれているのは、鬼や土蜘蛛、蛇、蛙など、おどろおどろしいものばかりなのである。

　上は蝦蟇仙人。三本足の蝦蟇を操ると言われ、肩に蝦蟇を乗せた姿で数多くの絵に描かれる。下は天竺徳兵衛。江戸時代初期に実在した人物で、御朱印船で天竺、すなわちインドに渡り、その見聞録も残している。この二人が、その後、歌舞伎などで脚色されて、大まかに言えば、「妖しい蝦蟇の術を使う蝦蟇仙人」「蝦蟇の妖術を使って日本国転覆を企む、異国帰りの天竺徳兵衛」というキャラクターが出来上がった。つまり、そもそも無関係な二人は、蝦蟇の妖術というキーワードでつながるのである。

　呑気なムードも漂う No. 16 に比べると、居並ぶ蛙たちはどっしりとした威圧感と凄みを湛えている。やや口が開き気味の二匹は、これから怪しい気でも吐くのだろうか。右下で取組中の二匹も、真剣そのものだ。

Mirror of Warriors of Our Country: Tenjiku Tokubei and Gama Sennin

One of a series featuring characters from fables, kabuki etc. At the top is the toad hermit, a figure from Chinese Taoism, said to have a three-legged toad at his command. Below is Tenjiku Tokubei, a real figure from the early Edo period who traveled to Tenjiku (India), and wrote an account of his adventures there. Both were subsequently dramatized for kabuki, broadly speaking leading to the emergence of the characters "toad hermit who uses the powers of a magical toad" and "Tenjiku Tokubei, returned from exotic lands, plotting the overthrow of the Japanese state by use of toad magic." In other words, we have here two fundamentally unrelated figures, connected through the idea of magical toads.

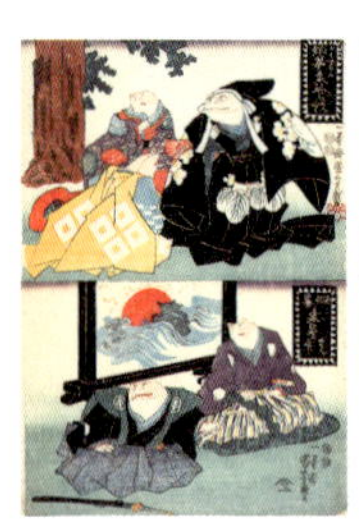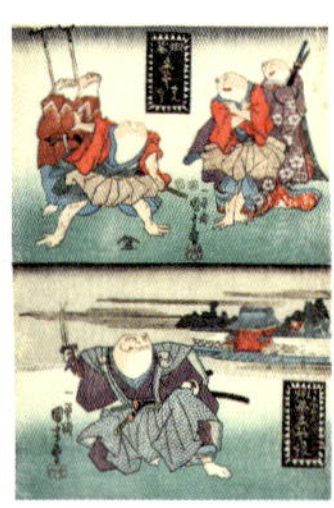

18　蝦蟇手本ひやうきんぐら　初段・二段目／三段目・四段目

「仮名手本忠臣蔵」を蛙が演じるシリーズである。

この二枚は、大序と呼ばれる初段から四段目まで。蛙の顔が奇妙なのは、役者の似顔絵だからである。印象的な場面であるうえに、ポーズは本物の役者そっくりで、着物の紋や小道具からも、彼らが誰を演じていて、どの場面なのか、芝居好きならすぐわかるのである。

一枚目の上の絵から見ていこう。黒い着物の大ガエルが、史実での吉良上野介にあたる高師直。女ガエルは、塩冶判官（史実での浅野内匠頭）の妻、顔世御前。師直にくどかれて困っているところを、黄色い着物の桃井若狭之助が助ける場面である。怒った師直は、この後、若狭之助をはずかしめる。にらみつける師直ガエルの、何と憎らしくも立派なことか。

下は、二段目の「松切り」と呼ばれる場面である。紫色の着物は、師直にはずかしめられた若狭之助。憎い師直を討つと心に決め、手前の家老、加古川本蔵に打ち明ける。すると本蔵は、止めるどころか、松の枝を切って差し出し、どうぞこのようにすっぱりと……と、賛成しているように振る舞う。描かれているのは、この場面である。本蔵はこの後、こっそり師直側に贈り物をする。効果はてきめん、師直は若狭之助に先日の無礼を謝り、師直を斬るつもりだった若狭之助も拍子抜けしてしまい、事なきを得たのである。だが、今度は塩冶判官が師直につらく当たられ、その結果、本蔵をも巻き込む悲劇へとつながっていく（No. 19 参照）。

二枚目の上は三段目。右の二人は、塩冶判官に仕える早野勘平と、顔世御前の腰元お軽。二人の逢引きの最中、主君塩冶判官の刃傷騒ぎが起こり、この一大事に、二人は館の外に取り残されてしまった。そこへ、お軽のことが好きな鷺坂伴内が手下を連れて、お軽を渡せとやって来た。勝ったのはもちろん、ポーズを決めている勘平である。

下は四段目。刃傷事件によって、お家は断絶、所領没収となり、塩冶判官は切腹する。そして、家老の大星由良之助（史実での大石内蔵助）は、主君に託された腹切刀を手に、仇討ちを決意しながら、館を明け渡して去っていく。描かれているのは、その場面である。

実際の芝居では、心をふるわせる人気の場面だが、もちろんこの由良之助は蛙である。しかも、着物の紋は、大石内蔵助の「二つ巴」をオタマジャクシにアレンジしたものだし、刀はナメクジ。蛙とナメクジといえば、蛇を加えて「三すくみ」の関係である。蛙は蛇に負けるが、蛇はナメクジに負ける。この由良之助ガエル、ナメクジ刀があれば千人力、というわけだろうか。館の中から由良之助のほうを見ている意地悪そうな蛙は、薬師寺次郎左衛門だろう。蛙の足も見どころの一つ。特に、由良之助ガエルの骨っぽい指の感じが、じわっとくる。

Humorous Chushingura Performed by Toads: (Act 1-2, 3-4)

In a series depicting the kabuki play Kanadehon Chushingura acted by toads, these two prints show the first four acts. The peculiar faces of the toads are caricatures of well-known actors. Their poses are identical to those of real actors, as one would expect in such striking scenarios. The kimono crests, props and so on also make the identities of the characters and the scenes being performed obvious to theater fans.

The lower section of the second print, for instance, shows part of Act 4, the famous scene in which chief retainer Oboshi Yuranosuke takes the sword used by the lord of the castle to commit seppuku, and vows to avenge his death. The crest on the toad's kimono utilizes the shape of the original crest, altered to resemble tadpoles.

The use of a slug for the sword likely has its origins in the idea that frogs (and toads) and slugs, are, with snakes, connected in a kind of three-way deadlock, frogs losing to snakes, but snakes losing to slugs, in "rock, paper, scissors" fashion. Thus if this Yuranosuke toad wields a slug sword, it gives him the strength of a thousand men.

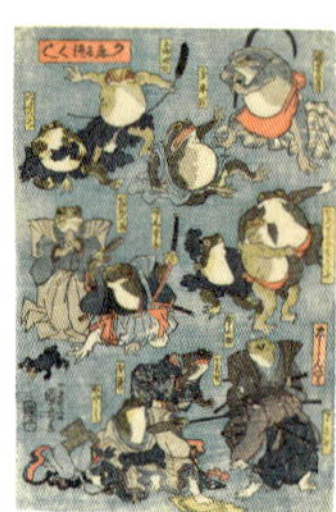

19　かゑるづくし

蛙の面々が、色々な歌舞伎の演目を真剣に演じている。

右上は「夏祭浪花鑑」から、舅の義平次を手にかける団七九郎兵衛。

その下では二匹が相撲をとっている。曽我兄弟の仇討ちに関する物語に登場する、兄弟の父、河津三郎祐安と俣野五郎である。祐安が勝った手が、相撲の決まり手「河津掛け」の語源と言われるが、「蛙掛け」と表記することもある。だとすれば、蛙の「かわづ掛け」はぴったりだ。

左上は「草摺引」の曽我五郎と小林朝比奈。親の仇の所へ行こうとする五郎の草摺（鎧の腰の辺りについた、ビラビラした部分）を持って、引き止める場面。葉っぱ製

の草摺だから、そんなに強く引っ張るとちぎれてしまう
……と心配になる。

　その下が「伽羅先代萩」。お家乗っ取りを狙う仁木弾正
は、妖術を使って鼠に化け、一味の連判状を取り戻す。
それを見つけて鉄扇を振り上げるのは、御殿の警護をして
いた荒獅子男之助。

　さて、一番下に、No. 18にも登場した加古川本蔵が登
場している。

　本蔵の娘の小浪は、大星由良之助の息子、力弥のいい
なずけ。嫁ぐために大星家を訪れた小浪と継母の戸無瀬
だったが、由良之助の妻、お石に拒絶されてしまう。絶
望した母と娘が死のうとしたところ、お石が、ある条件
をつきつける。主君である塩冶判官が刃傷に及んだ時、
本蔵が判官を抱きとめたせいで本望を遂げられず、しか
も、敵は軽い傷だけで、殿はご切腹……家来の身で、そ
んな本蔵の娘を嫁にもらうことができようか、でも、本
蔵の首をくれれば結婚させよう、と。すると本蔵が現れ、
わざとお石を怒らせるようなことを言い、その騒ぎを聞
きつけて走り出した力弥の槍に突かれる。そこへ由良之助
が出て来て、本蔵を介抱し、「さぞ本望でござろう」と
語りかける。すべては本蔵の、自らの行動への後悔と、
娘を嫁がせようという親心ゆえの行動だったのである。

　歌舞伎に興味がないと、こうした説明はややこしいだ
けだろう。書いている私でさえ、大変だと思うことがある。
ただ、当時の人たちにとって、歌舞伎は今よりずっと身
近だったし、大きな楽しみだった。となれば、この絵を
手に大笑いしたり盛り上がったりした人たちの気持ちに、
少しでも近づきたいとも思う。改めて絵を見ていただき
たい。上に記した場面が、蛙の役者たちによって見事に
再現されている。右の立派な蛙が由良之助、槍を突くの
が力弥、槍先を持つのが本蔵、本蔵に押さえつけられて
いるのがお石、後ろであわてているのが戸無瀬である。

Frogs Playing Various Roles

A cast of frogs perform various kabuki pieces. As many
readers will be interested in kabuki, here are the kabuki
items and roles in question.
At top right is Danshichi Kurobe, slaying his father-in-law
Giheiji in the play *Natsu Matsuri Naniwa Kagami*.
Below this, engaging in sumo wrestling, are Kawazu no
Saburo Sukeyasu and Matano Goro, who appear in the
Soga brothers' tale of revenge.
At top left are Soga no Goro, younger of the Soga brothers,
and Kobayashi Asahina, performing the *kusazuribiki* or
"armor-pulling" scene.
Below this is *Meiboku Sendai Hagi*, with the villain Nikki
Danjo seen clasping his hands. In the actual play he uses

sorcery to change into a mouse, but in this work, he
remains a frog even after his transformation – the little
frog running away with a scroll in its mouth. Waving
the fan is Arajishi Otokonosuke, palace bodyguard.
The five frogs at the bottom perform a scene from Act
9 of *Kanadehon Chushingura*. The animal at far right is
Oboshi Yuranosuke, who also appears in No. 18.

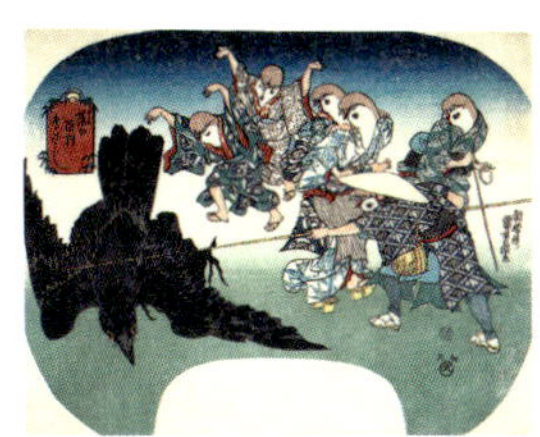

20　雀の百狂　鳥さし

　「鳥さし」に扮した雀が、
大きなカラスを狙って、
えいやっと長い竿を繰り
出している。鳥さしは、
樹皮からとった粘着性の
物質を竿の先に塗り、それをくっつけて鳥を捕まえる人の
こと。実際の雀はこの絵とは逆の立場である。人間の鳥さ
しによってこんな風にして捕らえられ、飼われたり、鷹の
餌となったり、鳥獣を自然界に解き放つ「放生」の儀式用
に売られたり、はたまた食べられたりしていたわけである。

　何かの本で読んだのだが、こんな雀の捕り方があると
いう。網を仕掛けた田んぼに飼い慣らしたカラスをつな
ぎ、人間が雀を追う。すると雀は、カラスがいる場所は
安全だと思う習性があるので、カラスのそばに集まる。さ
らに、おとりの雀までそこに仕込んであるので、雀は安心
しきってしまう。そこを一気に網で捕らえるのだという。

　この方法が国芳の時代にあったかどうか、あったとして、
それを国芳や当時の江戸っ子たちが知っていたかどうかは
わからないが、この作品からそれを思い出したのである。
そして、この絵の雀たちが怖い顔をしているのは、いつも
カラスにだまされている恨みを爆発させているからではな
いか、そんな想像も浮かんできた。それとも、雀にとって、
やはりカラスは日頃から恐ろしい存在なのだろうか。

One Hundred Crazy Performances of Sparrows: Birdcatcher

A band of sparrows disguised as "bird catchers"
capture a crow. Birdcatchers would coat the tip of a
pole with a sticky substance made from tree sap, and
use it to grab their prey. People did actually capture
sparrows in this fashion.
The patterns on the sparrows' kimono consist of
sparrows and bamboo – often associated with the
birds. The kanji and hiragana character for sparrow
may be seen on the kimono of the bird on the far left.

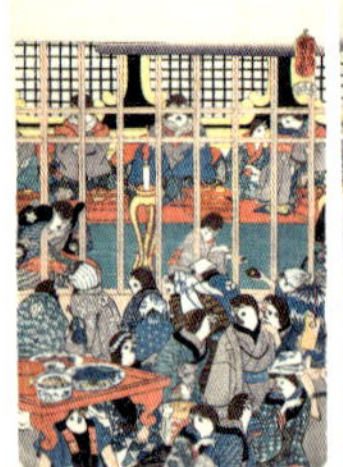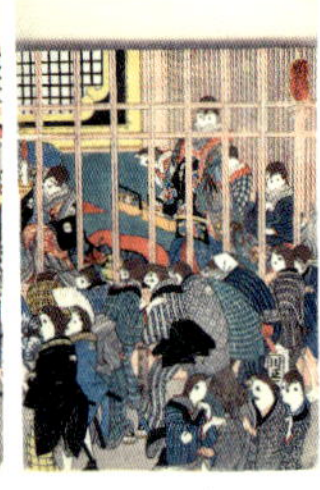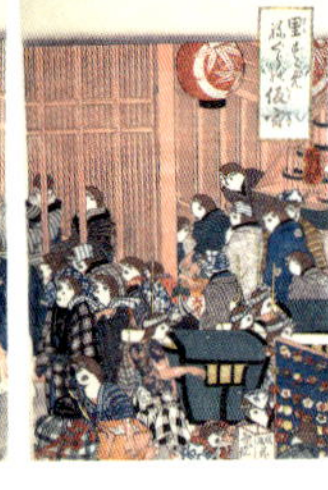

21　里すゞめねぐらの仮宿

　弘化 2 年（1845）の暮れ、吉原は火災にあい、再建されるまで仮宅、つまり、他の土地で臨時に営業することになった。その宣伝用に描いたのが、この名作である。それがなぜ雀かといえば、天保の改革によって、遊女の姿を描いた浮世絵の出版が禁止されたからである。また、吉原に詳しい人のことを吉原雀、遊里に頻繁に通う人のことを里雀などというので、それにも引っ掛けている。

　右の一枚の右下、綺麗な花を並べているのは、花かんざし屋。「風流花かんざし」の文字が見える。威勢のいい駕籠かきの左には、箱を肩から下げ、提灯を持った雀がいる。提灯の「かりん」の文字からしても、かりんとう売りかもしれない。現代にも復活してほしい、美味しそうな物売りだ。真ん中の一枚では、店の中をのぞき込む雀たちの、ぽこぽこ並んだ後頭部がいい。左の一枚では、店の中から一羽がぐっと身を乗り出しているが、その相手の雀の着物には「おやどはどこだ」「したきりすずめ」の文字がある。

　こうした細かい工夫も楽しいし、やはり、一羽一羽の表情の違い、生き生きとした仕草が最大の見どころだろう。

The Yoshiwara Sparrows' Temporary Nest

In late 1845, the Yoshiwara pleasure quarters were destroyed by fire, and until their rebuilding, operated temporarily from another location. This famous print was produced to advertise the new temporary venue. Sparrows were used because the shogunate prohibited the depiction of prostitutes, deeming it injurious to public morals.

Behind the lattice screen are a bevy of prostitutes in gorgeous kimono. The street in front of this avian house of ill repute is crammed with passersby and the curious, with working sparrows – delivering food, carrying litters, selling floral hair adornments – adding to the vibrant atmosphere. The individual expressions on the sparrow's faces, and their dynamic gestures, are the real highlights of this painting.

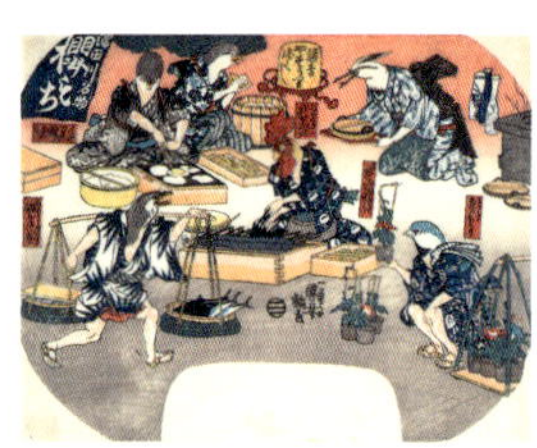

22　諸鳥やすうりづくし

　No. 14 の動物たちと同じように、さまざまな種類の鳥が、それぞれにぴったりの商いをしている。

　右上は、「骨抜きドジョウ」の鍋を差し出す鷺、その下は、朝顔の鉢を売り込む瑠璃鳥、真ん中は、玉子せんべいを真剣に焼く鶏、左下は、初鰹を威勢よく売り歩く杜鵑。

　そして、左上の二羽は、隅田川名物の桜餅を売る都鳥である。夫とおぼしき一羽は、焼いた皮の上に餡をのせて、パタンと折ろうとしているようだ。横では、妻とおぼしき一羽が、慣れた手つきで餅をくるんでいる。ちなみに、ミヤコドリという鳥は実際にいるが、日本で古くから都鳥として親しまれてきたのは、白くてかわいらしいユリカモメである。ユリカモメは、夏のある時期に頭が黒くなる。

　色鮮やかで綺麗な団扇絵だが、仰げば、風とともに笑いも起こすだろう。

Various Birds as Bargain Vendors

A collection of birds ply the trades best suited to each. The heron proffering the pot is selling a cooked version of its favorite food, loach. The blue-and-white flycatcher at bottom right offers morning glory flowers, the connection being the lapis lazuli color. A chicken is cooking egg *sembei* crackers, of all things. At bottom left is a cuckoo, peddling *hatsugatsuo,* the first bonito of the year. The first cuckoo song, and the first bonito, are traditional harbingers of summer. The two birds at top left are black-headed gulls, making the *sakuramochi* rice cakes famed along Edo's Sumida River.

Together these avian entrepreneurs form a colorful and attractive fan picture. A glance at the flickering fan on a hot day would be sure to evoke laughter alongside the cooling breeze.

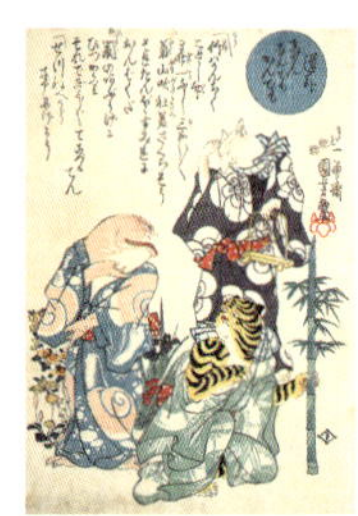

23　道外けん　なんでもかんでも

　拳は、二人または数人が、主に指や手で色々な形を作って勝負する遊戯のこと。じゃんけんもその一種である。弘化 4 年（1847）、主に酒席の遊びだった拳が、歌舞伎舞踊に取り入れられた。以前からあった狐拳・虎拳・虫拳を盛り込んだヘンテコな歌に合わせて役者が踊り、最後に拳を打つ、というものだったらしい。こ

の出し物は大当たり。歌詞の中の「虎がはうはう、とてつ
るてん」から「とてつる拳」と呼ばれ、浮世絵が多数出され、
替え歌が生まれ、拳の稽古本も発売され、さらには味を
しめた劇場が続編を興行するなど、大流行となった。

　この作品は、そのとてつる拳のアレンジで、歌詞の一部
が替え歌になって書かれている。演じるのは、狐・虎・蛙。
先の三つの拳にちなんだ面々である。江戸時代、蛙は虫
の仲間に入れられていた。

　それぞれの顔は、役者の似顔絵である。単に動物を人
のように表しただけではない、役者だからこその深さや苦
さが、得も言われぬ珍妙な趣を醸し出す。それだけに、
蛙の後ろのかわいい花々が目を引く。蛙の歌詞にある「菊
山吹杜若さくらそう　それたんぽゝすみれにおんばくだ」
の花々である。「おんばく」は、別名蝦蟇衣ともいうオオ
バコのこと。

Comical *Ken*: Anything Goes

Ken is a game in which two or more people use mainly
fingers and hands to compete in making various shapes.
Mainly a drinking game, in 1847, it was incorporated into
a kabuki dance piece. Apparently the actors danced to a
comical song, finishing by showing their hands to each
other.
This print is an alternative version of this game, the
lyrics at the top a parody as well. The faces of the fox,
tiger and frog are actor caricatures, Kuniyoshi's specialty.

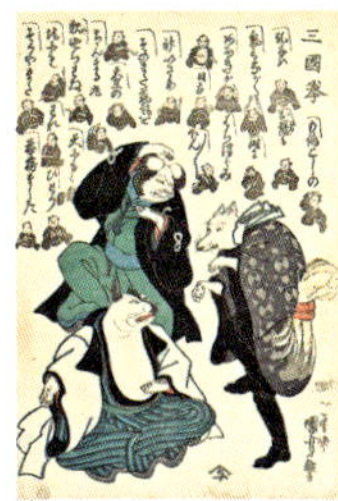

24　三国拳

　No. 23 で説明した「とてつる拳」の
流行を受けて、嘉永 2 年 (1849) に
上演されたのが、三国拳である。唐土
(中国)の孔子と、日本の天照大神、
天竺(インド)のお釈迦さまが勝負す
るという壮大な内容だが、ここではそ
れを、右の狐と左下の狸らが演じている。それぞれの顔は、
やはり役者の似顔絵である。もう一人は、歌詞から考えると
どうやら狆らしい。まるで新種のコアラのようだ。狐は九尾
の狐らしいが (No. 27、No. 28 参照)、尻尾を帯で束ねて
いる点は絶対に見逃してはいけないお笑いポイントだ。

　歌詞も替え歌である。「もろこしの孔子はお髭も気もなが
く、時にあほきがはらつゞみ、日本ほんほん神いさめ、その
また荒気を天竺の、ちんまる丸釈迦らわぬ、天にも地にも
われひとり、そりやまた拳勝ました」。歌うつもりで調子良く
読んでみると、「ちんまる丸」のところの字数がしっくりこな

い。ちなみに、三国拳を描いた他の浮世絵では、この部分
が「ちんまる丸々」となっているが、それならしっくりくる。

　それはさておき、この拳はじゃんけんと同じ三すくみで、
唐土は天竺に勝つが日本に負け、日本は天竺に負けるとい
うルールである。歌詞に沿って言えば、髭も気も長い唐土
の孔子は、腹鼓を打つ日本ぽんぽん神に負け、その神は天
竺のちんまる丸 (々) 釈迦に負ける、という具合である。

Three-way Clash of the Giants (*Sangoku-ken*)

The game of ken became all the rage, spawning numerous
variations, one of which was *Sangoku-ken*, performed on
stage in 1849. This print is a different version of this
game, and once again, the song lyrics are a parody
version. Like No. 23, it is performed by animals with the
faces of well-known actors.
The genuine *Sangoku-ken* was a grand affair; a three-way
contest between China's Confucius, Japan's founding
deity Amaterasu Omikami, and in the Indian corner, the
Buddha, but here it is played by a fox, raccoon dog, and
Pekinese.

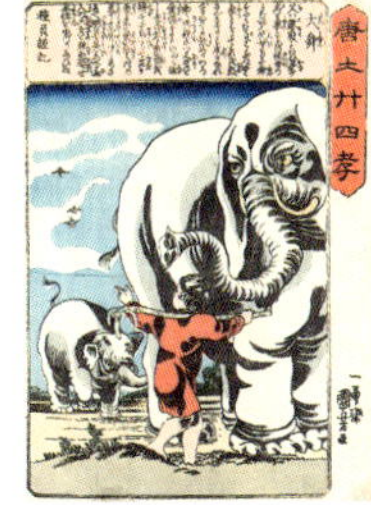

25　唐土廿四孝　大舜

　二十四孝を題材としたシリーズ
の一枚で、主役は、大舜とも呼
ばれる、中国の伝説の皇帝、
舜。「二十四孝」は、中国で孝子、
つまり親に忠実に従った人物の説
話を二十四篇選んでまとめたもの
で、日本に伝わったのは南北朝時代だと言われている。

　さて、舜の物語である。舜は、父と継母にひどく憎まれ、
両親は、継母の連れ子である舜の弟と共謀して、舜をたびた
び殺そうとした。しかし、舜は少しもそれを恨まず、ますま
す両親に仕え、弟を大切にした。その孝行心が天に通じて、
田を耕す時には、鳥が降りてきて雑草を取り、象がやって来
て耕すのを手伝ってくれた。ときの帝、堯 がこれを聞き、自
分の娘二人を舜の妻とし、王位を譲った。

　江戸時代、本物の象を目にする機会はきわめて少なく、
国芳も見られなかったはずである。かといって、この作品の
象は、たとえば仏画などに見られるような、日本で古くから
描かれてきた象とも感じが異なる。それもそのはずで、左の
小さく見える象は、当時輸入されていた西洋の書物『東西
海陸紀行』から写したことが明らかにされている。また、舜
の姿も、同じ書物の天使をアレンジしたものとわかっている。

Twenty-four Paragons of Filial Piety in China: Taishun

The Twenty-Four Paragons of Filial Piety is a collection of fables featuring dutiful offspring, handed down to Japan from China. The protagonist in this picture is the legendary Chinese emperor Shun, also known as Taishun. The object of his father's and stepmother's hatred, Shun narrowly escaped with his life on numerous occasions, but refused to hold a grudge, simply serving his parents all the more. The story goes that word of his great filial piety reached the heavens, and when he went to plow the fields, birds flew down and removed the weeds, and elephants turned up to help him till the soil.
The elephant on the left, and also the figure of Shun, are clearly copied from different illustrations in Johan Nieuhof's travelogue *Gedenkwaerdige zee en lantreize door de voornaemste landschappen van West en Oostindien.*

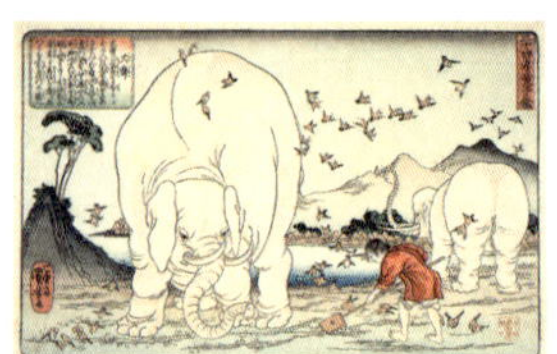

26　二十四孝童子鑑　大舜

　やはり二十四孝を題材とした、No. 25 とは異なるシリーズの一枚。江戸幕府が忠孝を奨励したこともあって、二十四孝は浮世絵の題材として、たびたび描かれたのである。

　この作品も、右の象の姿は『東西海陸紀行』という洋書から写したことが明らかにされている。しかし、ただ闇雲に写したわけではない。写したのは象の部分だけだというのに、それがちゃんと風景になじんでいる。また、同じテーマにもかかわらず、作品の趣が No. 25 と異なるのも面白い。No. 25 では、のんびりした雰囲気や絵としての構図の面白さが印象的だが、No. 26 は、説話の内容が一目でわかる。雀たちは、草をくわえて飛び立ったり、忙しそうに地面に舞い降りたりと懸命に働き、舜も象もまじめに田を耕している。

Twenty-four Paragons of Filial Piety for Children: Taishun

Yet another painting based on The Twenty-Four Paragons of Filial Piety, from a different series to No. 25. The Paragons were a frequent subject for ukiyo-e, in part due to the Edo shogunate's desire to promote the virtues of loyalty, and devotion to parents. Here also, the elephant on the right is obviously taken from a different illustration in Nieuhof's book.

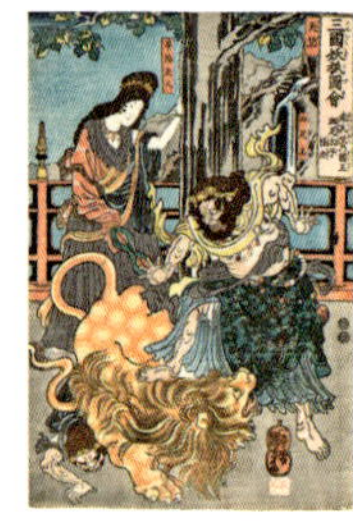

27　三国妖狐図会　南天竺の国　王斑足太子怪力

　妖狐の物語自体は以前からあったが、文化年間に『絵本三国妖婦伝』『絵本玉藻譚』という二つの読本、つまり小説が相次いで出版され、大流行した。金毛九尾の狐が、中国・天竺・日本の三国それぞれで美女に化けて天子をたぶらかし、悪行を重ねるという物語である。

　この一枚の舞台は天竺。『絵本玉藻譚』から、物語の一部を紹介しよう。

　ある日、王の宴の最中に獅子が現れ、妃がさらわれてしまった。一年後に戻された妃は、ほどなく一人の子を産んだ。「両足にうずまきたる毛」があったので斑足太子と名づけられた子は、成長すると身長は一丈（約3メートル）、岩を引き抜き、船を陸地に揚げるほどの怪力の持ち主となった。その後、王位を継いだ斑足太子は、ある日、花陽山に猟に出かけた。すると、十六歳くらいの輝くばかりの美女が蕨を摘んでいる。こんな美女が山中で老いていくのは口惜しいと宮中に連れて帰り、「花（華）陽夫人」と名づけた。実は、この美女の正体は、中国、殷の国を滅亡させた妖狐。中国から、今度は天竺に飛来して、人間の体を借りて生まれ変わったのである……。

　斑足王の物語では他の場面にも獅子が登場するが、国芳の図は、特定の場面というわけではなく、物語のイメージを表したものだろう。『絵本玉藻譚』で挿絵を描いたのは、多数の版本に腕をふるった大坂の画家、岡田玉山である。国芳は玉山の挿絵を参考にしてはいるが、かなり独自に構成し直している。さらに徹底的に違うのが獅子の姿。玉山の絵はいわゆる「獅子」だが、国芳の絵は、どう見ても「ライオン」である。

The Magic Fox of Three Countries: The Marvelous Strength of Prince Hanzoku, King of Southern India

From a series depicting a nine-tailed golden fox turning into a beautiful woman in China, India and Japan, tricking the king or emperor, and committing a series of foul deeds.

This painting is set in India. Beneath the tree is Lady Kayo, who is really a fox. In the foreground is King Hanzoku, possessor of superpowers. He is said to have been born to a princess abducted by a lion, soon after she was returned. Kuniyoshi is thought to have taken the idea of the lion and expanded on it to highlight the king's mysterious birth origins and superhuman qualities.

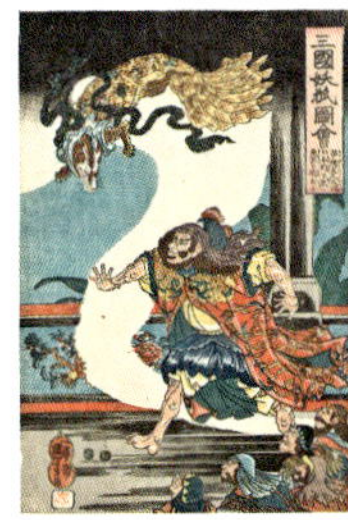

28 三国妖狐図会 華陽夫人 老狐の本形を顕し東天に飛去る

　No. 27と同じシリーズの一枚で、その後の物語である。

　斑足王は、実は妖狐が化けている華陽夫人を愛するあまり、その虚言に次々に惑わされ、国はどんどん乱れていく。属国の一つを治める普明王は、殺生をやめ、慈悲を以て国を治めるよう、斑足王に進言する。怒った華陽夫人が普明王をにらみつけると、不思議なことに、普明王の両眼から金色の御光が燦々と輝いた。その光に照らされた夫人は、車から逆さまに落ちて悶絶してしまう。夫人は、人々の尊敬を集める普明王の徳を恐れ、百人の国王を一気に殺す計画をたてる。

　すべてお見通しの普明王だったが、抵抗することなく捕われ、心静かに経文を唱えていた。そして、真っ先に普明王が斬殺されようとしたその時、西の空から金色の光が輝き、剣は折れて飛び散った。怒った夫人が別の者に命じて斬らせようとすると、紫の雲が西の空にたなびき、阿弥陀三尊が光明を放ちながら姿を現され、辺りは光と異香に満ち満ちた。「ああ苦しい」と叫んだ夫人の黒髪は針のごとく逆立ち、美しいまなじりは強烈な光を放ち、赤い唇は耳の根元まで裂け、たちまち金毛九尾の老狐の正体を現した。そして「再びこの土に来たるまじ」と虚空を飛び、東の方へ逃げ去った。驚いた斑足王は自らの行いを深く後悔し、国を太子に譲り、普明王とともに仏の道へと進むのであった。

　この天竺篇のクライマックスを描いた一枚は、『絵本玉藻譚』の岡田玉山の挿絵の図様をほぼ借りている。しかし、玉山の絵はモノクロということもあって、狐の描線が繁雑で、今ひとつ図様がはっきりしない。それに対して国芳の狐は、迫力満点なうえに綺麗である。宙に浮かぶ動きや体のしなり加減、夫人の衣服と狐の体が渾然一体となった描写など、リアリティーにこだわった描写である。

The Magic Fox of Three Countries: Lady Kayo Reveals Her True Form as Elderly and Takes off into the Eastern Sky

From the same series as No. 27, this print shows the climax of the story set in India.
Lady Kayo nurses a profound hatred for the greatly respected King Fumyo, who governs a vassal state, seeing his existence as a threat to her. When eventually she tries to kill King Fumyo, the Buddha comes to his rescue, flanked by two attendants. Screaming in pain, Kayo reveals her true form as an elderly golden nine-tailed fox, leaps up into the sky and takes off to the east.
Kuniyoshi's portrayal of the fox's mid-air motion, the flexing of its body, its anguished expression, and the garments of Kayo and the fox's body melding perfectly together, combine to make this an image to savor.

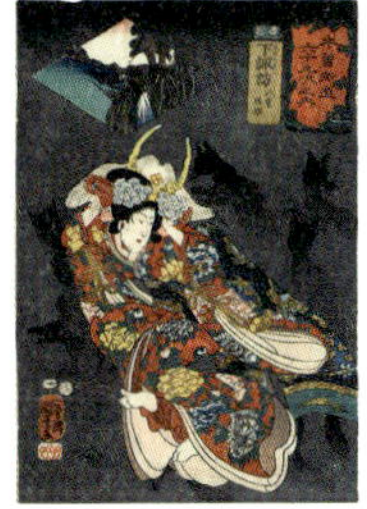

29 木曽街道六十九次之内 卅 下諏訪 八重垣姫

　No. 5と同じシリーズの一枚である。美しい女性は、「本朝廿四孝」に登場する八重垣姫。今も文楽や歌舞伎で人気の演目なので、ご存知の方も多いだろう。

　武田勝頼は、宿敵の長尾家に奪われた武田家の家宝、諏訪法性の兜を取り戻そうと、長尾家に身分を隠して仕官していた。その兜は、諏訪明神から賜った大切な宝物だった。しかし、正体を見破った長尾謙信は、勝頼をわざと使いに出し、追っ手を差し向けて討ち取ろうと計画する。

　勝頼を一途に慕う謙信の娘、八重垣姫は、追っ手より先回りして、危険が迫っていることを勝頼に知らせたいと願う。しかし、湖には氷が張って舟も出せず、女の足で歩けば追いつかれてしまう。「翅が欲しい、羽が欲しい、飛んで行きたい、知らせたい」と思い詰め、家宝の兜に「勝頼様の今の御難儀、助けたまえ」と祈る。

　さて、ここに描かれているのは、その後の様子である。姫が泉の水をのぞきこむと、白狐の形が水にありありと映る。姫は、諏訪明神の使わしめである狐が、ご神体に等しい兜に付き添い、守護してくれる前兆なのだと悟った。かたじけない、ありがたい、と兜を頭の上にのせると「狐火のここに燃え立ちかしこにも、乱るる姿は法性の、兜を守護する不思議の有さま」を呈して、狐の霊がのりうつり、姫は飛ぶように諏訪湖を渡っていくのである。

　国芳の作品としてことさら有名なもの、というわけではない。しかし、こんな幻想的な場面を、いとも簡単に一枚の美しい画面に仕上げていることに感動を禁じ得ない。モノトーンで表された狐たちの、不気味なまでの神々しさ。それと、美しい八重垣姫との対比。スピード感あふれるポーズと決意みなぎる表情に、ぞくっとする。

Sixty-nine Stations of the Kisokaido: 30. Shimosuwa – Yaegaki-hime

One from the same series as No. 5, showing a questionable yet magical scene from perennial bunraku and kabuki favorite *Honcho Nijushiko*.
Princess Yaegaki, daughter of Nagao Kenshin of Echigo, was passionately in love with Katsuyori, the son of Takeda Shingen of Kai Province. Unfortunately,

the Nagao and Takeda families were longstanding foes. One day the princess learned that her father, Kenshin, was planning to kill Katsuyori. Desperate to warn her paramour of the danger, she prayed to a helmet: a Takeda family treasure said to be home to the spirit of a fox servant of Suwa Myojin. A fox duly materialized, and when the princess put the helmet on her head, the spirit of the fox transferred itself to her. She then jumped across a frozen Lake Suwa to Katsuyori.

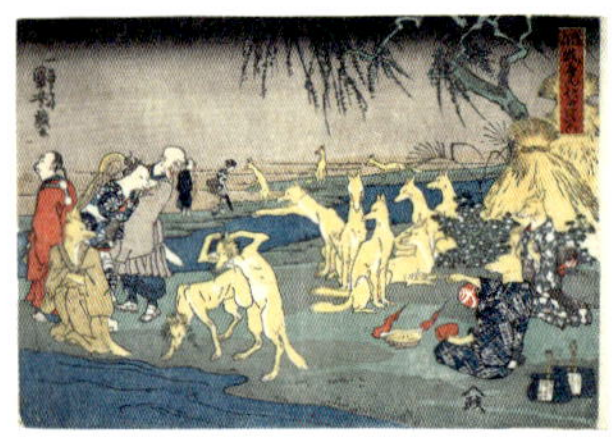

30　道外狐へん化
のけいこ

　菊が咲き、秋の風が吹き抜ける川辺。二匹の狐が、水面に映る自分の姿を確かめながら人間に化けようとしている。頭には藻。狐は、化ける時に髑髏を頭にかぶって月を拝むとか、藻をかつぐなどと言われていた。左の狐たちは化けようとする二匹を笑っているが、彼ら自身の化けっぷりも今ひとつである。

　指南役らしい右下の狐の着物には「半田稲荷」の文字がある。半田稲荷は今の東京都葛飾区にあり、江戸時代にも疱瘡除け、はしか除けの神様として信仰を集めた。横に置かれた籠には「すは丁（諏訪町）金ぷら」「吉原揚屋町すゞきや」の文字が見える。すずき屋については不明だが、「諏訪町」にあるという店の「金ぷら」は、天ぷらの一種、金ぷらのことらしい。狐は揚げ物好きだというので、弟子が御礼として持ってきたのかもしれない。指南役の向こう側にあるのは、団扇だろうか。右腕の下に見えるが、狐にゆかりの宝珠の文様のようだ。

　No. 27 から 29 とは対照的な、おとぼけ狐の集団だが、これもまた、日本人が思い浮かべる狐のイメージの一面なのである。

Foxes Practicing the Art of Transformation

In Japan there is an ancient belief that foxes can take human form, causing a variety of strange phenomena and playing tricks.

Amid flowering chrysanthemums, on a riverbank swept by autumn breezes, two foxes are endeavoring to turn themselves into people. The fox sitting on the right of the frame, gesturing with the pipe, is probably the tutor. Yet despite their best efforts, his pupils(far left) have not been entirely successful – still having fox faces, and tails. The kimono worn by the tutor fox is printed with the

characters "Handa Inari." Handa Inari Shrine is located in modern-day Katsushika Ward, Tokyo, and in the Edo period worship of its deity was said to ward off smallpox and measles.

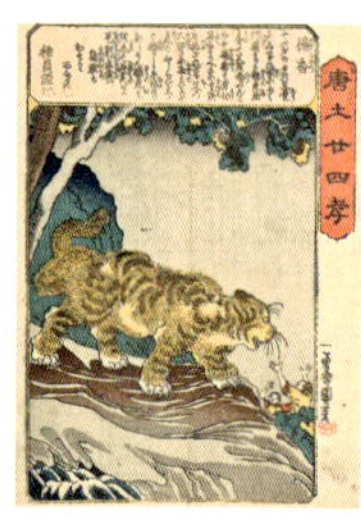

31　唐土廿四孝　楊香

　No. 25 と同じシリーズの一枚で、画面の上の枠にはこんなことが書かれている。

　楊香が十四歳の時、父について田んぼに行くと、どこからか虎が駆けて来て、父を喰おうとした。楊香は幼くて体が弱いうえに、何も武器を持っていなかった。しかし、大切な父を守ろうと、両手で虎の頭をしかと握ったところ、猛虎は尻尾をまいて逃げ失せてしまった。孝行の徳は、猛獣をも突き動かし、畏敬の念を抱かせるのだろう。

　親子が虎に出くわしてびっくり仰天、という場面だが、驚きぶりがやや大袈裟なため、虎を見て喜んでいるようにも見えてしまう。

　幕末の文久元年（1861）、ようやく正真正銘の虎が見世物となった。つまり、江戸時代のほとんどの人が本物の虎を見ていないはずで、画家たちも、中国の絵などを手本に、想像しながら描くしかなかったのである。猛々しい虎の絵もないではないが、ごく少数。多くは、猛獣らしからぬかわいい虎で、中には猫にしか見えないものもあるし、意図してかわいらしく描いた作品も多い。そして、国芳といえば猫。それゆえ、この虎の場合も愛嬌たっぷりに描いたのでは、と思いたくなるが、シリーズの狙いから考えてもそうではないだろう。模様と長い毛のせいで一見、縫いぐるみのようだが、立派な足や前を窺うポーズなどは、なかなかである。

Twenty-four Paragons of Filial Piety in China: Yang Xiang

From the same series as No. 25, featuring the tale of Yang Xiang.

Fourteen-year-old Yang Xiang was in the fields with his father when a tiger came bounding over and tried to devour the older man. A mere lad, Yang Xiang was weak and had no weapons, but desperate to protect his beloved dad, he gave chase and grabbed the beast's head, squeezing it between his hands. The tiger duly fled, the moral being, one surmises, that the virtue of filial piety has the power to scare even the most ferocious of creatures.

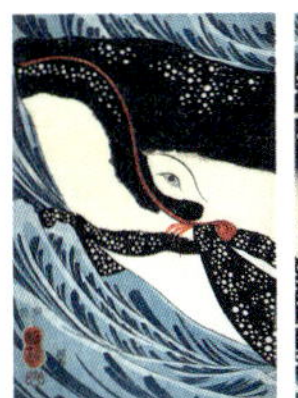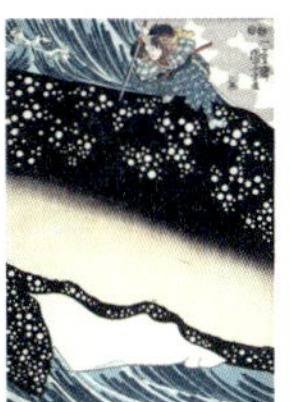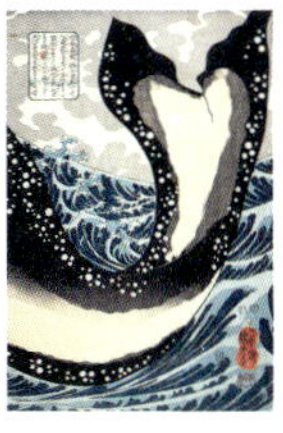

32　宮本武蔵と巨鯨

　国芳は、嘉永 4 年（1851）、今の東京都品川区内の海岸に鯨が現れた時の様子を、《大漁鯨のにぎわひ》という作品にしている。ただし、この時すでに鯨は衰弱していた。だから、その作品も、ほとんど波もない海面に、物見遊山的な人が大勢押しかけていて、鯨は巨体の半分を見せて浮かんでいる、といった趣である。それに比べて、この作品はダイナミックそのものである。

　鯨が、巨体をくねらせながら大海原を進んでいく。海の色合いも、まるでお洒落な着物をまとったような鯨の姿も、とても美しい。枠の中に書かれた説明によると、諸国をめぐって剣術の修行をしていた宮本武蔵が、肥前の国の海上で大きな背美鯨を刺し通したところ、ということである。このエピソードの出どころは不明だが、ともかく「勇猛果敢な武蔵」を演出するための「巨大な鯨」なのだろう。

Miyamoto Musashi Slays a Giant Whale

In this dynamic composition, a whale extends diagonally across three frames, dominating the picture entirely. The coloring is just as striking.

The explanation in the box tells us that Miyamoto Musashi, who was traveling around Japan training in swordsmanship, ran a huge whale (a Pacific Northern Right Whale) through with his sword in the seas off Hizen Province. The origins of the story are unclear, but doubtless the "giantness" of the whale was designed to play up Musashi's reputedly dauntless and daring character.

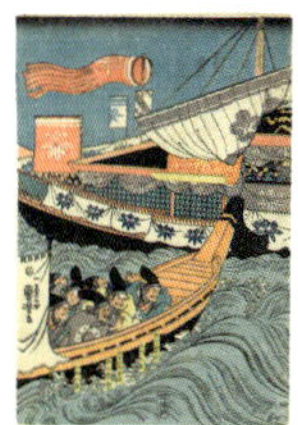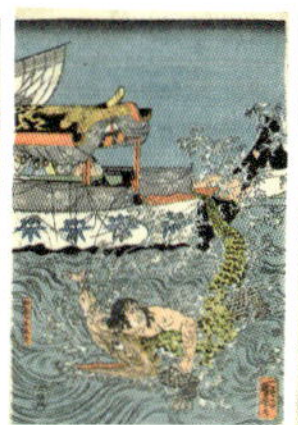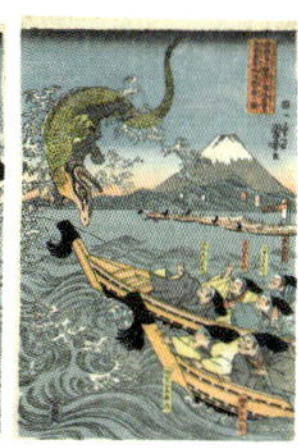

33　源 頼家公鎌倉小壺ノ海遊覧　朝夷義秀雌雄鰐を捕ふ図

　鰐を捕まえているのは、鎌倉時代初期の武将で、「朝夷名」「朝比奈」などとも呼ばれる和田三郎義秀。ちなみに、

No. 19 の小林朝比奈も同じ人物がモデルである。

　義秀は、「水」に縁のある人物として語られてきた。もともと和田氏は水軍的性格の強い武士団だというが、和田一族が滅亡した和田合戦の折、義秀は船で安房の国に逃亡したとも、海を渡って高麗へ逃亡したとも伝えられている。

　この作品に描かれているのは、鎌倉幕府が編纂した史書『吾妻 鏡』に載っている話である。正治 2 年（1200）9 月 2 日のこと。頼家は小壺（今の神奈川県逗子市小坪）の海辺を見て回った。食事の後、いつもの笠懸、つまり騎馬から的を射る武芸が行われ、その後、海上に船をととのえて酒を献上したところ、泳ぎの名人との評判があった義秀に、泳いでみせるよう命じられた。そこで義秀は海中に潜り、生きた鮫を三匹手にして浮き上がってきたのである。

　『吾妻鏡』によると、鎌倉幕府の将軍は、小壺、由比ヶ浜など、たびたび海辺に出かけている。海上を遊覧したり、食事や酒、音楽を楽しんだり、漁師の釣りを見たり、笠懸などの試技や競技をしたりと、過ごし方はさまざまだった。そんななかで家来が「鮫を捕まえてみせた」というのは、飛び抜けて珍しい出来事だったろう。

　「鮫」と「鰐」の区別が曖昧なことは、ままある。だが、国芳が描いたこの作品の場合は混同でも誤りでもなく、不思議な出来事だと強調するために、わざと鰐を描いたのではないだろうか。跳ね上がった右の鰐のせいで、右の方の舟は、この後どんな修羅場と化すのだろうか。

Asahina Yoshihide's Fight with Two Crocodiles in the Sea off Kamakura Kotsubo, Watched by the Shogun Yoriie

This work shows an episode from the life of Wada Saburo Yoshihide, a Kamakura-era general also known as Asahina Yoshihide.

On September 2, 1200, Kamakura shogunate shogun Minamoto no Yoriie toured the coast at Kotsubo (in modern-day Zushi). Along the way he ordered Yoshihide, a renowned swimmer, to demonstrate his skills. Yoshihide obediently dived under, and came up with three live sharks.

In Japan, the distinction between "sharks" and "crocodiles" is often somewhat hazy. However, in the case of this work, one suspects Kuniyoshi was not confused or mistaken, but deliberately drew crocodiles to stress the astounding nature of Yoshihide's feat.

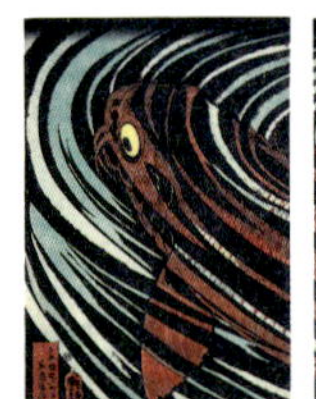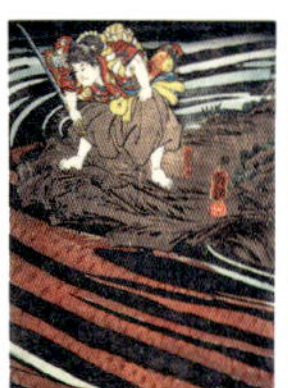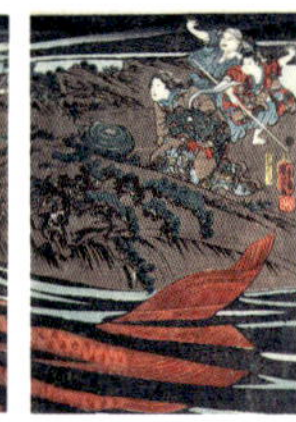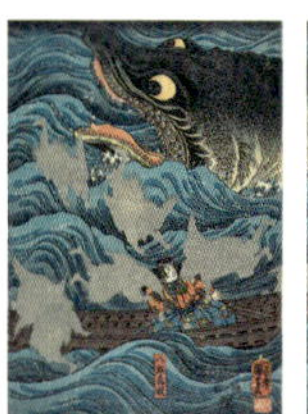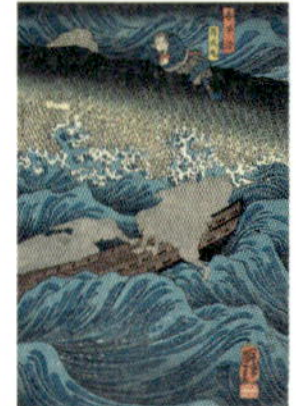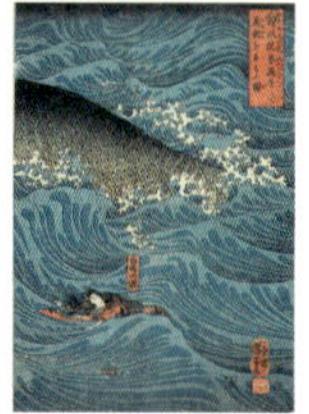

34　鬼若丸と大緋鯉

　鬼若丸、つまり幼き日の弁慶である。国芳はいくつもの作品でこの場面を描いているが、ある作品の説明には、比叡山にのぼり西塔に住み、古池の鯉を退治する、とある。この話の出どころは不明だが、他の浮世絵師にも同様の作例があるので、鬼若丸の鯉退治は、当時有名なエピソードだったのだろう。

　まだ幼さの残る鬼若丸だが、全身に気合いをみなぎらせて鯉の動きを凝視する姿は、立派である。それに比べて、右の二人の情けないこと。加勢に来たのだろうが、鯉の迫力にすっかり弱気になっている。乳母の飛鳥だけは、勝負の行方を見守るつもりのようだ。飛鳥の横に丸い物が落ちているが、これを鳴らして鯉を呼び出したのだろうという現代の解釈がある。鰐口といって、寺院のお堂や神社の社殿の軒先に掛けられていて、参拝者が縄で打ち鳴らす金属製の仏具である。

　何はともあれ一番の見どころは、鯉の描写。巨大だが、鱗も鰭も、全体のプロポーションも実物どおりである。また、水中にある物が光の屈折によって複雑に見える様子を、頭部の辺りの輪郭のズレや、水色の上に描かれた赤い鱗の線などで表している。鯉は、ある種、異様な生気を感じさせる生き物だが、当時の人たちは作品を見ながら、現代の私たちが想像する以上にそれを感じとっていたかもしれない。

Oniwakamaru Takes Aim at the Monstrous Red Carp

In this scene, Oniwakamaru – the young Benkei – takes on a giant carp. Oniwakamaru's kimono is adorned with a toy design. The pair on the right appear to have arrived as reinforcements, but then completely lost their nerve. Only the lad's nurse Asuka is intently watching the progress of the battle. To the left of Asuka is a metal Buddhist accoutrement known as a waniguchi or "crocodile's mouth."

The carp is drawn in perfect proportions, its scales and fins rendered just as accurately. The way in which objects underwater take on added complexity due to light refraction is also shown: by the blurring around the contours of the head, and the red lines of scales drawn on blue.

35　讃岐院眷属をして為朝をすくふ図

　国芳には傑作と呼ばれる作品がいくつもあるが、これもその一つ。曲亭馬琴の小説『椿説弓張月』の世界を描いている。絵に関わるところのあらすじを紹介しよう。

　平安時代の武将、源為朝は、平清盛を討とうと、肥後の国から海路、都を目指す。ところが途中で嵐に遭い、舟は翻弄されるばかり。ついに妻の白縫は、わが身を海神へ捧げようと身を投げる。それでも嵐は収まらず、家来たちは、自害したり差し違えたりして海に沈んでいった。為朝も腹を切ろうとしたその時、異類異形の天狗たちが現れ、舟の中にたまった水を外に出し、かじを操り、たちまち立て直した。それは、かつて為朝が仕えた讃岐院の遣わした天狗たちだった。

　一方、嫡男舜天丸たちが乗った舟も万事休す。力を使い果たした家来は次々に死んでいった。忠臣の紀平治が舜天丸を膝に乗せて念仏を唱えていると、舟は岩に当たって砕け散り、二人は海の中へ……。高間太郎夫婦は岩に打ち上げられて助かったが、忠義を尽くせなかった身を恥じて自害した。

　さて、舟が砕け散った時、泳ぎの達者な紀平治は自ら海に飛び込んでいた。舜天丸を右手で高く掲げ、命の限りは、と泳ぎ続けていたが、ついに力尽きた時、遥か向こうに何かきらきらと光るものがある。もしや神仏が若君の命を助けてくれたかと、力を振り絞って近づくと、一丈余りもありそうな沙魚で、光っていたのはその眼。紀平治たちを見つけると大きな口を開き、剣のような歯をむき出しにして近寄ってくる。ああ食べられてしまう……と思った瞬間、高間太郎夫婦の姿が煙のように現れ、二つの燐火となって沙魚の口に飛び込んだ。沙魚は急に口を閉じ、波間に潜ったかと思うと、紀平治たちを背にかつぎ上げ、背に乗せたまま、舟よりも速く泳いでいく。そして、見知らぬ島へと無事に送り届けたのである。

　つまり、画面の下半分に為朝の舟をめぐる二つの場面を、画面の上半分に沙魚のくだりを描いたわけである。そもそも物語自体が幻想的かつ劇的だが、それを逐一説明するのではなく、印象的な場面を端的に選び、色彩あふれる一つの画面として作り上げている。国芳の力量はもちろん、当時の浮世絵版画の技術と創造力が堪能できる作品だろう。鈍い光を放つ恐ろしい沙魚、どこまでも深く荒れ狂う波、飛び交う不思議な天狗。圧倒的な画面の中では、必死の表情を浮かべる人間たちがちっぽけな存在に見える。

Retired Emperor Sanuki Sends His Followers to Rescue Tametomo

This Kuniyoshi masterpiece is based on the novel *Chinsetsu Yumiharizuki* by Kyokutei Bakin, published in 1807.

Heian general Minamoto no Tametomo had set his sights on Kyoto from off the coast, in order to vanquish the Taira no Kiyomori, when a storm struck. The woman at bottom right drifting on the water is his wife Shiranui, who tried to calm the seas by sacrificing herself to the sea god. Yet still the storm did not abate.

When Tametomo too was about to disembowel himself, a band of *tengu* appeared, bailed the water out of the ship, took the helm, and quickly righted the vessel. It turned out that the Retired Emperor Sanuki, whom Tametomo had once served, had sent the tengu. This can be seen at the bottom of the painting.

Meanwhile, Tametomo's son Sutemaru was also thrown out of the ship, along with his loyal retainer Kiheiji. As Kiheiji struggled, he was saved by a ferocious shark containing the spirit of two of Tametomo's loyal retainers who had committed suicide. The top half of the print shows this saga unfolding.

This work in which three different scenes combine to make up a single frame is an exquisite example not only of Kuniyoshi's capabilities, but of the technique and creativity of ukiyo-e prints at the time.

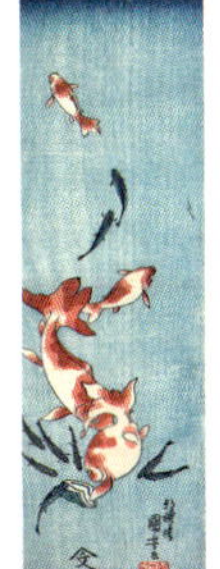

36　金魚にめだか

　今、国芳の金魚といえば、金魚をまるで人のように描いた作品（No. 38 からNo. 41）に人気がある。しかし、金魚の体の特徴を捉えていなければ、そんなおかしな絵にも説得力は生まれない。

　水辺の生き物を描いたシリーズの一枚である。まさしく「水色」の空間が広がる静かな水中で、魚たちが見せた、ちょっとした動き。優雅な尾鰭を広げた下の二匹が、この絵の主役だろう。下の一匹は、鰭をまるで手のように動かして、落ちてきた何かに触れている。陶器の破片か、陶製の蛙の箸置きか、などと言われているが、一体なんだろうか。

　江戸時代には、金魚を上から眺めるのが主流だったと

いう。そう言われてみれば、この絵の魚も、多くはほぼ上から見た姿だ。

Goldfish and Killifish

One of a series on aquatic life, in this case showing the subtle movements of fish in calm water. One of the fish appears to be touching what is perhaps a pottery shard, or a ceramic chopstick rest in the shape of a frog – the identity of the object is uncertain.

Once the preserve of the wealthy, from the mid-Edo period onward goldfish became more widely affordable, and scenes of goldfish sellers, people watching goldfish, and so on, also feature frequently in ukiyo-e.

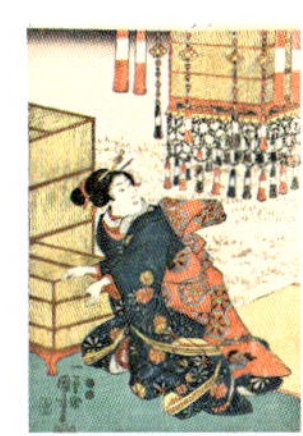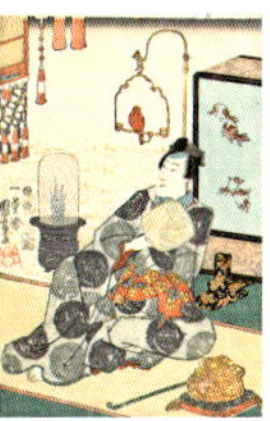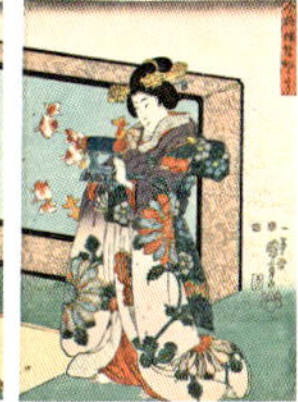

37　今様伊勢物かたり

　江戸時代、多くの人が知っていた古典といえば、『源氏物語』と『伊勢物語』である。『伊勢物語』は、在原業平になぞらえられた貴公子を主人公とした、みやびで情緒あふれる物語だが、江戸時代の業平像には、それとは少々ずれたものもあったようだ。業平は絶世の美男で、登場する女性たちもみな美しく、ともすると好色で、遊里と結びつくことさえあったという。《今様伊勢物かたり》、つまり『伊勢物語』の江戸時代版と銘打ったこの作品も、私たちの思う『伊勢物語』のイメージからすればあまりに華やかで、能天気な感じさえする。

　また、この作品には、人物の風貌から察すると、『源氏物語』を室町時代の武家社会に置き換えた柳亭種彦の人気小説『偐紫田舎源氏』の影響もあるようだ。いずれにしても、絵を見た人がうっとりするような暮らしぶり、それが作品の主眼だろう。

　しかし、なぜ金魚なのか。実は『偐紫田舎源氏』の挿絵にも、よく似た金魚の水槽が登場する。国芳も、華やかな暮らしを演出する小道具として描き込んだのだろうが、果たして理由はそれだけだろうか。そこで、想像の域を出ないものの、こんなことも考えてみた。『伊勢物語』にも出てくる業平の有名な歌に、「ちはやぶる神代もきかず竜田川からくれなゐに水くくるとは」がある。「からくれなゐ」は美しい濃い紅のことだが、これを金魚のたとえとして用いた例が版本などに見られるのである。たとえば、宝暦2年（1752）の『絵本家賀御伽』には、金魚屋を詠んだこんな狂歌がある。「千早ふる神のあたりはらんちゅうの からくれなゐが水く

ぐるなり」。こうしたたとえが、ある程度人々に浸透していたので、業平の暮らしを彩る一員として金魚を選んだのではないだろうか。

A Modern Version of Tales of Ise

The Tales of Ise, compiled in the Heian era(794-1185), is the elegant, atmospheric story of a young nobleman, modeled on the life of aristocrat Ariwara no Narihira. By the Edo period however the image of Narihira seems to have morphed into something rather different: he became an extraordinarily handsome fellow, the women who feature also gorgeous without exception. Apparently the story sometimes even reeked of the kind of risqué quality associated with the red-light district. Likewise, the main object of this work was probably not so much to portray an accurate picture of Narihira, as a dream-like, indulgent lifestyle.

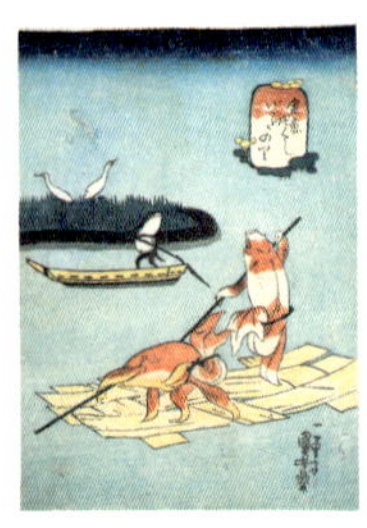

38 金魚づくし いかだのり

　金魚や水の生き物が、江戸の庶民の暮らしを、かわいらしく溌剌と演じる「金魚づくし」。この現代の大人気シリーズから、四枚を紹介しよう（No. 38 から No. 41）。

　二匹の金魚が、経木でできた筏を操っている。左の一匹は、鰭を使いこなして、なにやら調整中。右の一匹は、着物の裾ならぬ尾鰭を水草で上手に結んで、すっくと立っている。蛙に挨拶でもしているのだろうか。その蛙の舟を漕ぐ体勢がまた、絶妙すぎるくらい絶妙だ。蛙の向こうに見える鷺の立つ中洲は「稗蒔き」。水を入れた鉢に稗の種を蒔いて、発芽して 1 〜 2 センチ程度に成長したところを楽しむ、盆栽のようなものである。箱庭に使う人形や家、動物などを配置したりするが、この図でも鳥のミニチュアが置かれている。

Goldfish Life: Raft Riders (*Kingyo-zukushi: Ikada-nori*)

Prints No. 38 to No. 41 constitute a series in which goldfish and other aquatic creatures act out the everyday lives of the Edo public, adopting human actions.

The here goldfish are maneuvering a raft made from thin strips of wood. The one on the right has tied up its tail neatly with a length of waterweed, like a person hitching up the hem of a kimono. Paddling a boat on the other side is a frog. Beyond the frog can be seen a sandbank with herons on it. This was known as a *hiemaki*, a pastime similar to bonsai in which millet was sown in a pot of water, to germinate and grow 1-2cm for viewing. Tiny

people, houses and animals were placed on the resulting island, and here too, we find miniatures of birds.

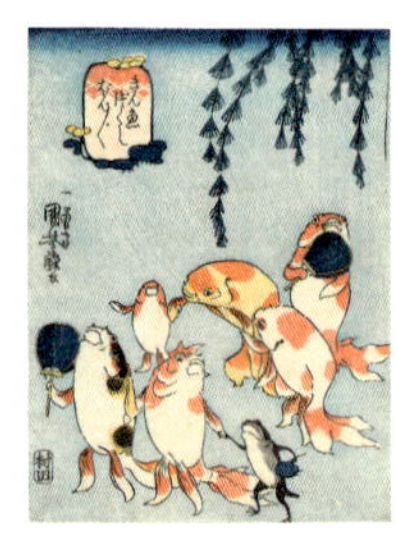

39 きん魚づくし ぼんぼん

　柳がしだれる江戸の町で、金魚たちが元気に歌っている。手にする団扇は、すくい網やウキクサ製で、しだれる柳も、金魚に付きものの藻。金魚たちの表情や仕草、一匹まざった蛙の子のいたいけな様子も、文句なしである。彼らは「ぼんぼん」の真っ最中。お盆の頃、子供たちが手をつないで横一列、二列になって、歌いながら歩く遊びである。「ぼんぼんぼん」で歌い始めるので、その名がついた。宗教的なお盆の行事だが、大声で歌いながら隊列を組んで歩くのだから、さぞかし楽しい「お勤め」だったに違いない。

　高嶺の花だった金魚も、江戸中期以降は、庶民でも手の届くものになったという。そんな金魚への親しみがうかがえるシリーズだ。

Goldfish Life: The "Bonbon" Song (*Kingyo-zukushi: Bonbon*)

Here goldfish and a dear little frog are absorbed in a game of bonbon. Around the time of the Bon festival, children would join hands and form one or two rows, walking as they sang, their song commencing with the phrase *Bon-bon-bon*, hence the name. The fans wielded by two of the goldfish are made from the kind of nets used to catch goldfish, and duckweed, while the aquatic weed hornwort used in goldfish bowls stands in for the weeping willow symbolic of the Japanese summer.

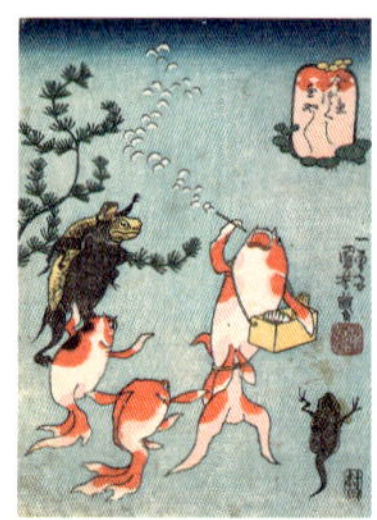

40 金魚づくし 玉や玉や

　作品名の「玉や玉や」は、シャボン玉売りの「売り声」である。「人立ちの中からしゃぼんふいととび」という江戸時代の川柳がある。人だかりの中からシャボンがふいと飛んだ……そんなシャボン玉売りは子供たちに人気で、この絵のように、すぐに囲まれたり、追いかけられたりしたことだろう。江戸時代のある本によると、ムクロジや芋がら、煙草の茎などを焼いた粉を水に浸し、竹の細い管で吹いたというから、なかなか作るのも手間である。

吹き出されたシャボン玉に夢中で飛び跳ねる、金魚と蛙になりかけたオタマジャクシ。オタマジャクシは、No. 39とは違って、まだ後ろ足が出ていない。シャボン玉売りは、思いきり吹き出した後だから息を吸っているのか、それとも、自分もシャボン玉に見とれているのか、口をぱかっと開けている。そして見逃せないのが亀の親子。本物の亀もよく重なった状態にはなるが、この完璧なおんぶぶりには胸が締めつけられるようだ。親がちゃんと腕で子を支えて、子は思い切り腕を伸ばしている。その四肢を細長くてのびやかな曲線で描いているが、それによって、ぐんと表情が出ている。

Goldfish Life: Blowing Soap Bubbles (*Kingyo-zukushi: Tamaya tamaya*)

The title of this work, *Tamaya tamaya* is the call of the bubble mix seller.

According to one book of the Edo period, bubbles were produced by steeping in water a powder made by cooking up ingredients such as soapberries, *imogara* (dried taro stems), or tobacco stalks, and blowing the mixture with a narrow bamboo tube.

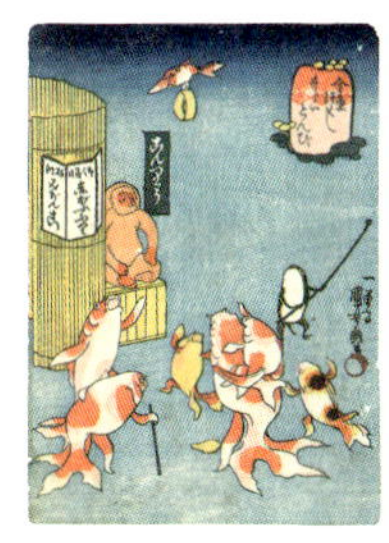

41　金魚づくし　さらいとんび

　金魚が空を飛ぶ、痛快な一枚。鳶が鰹をさらうという、当時の絵本や舞踊に見られる趣向のパロディだと考えられている。

　みな大騒ぎである。ひらひらと、まるで踊るような金魚が本当にかわいらしい。杖をつくご年配の金魚も、驚きを体では表せないながらも、「こりゃ、どうしたことだ」と目を丸くしているに違いない。蛙の子は水草を手に、なんとか捉えようとしているようにも見えるが、到底届きそうにない。

　左は、金魚のお食事処らしい。メニューは「赤ぼふふり」と「みぢんこ」。金魚の餌である棒振り虫、つまりボウフラとミジンコである。ボウフラは「赤」とあるので、ユスリカの幼虫のアカムシのことだろう。金魚の色が良くなるという高級な餌である。そうなると、先ほどの蛙の「棒を振る」ような仕草が、にわかに気になってくる。

　意味ありげな猿の像が鎮座している。猿の像といえば、山王信仰か庚申信仰に関わるものだと思うが、緑色の幟らしきものには「こんりう」の文字が見える。こうした幟を持って歩き、寺院のお堂を建立するための寄付を募る「願人坊主」なる大道芸人もいたが、この絵の場合は、ご近所に猿の像をまつる庚申堂を建立しようと寄付を募っているのかもしれない。江戸時代には、庶民の間でも「庚申待ち」の行事が盛んになった。庚申の夜に眠ると、人の腹の中に棲む三匹の虫が天帝に罪状を報告し、悪事の報告をうけた天帝は、その人の寿命を決めてしまうという。だから人々は、虫が天に昇るのを防ぎ、早死にを免れようと徹夜するのである。さて、この金魚たちは虫ばかり食べていて、果たして長生きできるだろうか。

Goldfish Life: Attack of the Black Kite (*Kingyo-zukushi: Sarai tonbi*)

In this daredevil scenario, a goldfish flies through the air, in what is thought to be a parody of a story in contemporary picture books and dance in which a kite (the bird) abducts a bonito (skipjack tuna).

On the left is a goldfish restaurant, so to speak, complete with a menu of treats irresistible to *Carassius auratus*. The monkey statue is probably connected to the popular Edo-period folk faith of Koshin-shinko. It was believed that if a person slept on a Koshin night (every 60 days), a trio of worms living in their gut would report their bad deeds to the Heavenly Emperor, who having heard the report, would determine their life span. So in order to prevent the worms ascending to the heavens, and guard against an early death, people stayed awake throughout Koshin nights.

Kuniyoshi's inclusion of a statue from Koshin-shinko is perhaps a joking reference to the fact that goldfish eat worms.

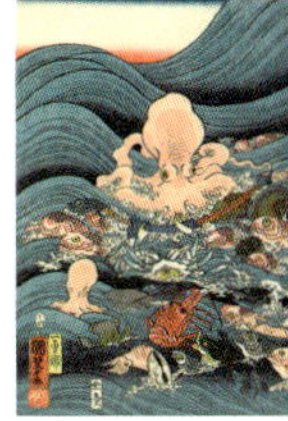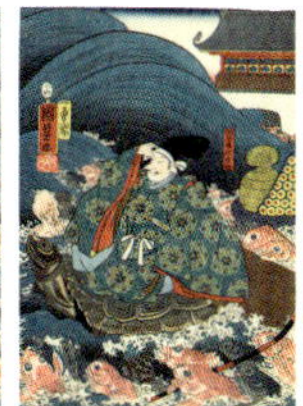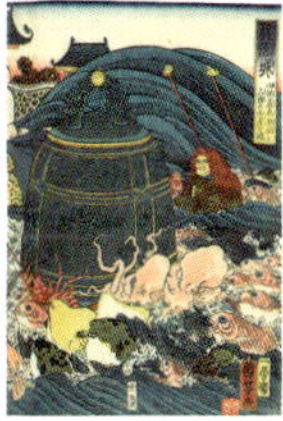

42　竜宮城　田原藤太秀郷に三種の土産を贈

　田原（俵とも）藤太秀郷は、平安時代の武将。多くの説話に彩られた人物だが、その一つに竜宮へ行く話がある。室町時代の御伽草子『俵藤太物語』に沿って紹介しよう。

　竜女に頼まれ、近江の国三上山に出る大むかでを退治した秀郷は、お礼に三つの宝をもらい、さらに竜宮へ招待される。七宝の宮殿がそびえ立ち、黄金の楼門が輝きわたる竜宮に着くと、竜王に仕える、この世のものとも思えない異類異形の鱗（魚類のこと）が忙しく働いている。そして秀郷は、夢のように美しい宮殿で竜王にもてなされ、土産に鎧と太刀、釣鐘をもらう。秀郷が、こんなに重い鐘をどうやって持って帰ろうかと言うと、竜王は「こういう物の取り扱いなら、私の眷属が慣れていますのでご心配なく」と、鱗たちに命じて水中へと引き入れた。そして秀郷は竜宮を出発し、海中を歩くこと一瞬で、近江の国へと到着したのである。

　もちろん、竜宮を題材にした見世物も色々あったし、国芳の頭の中には、秀郷や竜宮をめぐる情報がたくさんあっただろう。しかし、こうした物語をちょっと知るだけでも、描かれた異類異形の鱗集団が、きらきらと実感をもって迫ってくる。大波の中、怒濤のごとく突き進む魚たちの物凄さ、異様さ、おかしさを、隅々までご覧いただきたい。

Tawara no Tota Hidesato Receives the Three Gifts at the Dragon's Palace

Tawara Toda Hidesato was a Heian general and colorful hero of many fables, including this one in which he goes to the palace of the dragon.

Having slain a giant centipede at the behest of the dragon princess, Hidesato is invited to the dragon palace. Arriving at the magnificent royal residence, Hidesato is feted by the dragon king, and given a suit of armor, a sword, and a bell to take home. As he is pondering how to transport the heavy bell, the dragon king tells him not to worry: his subjects can assist, "as they are accustomed to it," and orders the fish to carry the bell.

Be sure to savor the fearsome yet eccentrically comical forms of the fish, plunging through the raging waters like surging waves.

く踊る三匹は「すゞめおどり」。盆踊りや祝いの踊りとして各地にあるが、これは歌舞伎舞踊の雀踊りだろう。頭上で不自然に反り返る葉が何とも言えない具合だが、本物の俳優たちがかぶる編み笠にそっくりである。

　蛸たちの顔一つとっても色々で、バラエティーに富んでいる。私が気になるのは、雀踊りの一番下の一匹。他の蛸と違って、足や手を二本ずつ綺麗に揃えているところが心憎いポイントだ。みなさんのお気に入りは、どの蛸だろうか？

Fashionable Octopus Games

This picture is packed with octopuses engaging in some hilarious performances.

At top right are a troupe of entertainers supporting their acrobatic companions with vocals and music. Below them is a candy-seller in women's clothing, also featured in kabuki dance. At the very bottom are two sumo-wrestling octopuses, and an umpire of fearsome visage. At top left is a famous incident from Japanese history: the showdown between Benkei and Ushiwakamaru, later Minamoto no Yoshitsune, on the Gojo Ohashi bridge. Finally, the trio at bottom left are performing the *suzume-odori* (sparrow dance) from kabuki. The leaves waving above their heads may seem peculiar, but are identical to the woven straw hats worn by the real actors.

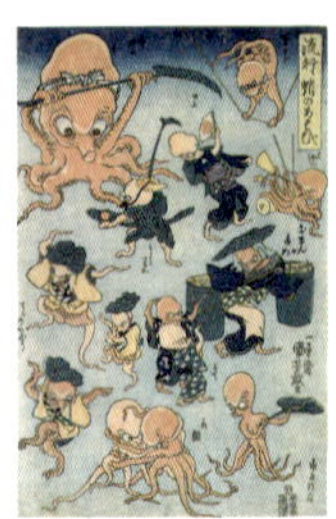

43　流行蛸のあそび

　蛸を面白く描いた浮世絵師は国芳だけではないが、この一枚は、これでもかとばかりにおかしな蛸を詰め込んだ作品である。とにかくぱっと見ただけでおかしいが、一つずつ見ていこう。

　右上は、軽業を披露する仲間を、口上とお囃子で盛り上げる見世物の一団。綱の上で逆立ちする蛸の下半身の「反り」に注目したい。その下は、歌舞伎舞踊にも取り入れられた女装の飴売り「お万が飴」。お客が飴を買うと歌いながら踊ってみせるのだが、この飴売りは、子供たちに悪態をつかれているように見える。一番下は、ご覧のとおりの「取組」である。体型のせいか、角力（相撲）というよりは頭突きの様相だ。勝負を見守るのは「角力行司」。

　さて、左上は弁慶と牛若丸。有名な五条大橋の対決だが、弁慶が大きすぎないだろうか。そして、左下の激し

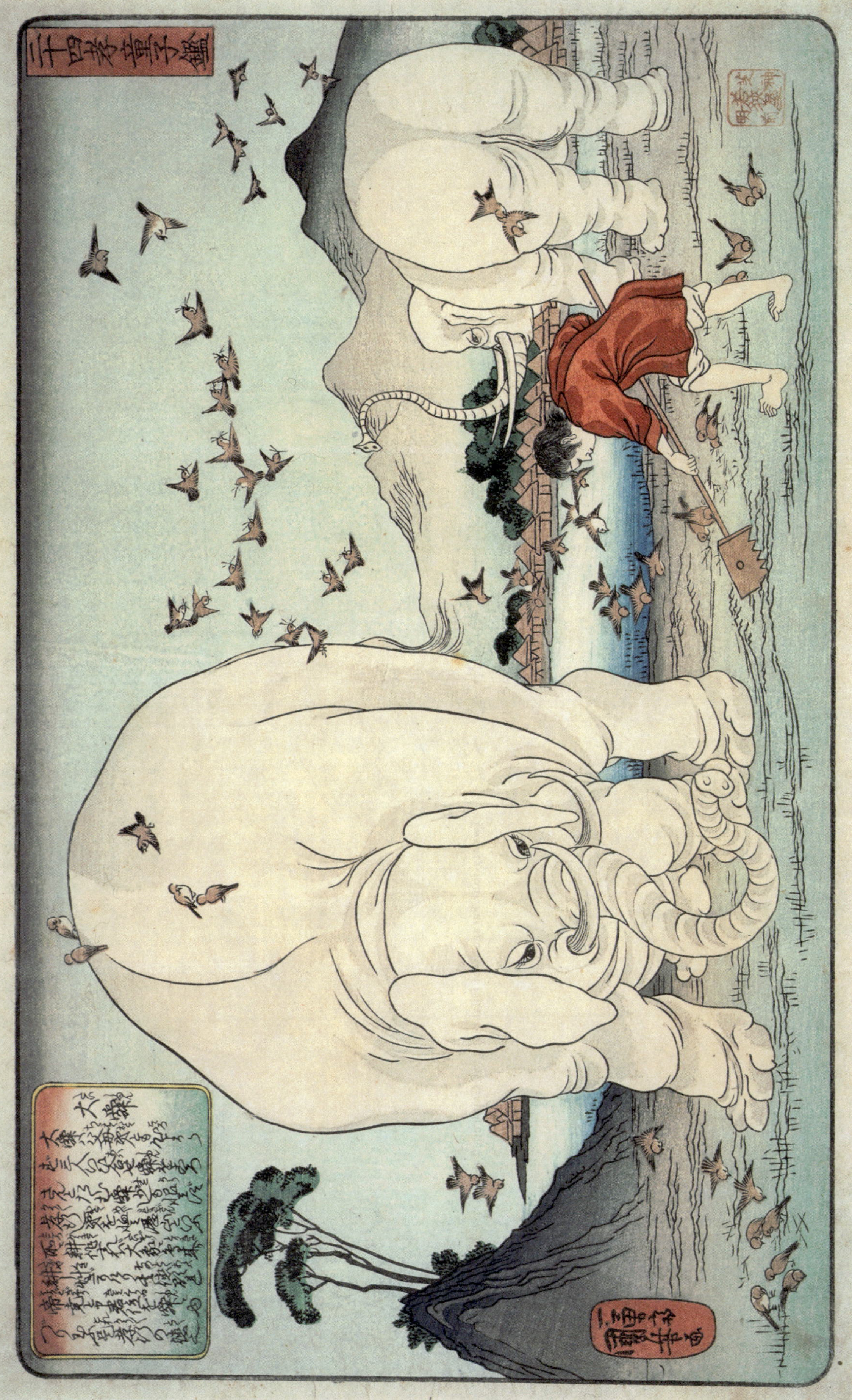

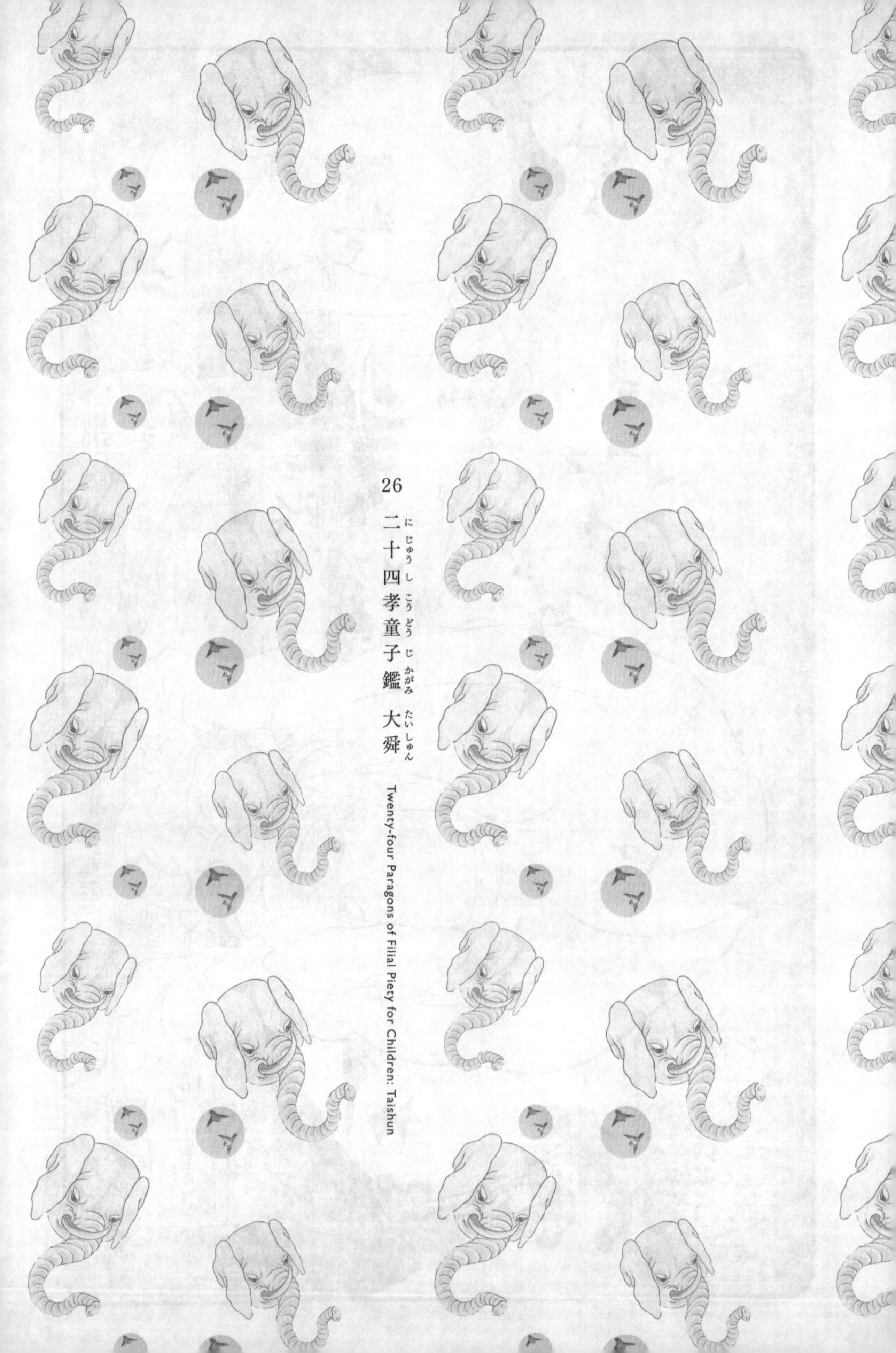

26

二十四孝童子鑑　大舜

Twenty-four Paragons of Filial Piety for Children: Taishun

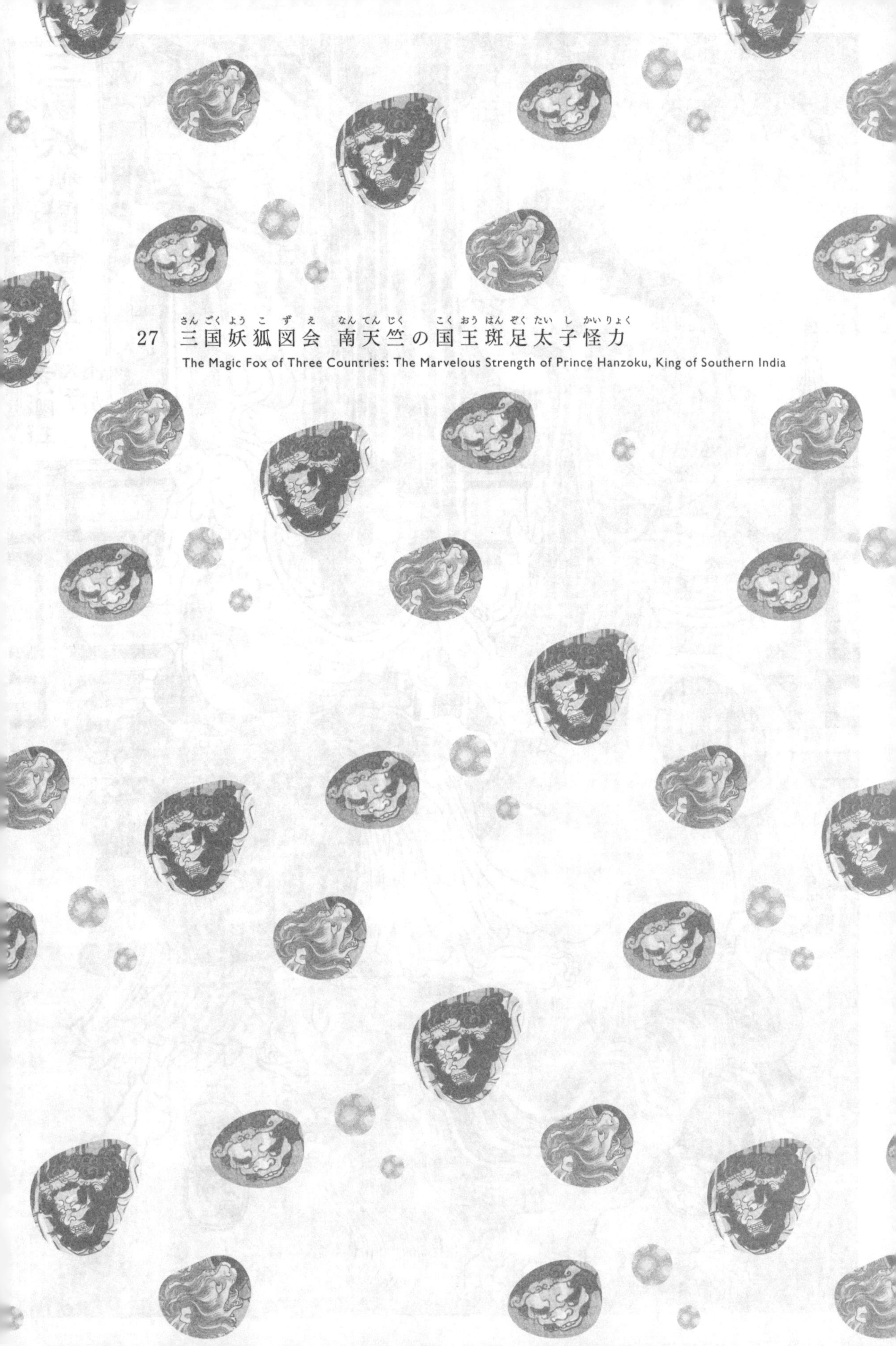

27　三国妖狐図会　南天竺の国王斑足太子怪力
The Magic Fox of Three Countries: The Marvelous Strength of Prince Hanzoku, King of Southern India

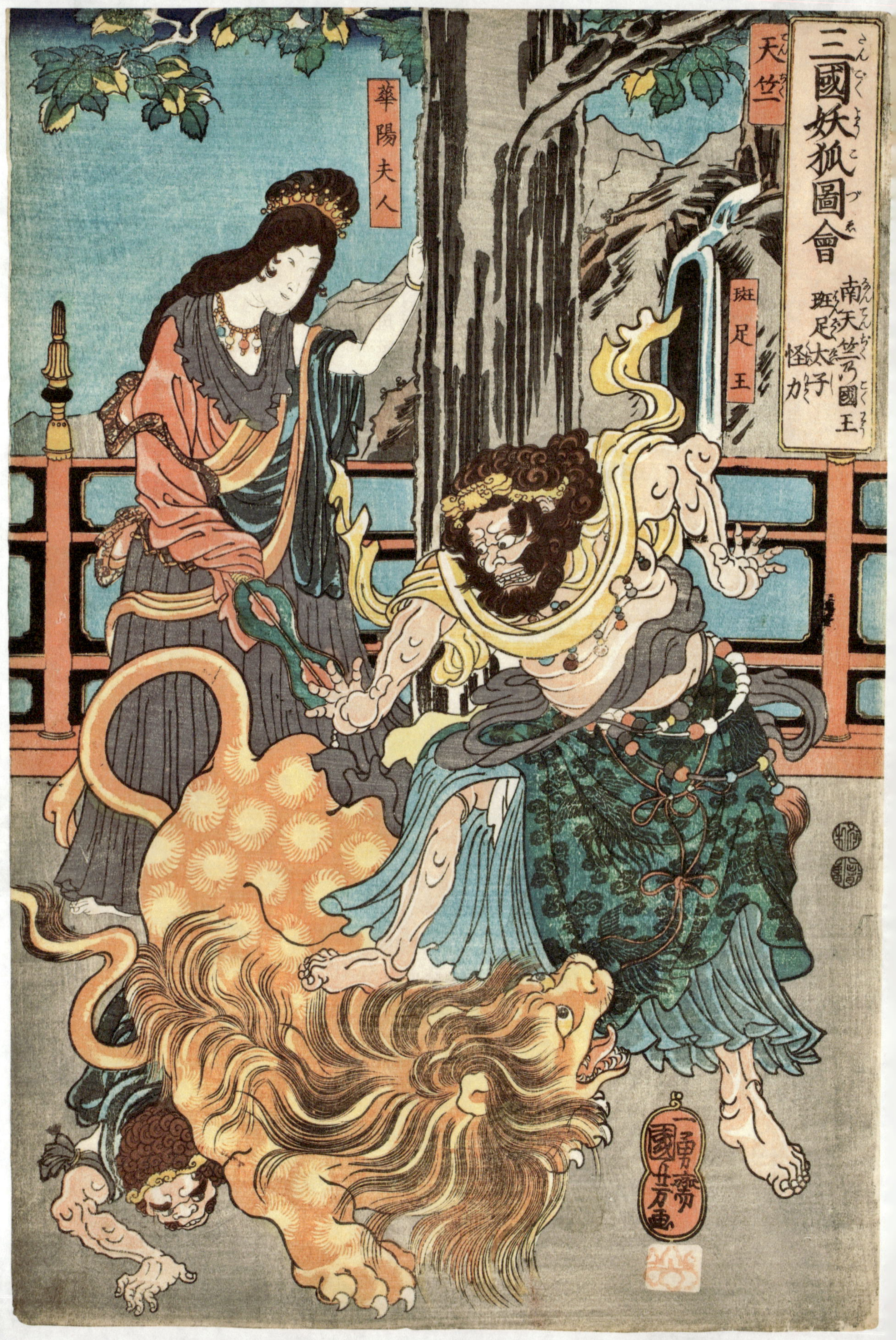
三國妖狐圖會
天竺一
華陽夫人
斑足王
南天竺國王
斑足太子
怪力
一勇齋
國芳画

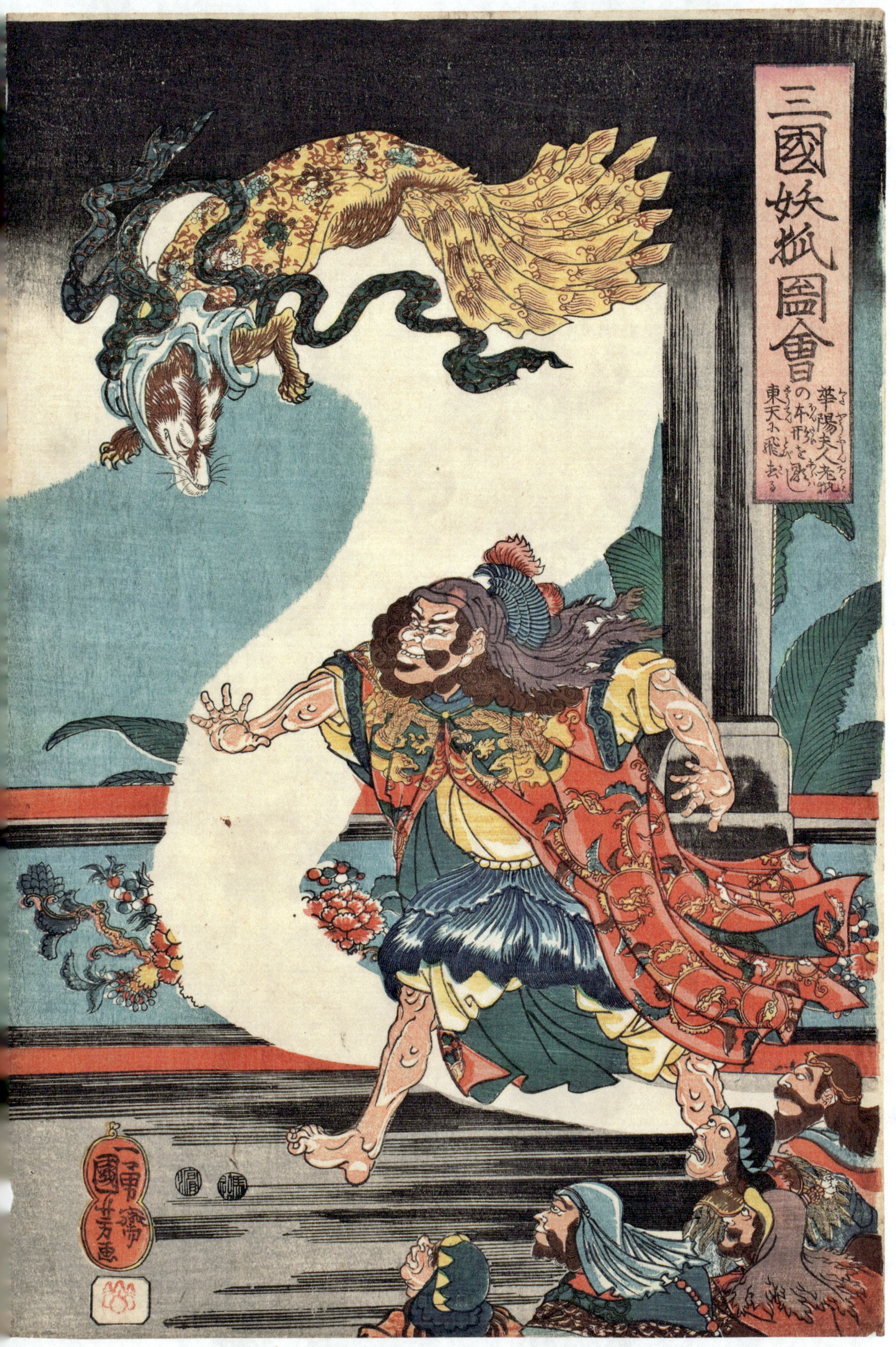

三國妖狐圖會
華陽夫人老狐の本形を顕し東天に飛去る
一勇齋國芳画

三国妖狐図会 華陽夫人老狐の本形を顕し東天に飛去る

The Magic Fox of Three Countries: Lady Kayo Reveals Her True Form as Elderly Fox and Takes off into the Eastern Sky

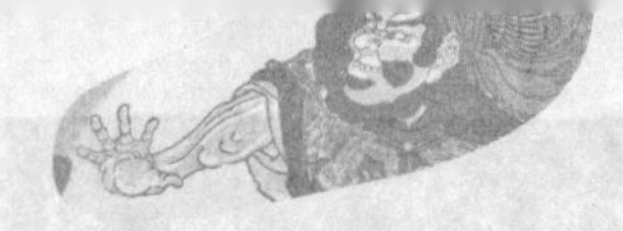

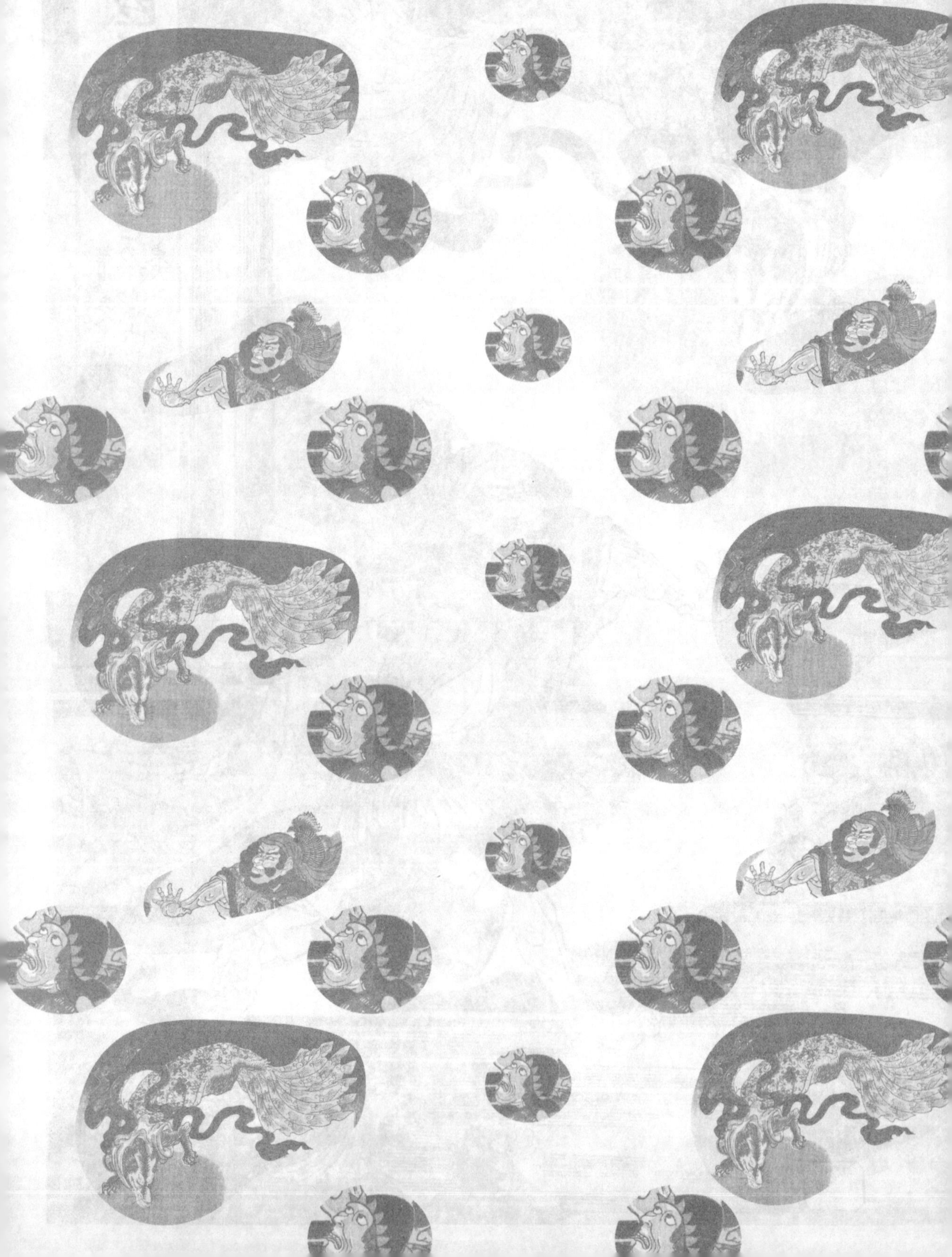

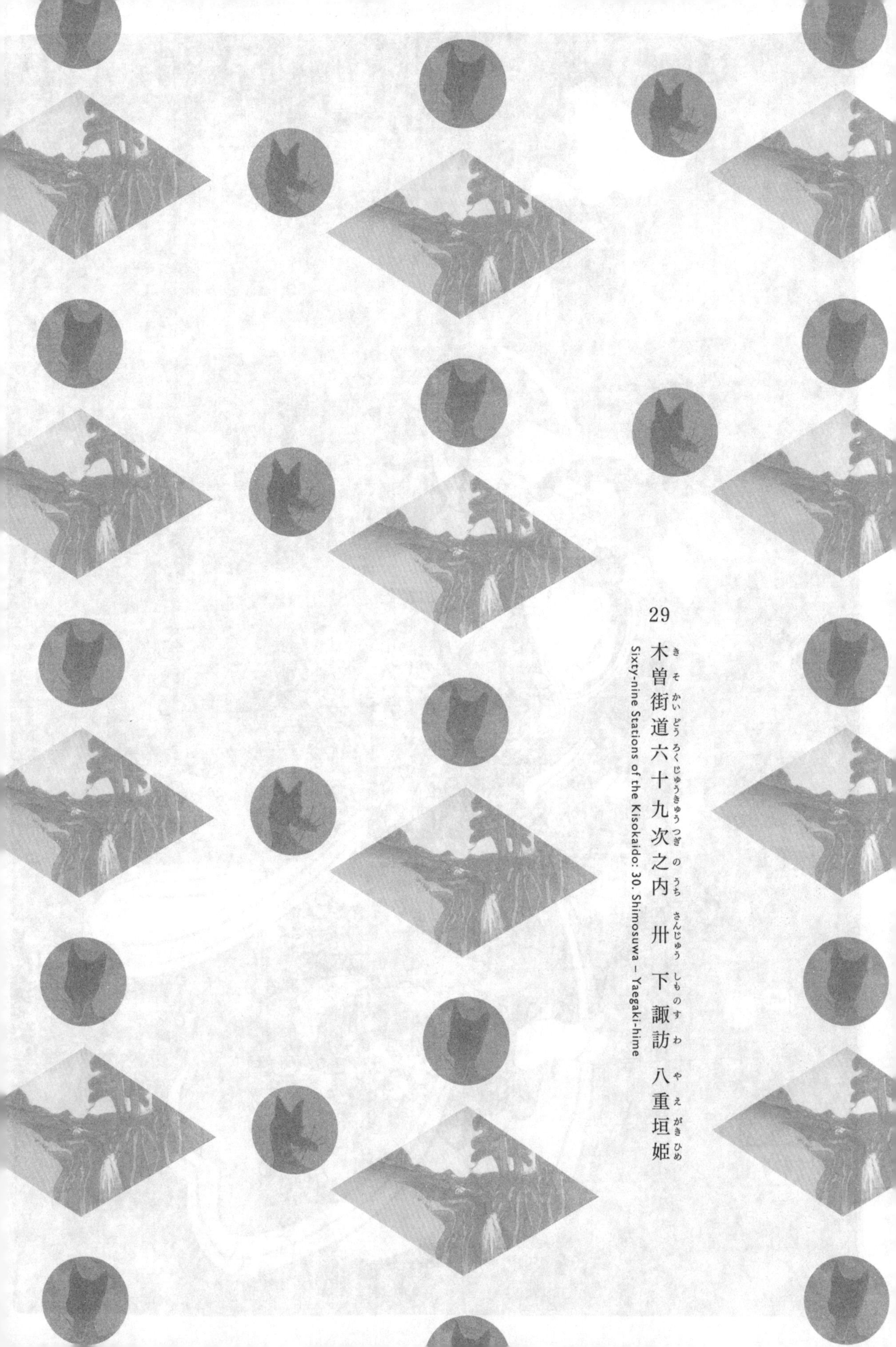

29
木曽街道六十九次之内　卅　下諏訪　八重垣姫
Sixty-nine Stations of the Kisokaido: 30. Shimosuwa — Yaegaki-hime

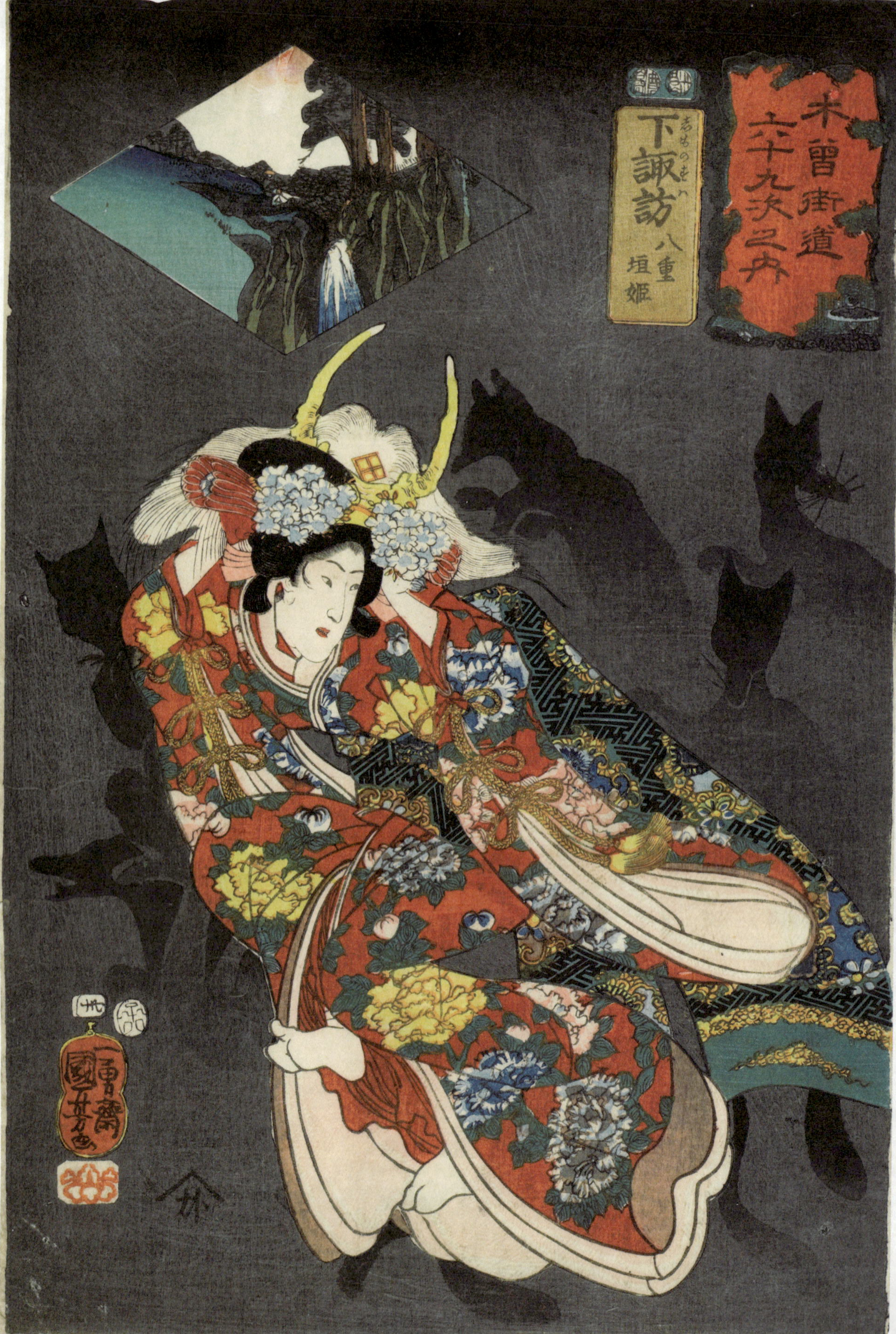
木曾街道　六十九次之内
下諏訪　八重垣姫
きそのもん
一勇齋國芳画

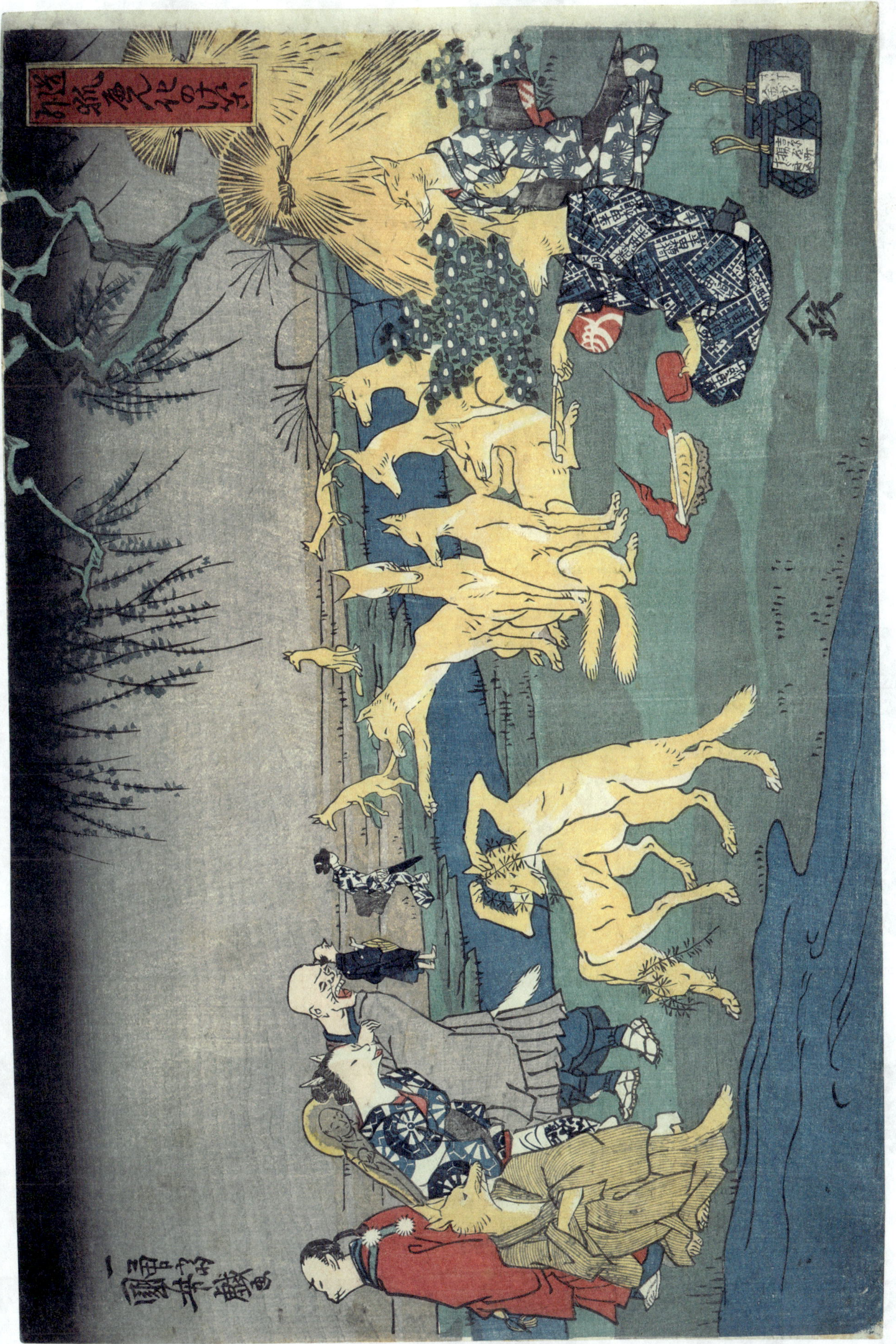

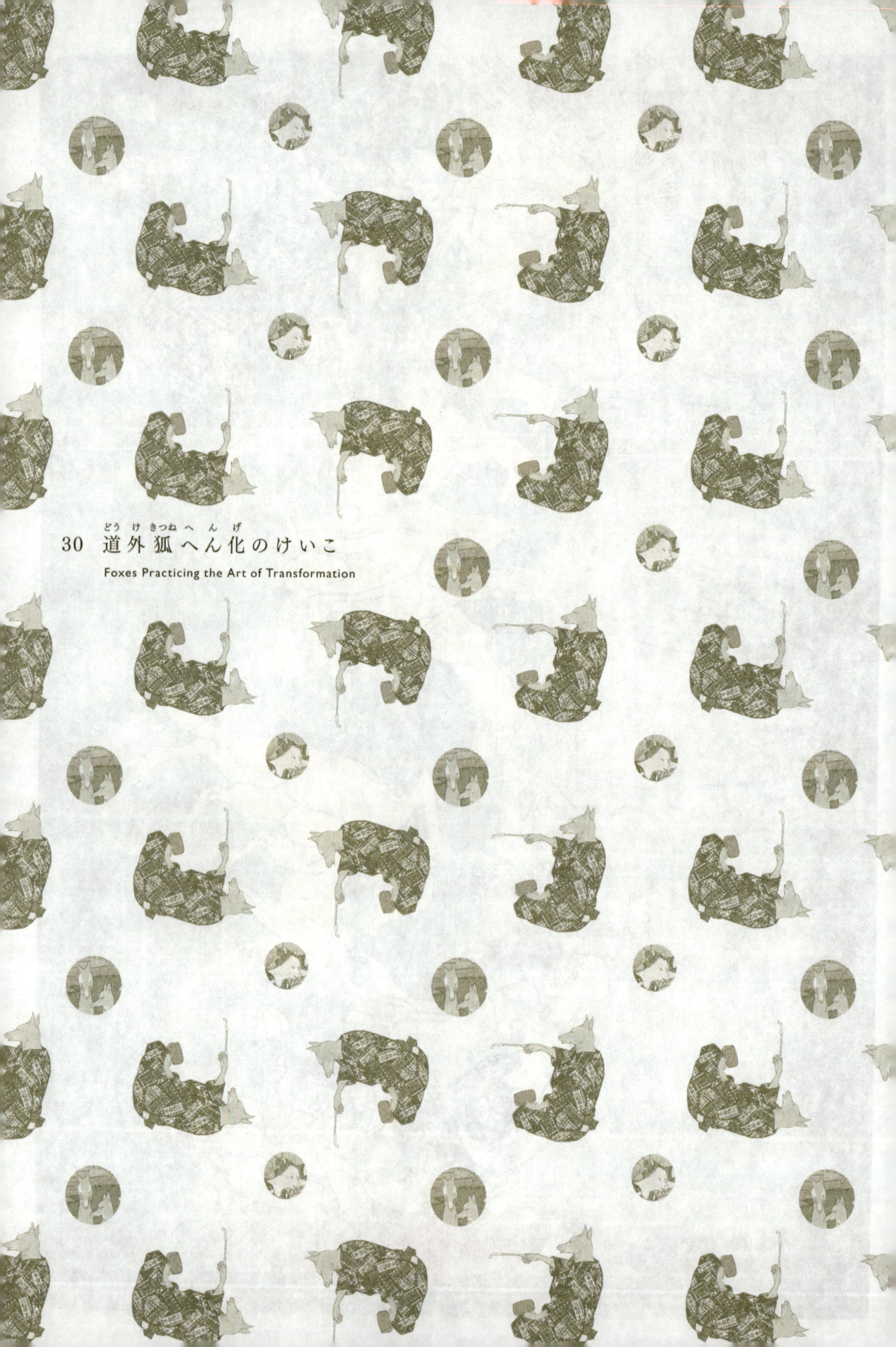

30　道外狐へん化のけいこ

Foxes Practicing the Art of Transformation

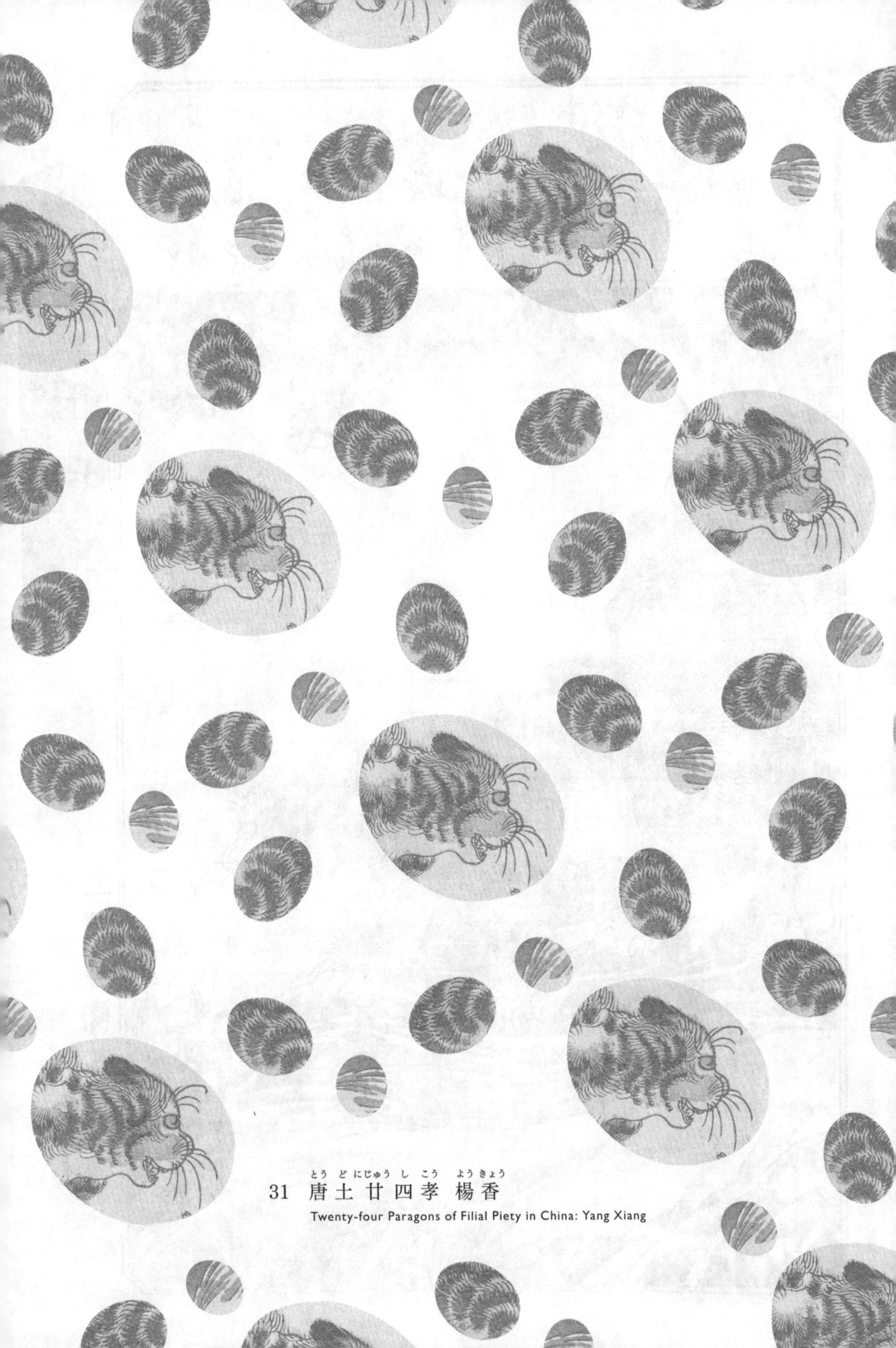

 唐土廿四孝 楊香
Twenty-four Paragons of Filial Piety in China: Yang Xiang

唐土廾四孝

楊香

種員謹記

一勇斎國芳画

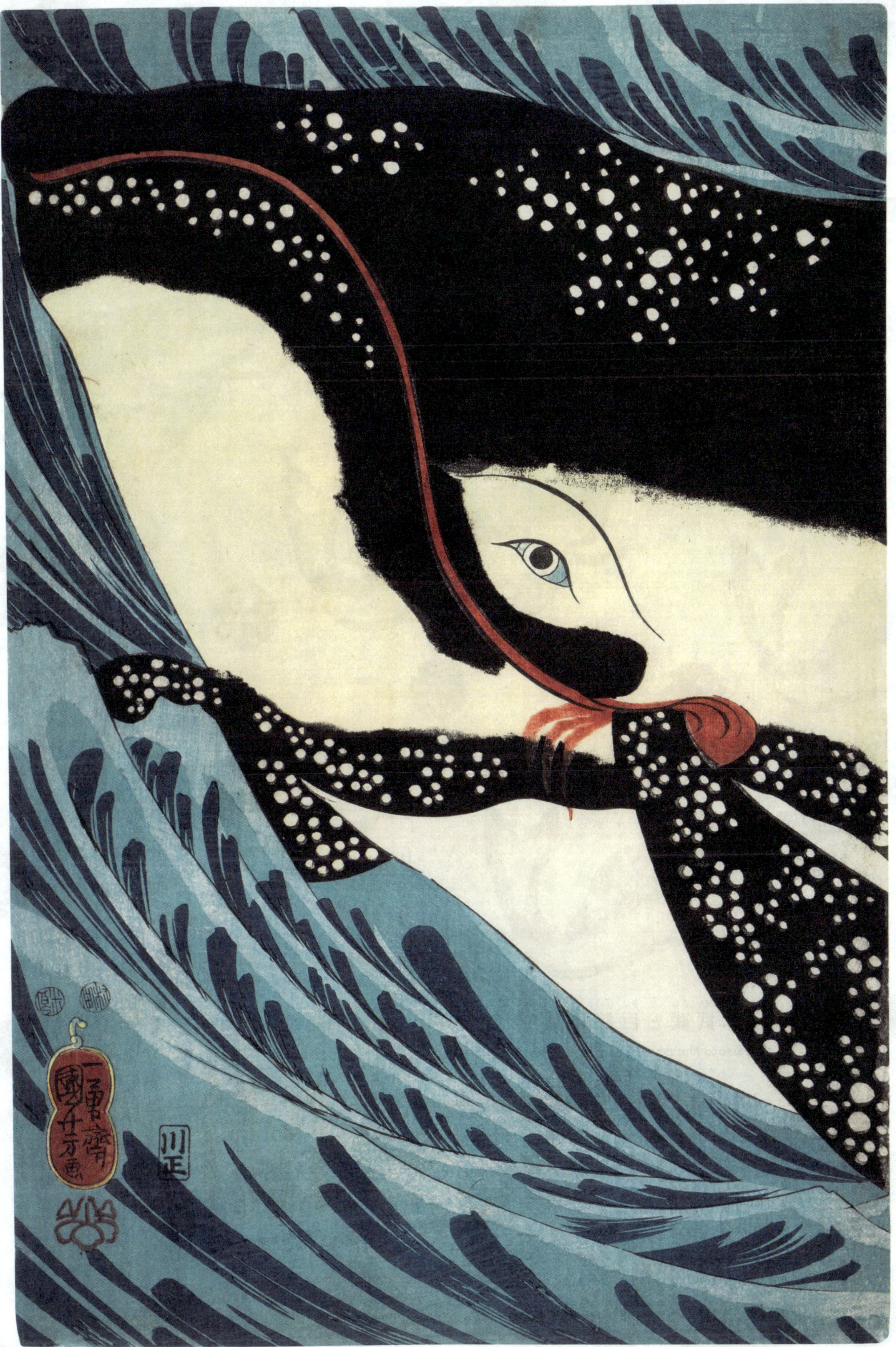

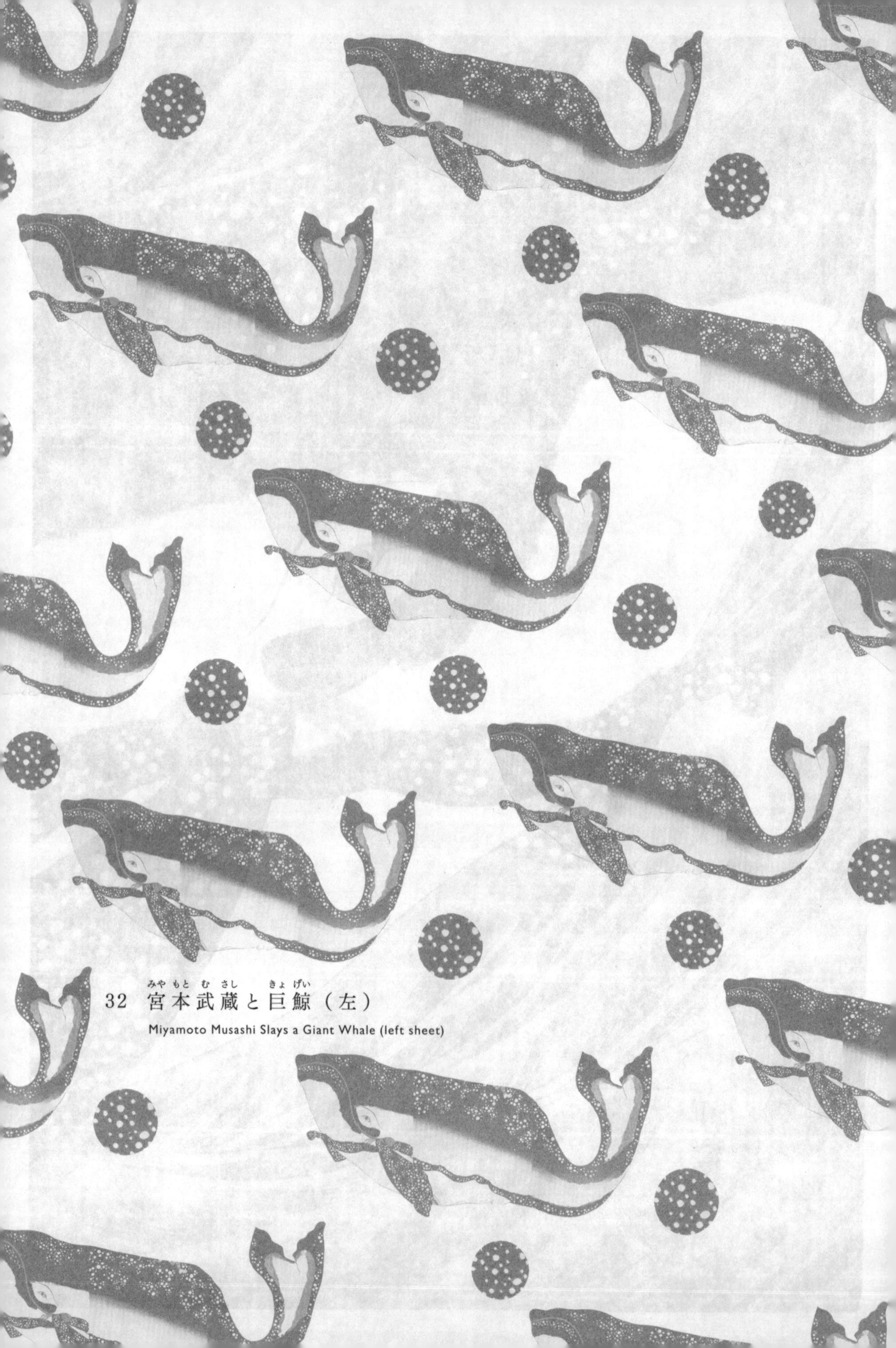

32 宮本武蔵と巨鯨（左）
Miyamoto Musashi Slays a Giant Whale (left sheet)

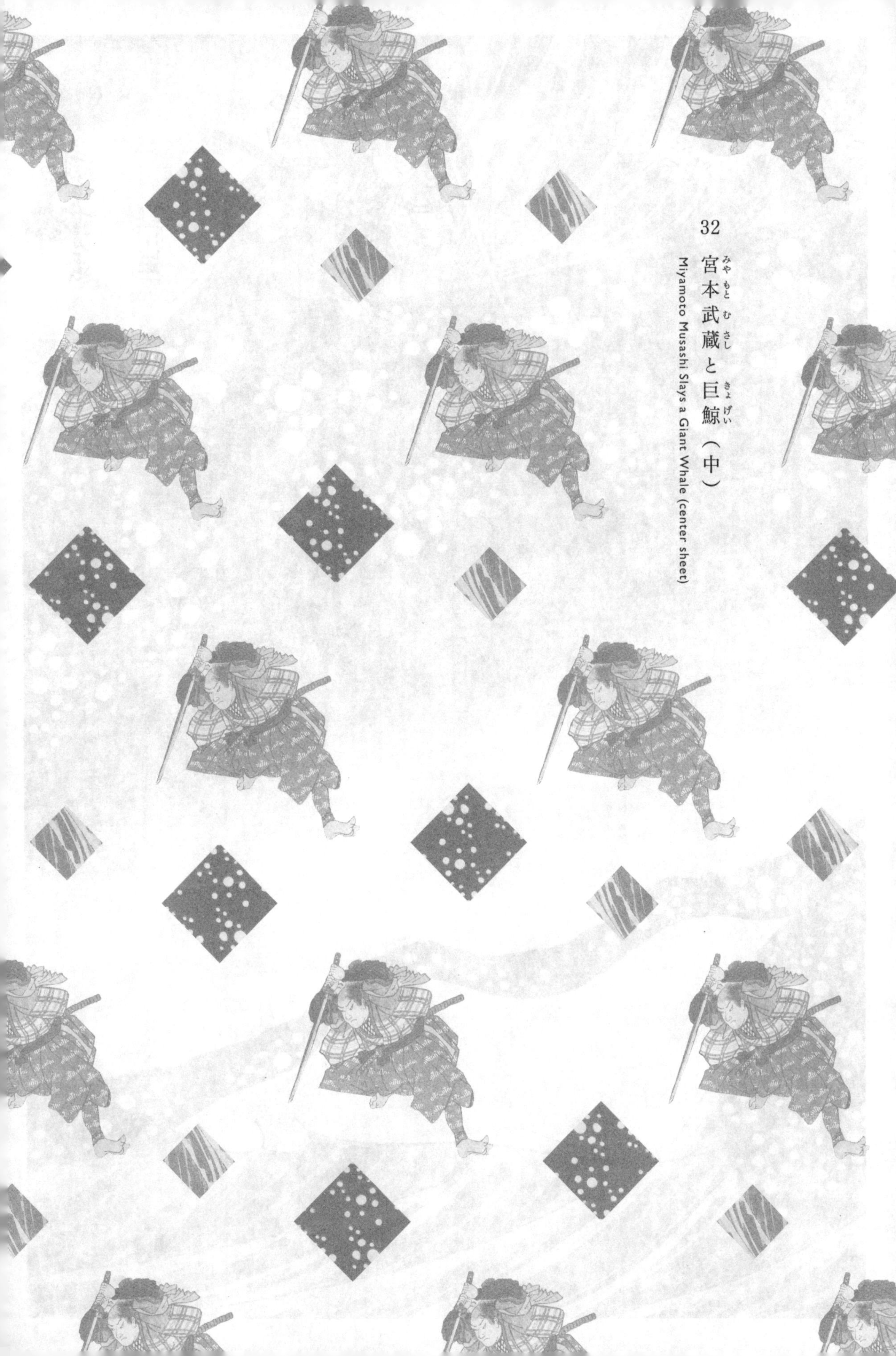

32

宮本武蔵と巨鯨（中）

Miyamoto Musashi Slays a Giant Whale (center sheet)

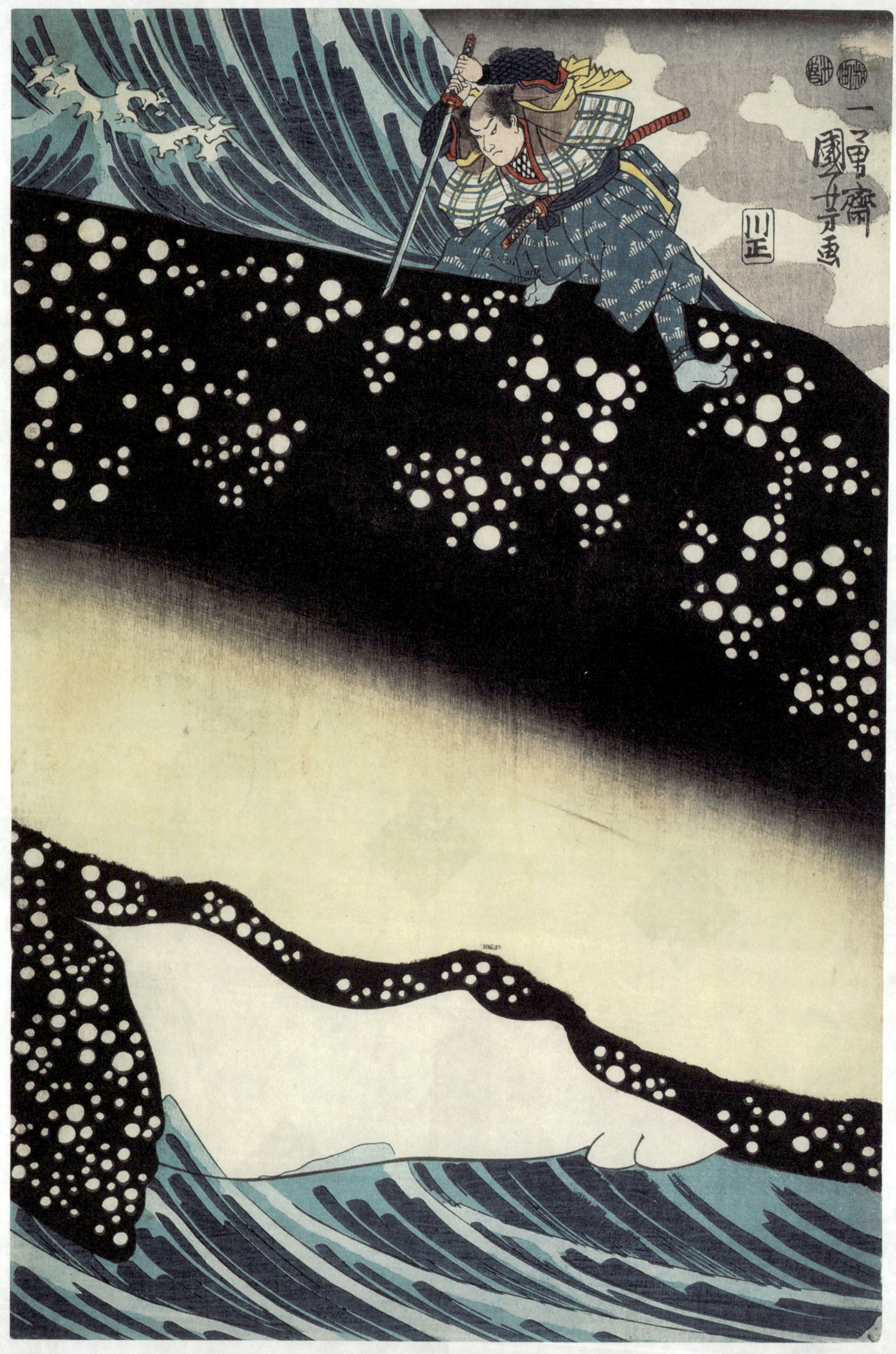

一勇齋
國芳画

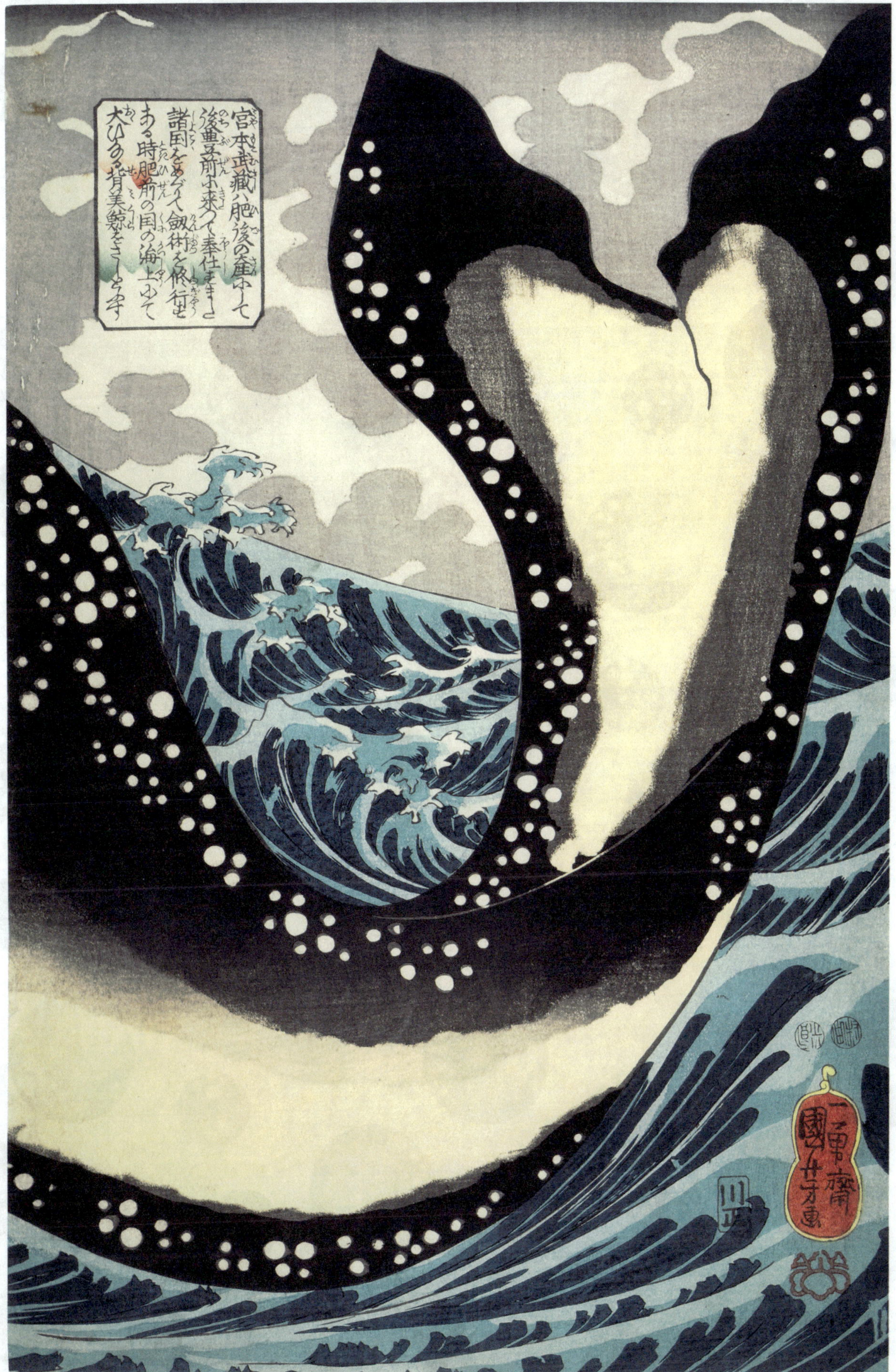

宮本武藏八肥後の産ゆして
後重号前ふ来つて奉仕まて
諸國をめぐりて劔術を修行
ある時肥前の国の海上ゆて
大ひなる背美鯨をさーち亭

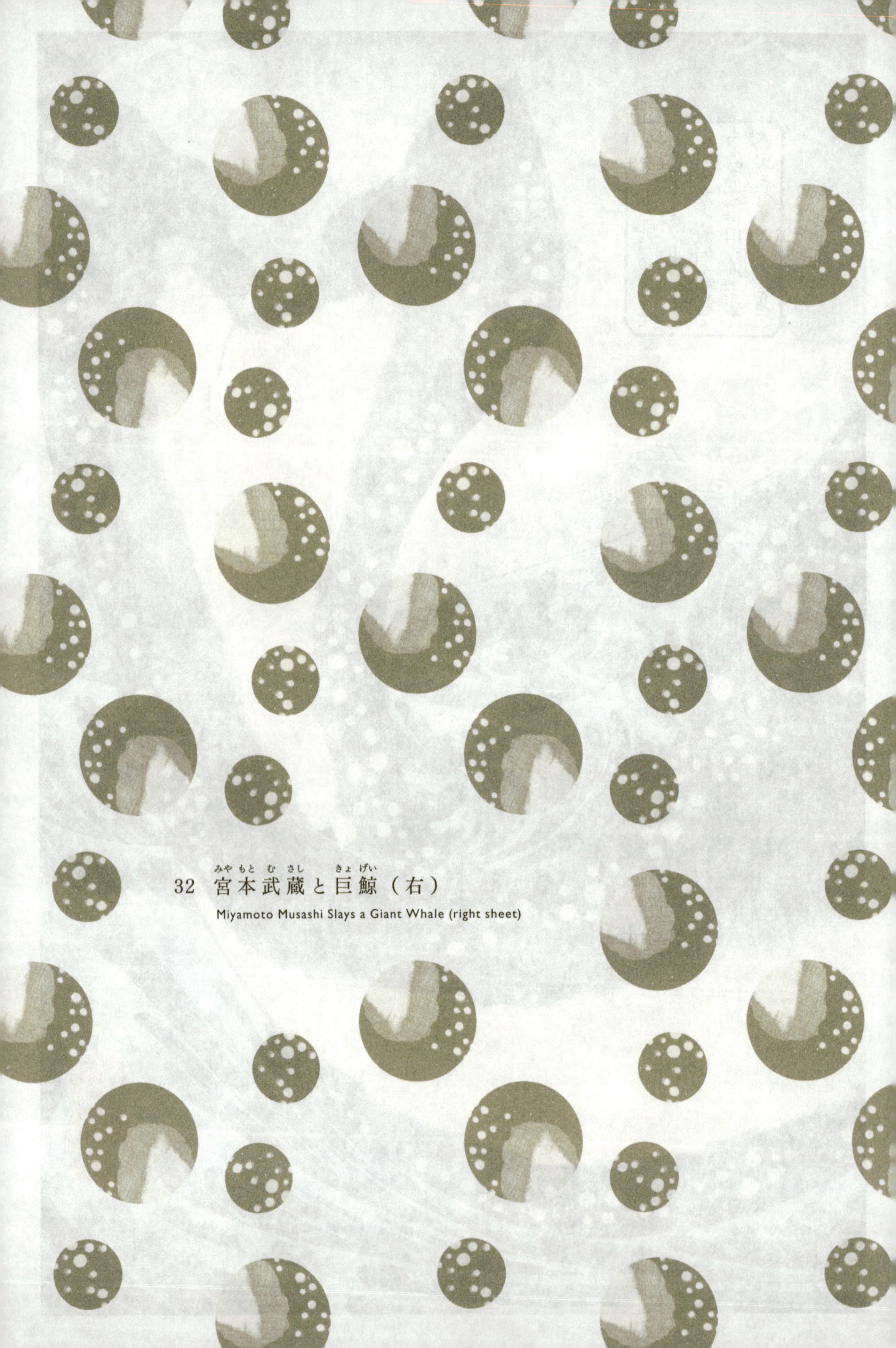

32　宮本武蔵と巨鯨（右）
Miyamoto Musashi Slays a Giant Whale (right sheet)

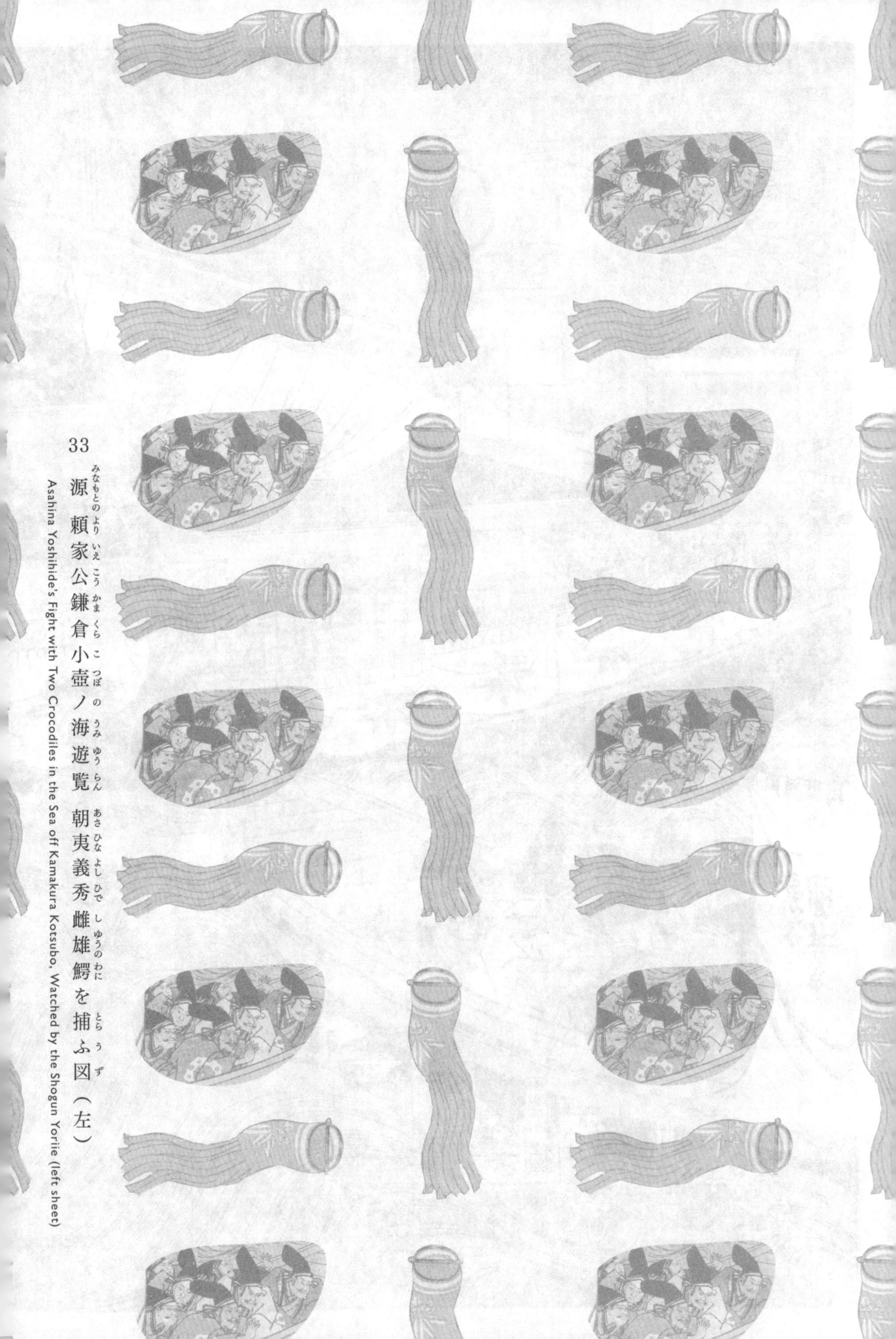

33
源頼家公鎌倉小壺ノ海遊覧朝夷義秀雌雄鰐を捕ふ図（左）

Asahina Yoshihide's Fight with Two Crocodiles in the Sea off Kamakura Kotsubo, Watched by the Shogun Yoriiie (left sheet)

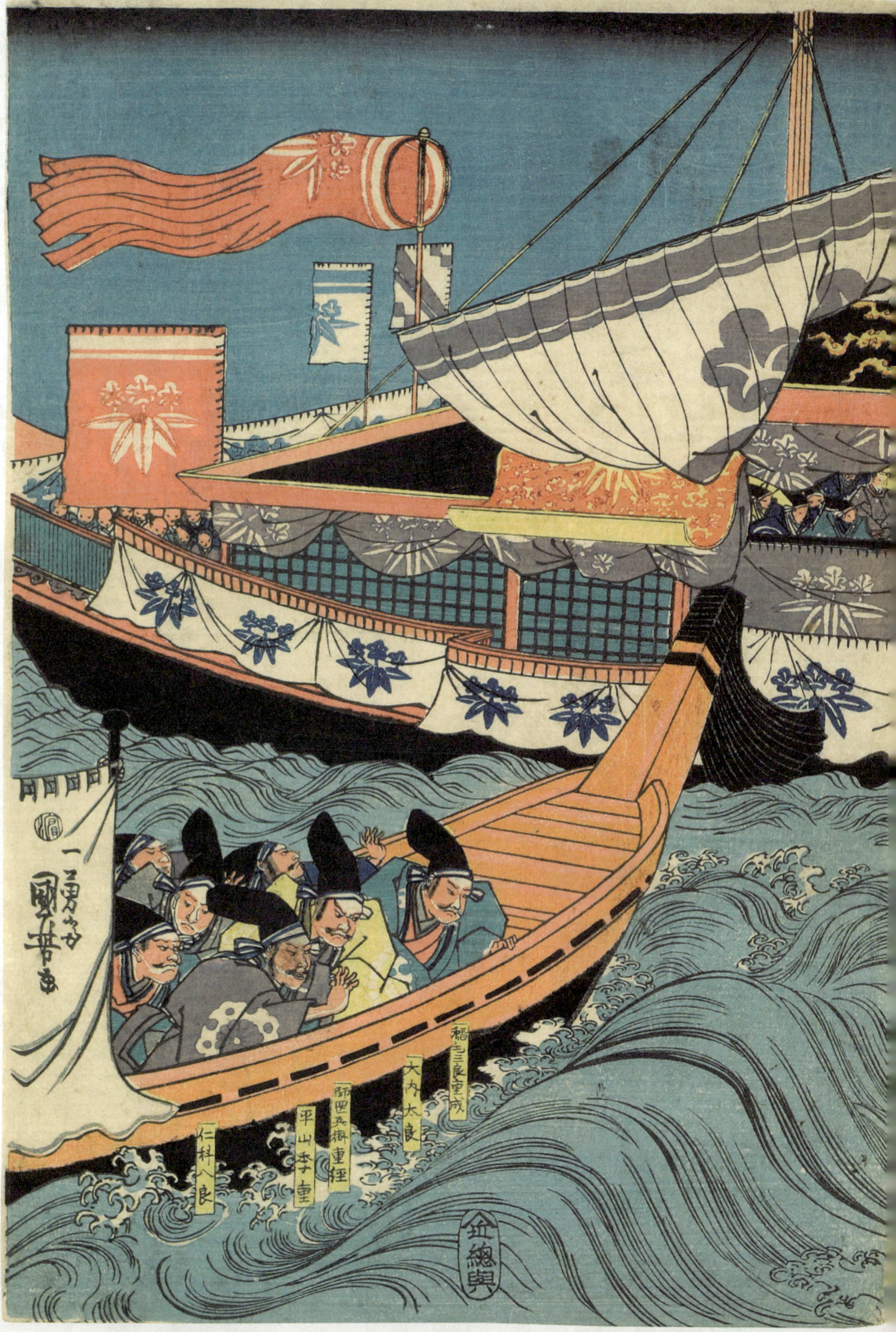
一勇齋國芳画
稲毛三良重成
大内太良
師岡兵衛重経
平山季重
仁科八良

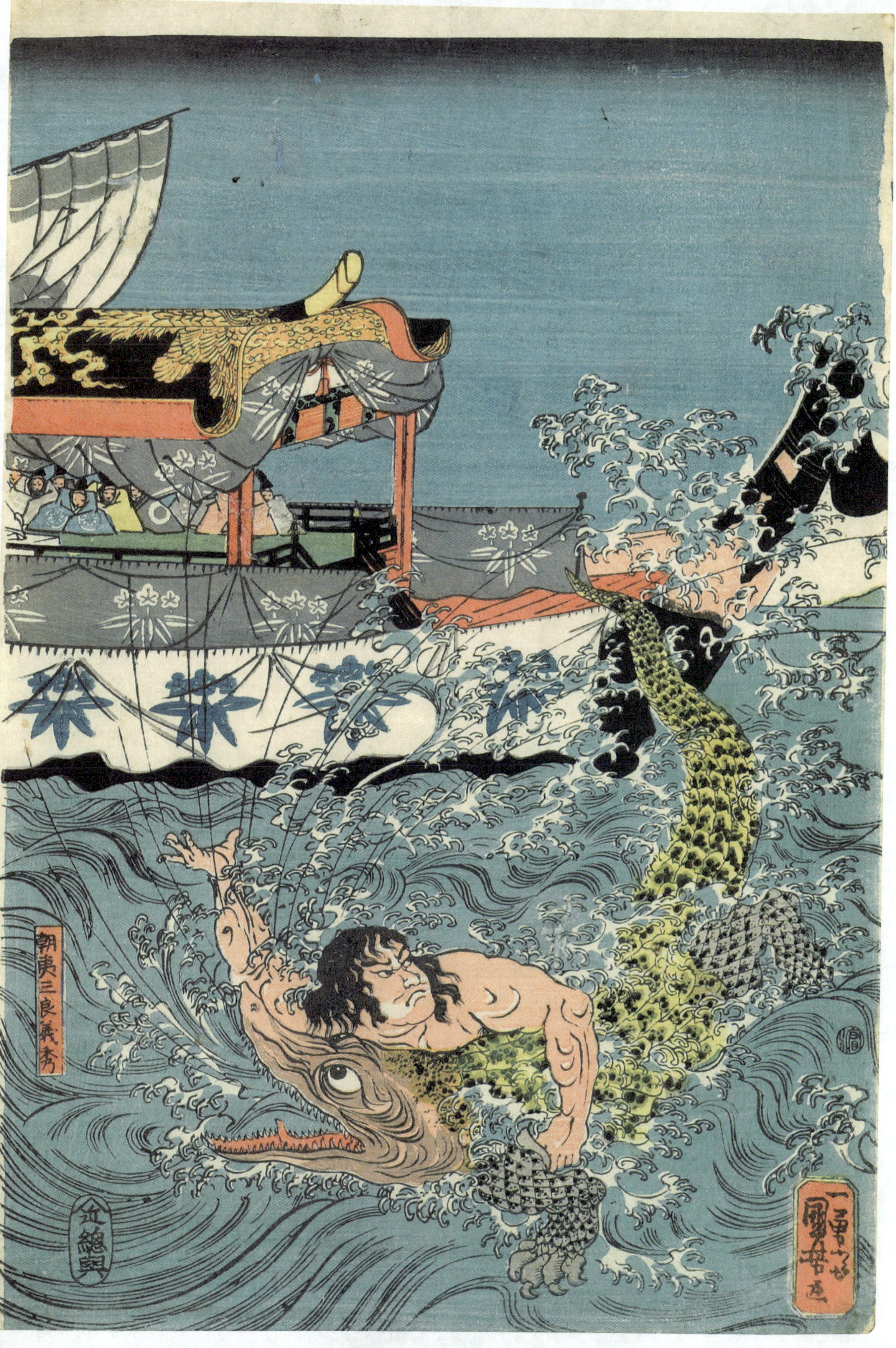

朝夷三良義秀
一勇齋國芳画
近總武

33
源頼家公鎌倉小壺ノ海遊覧　朝夷義秀雌雄鰐を捕ふ図（中）

Asahina Yoshihide's Fight with Two Crocodiles in the Sea off Kamakura Kotsubo, Watched by the Shogun Yoriie (center sheet)

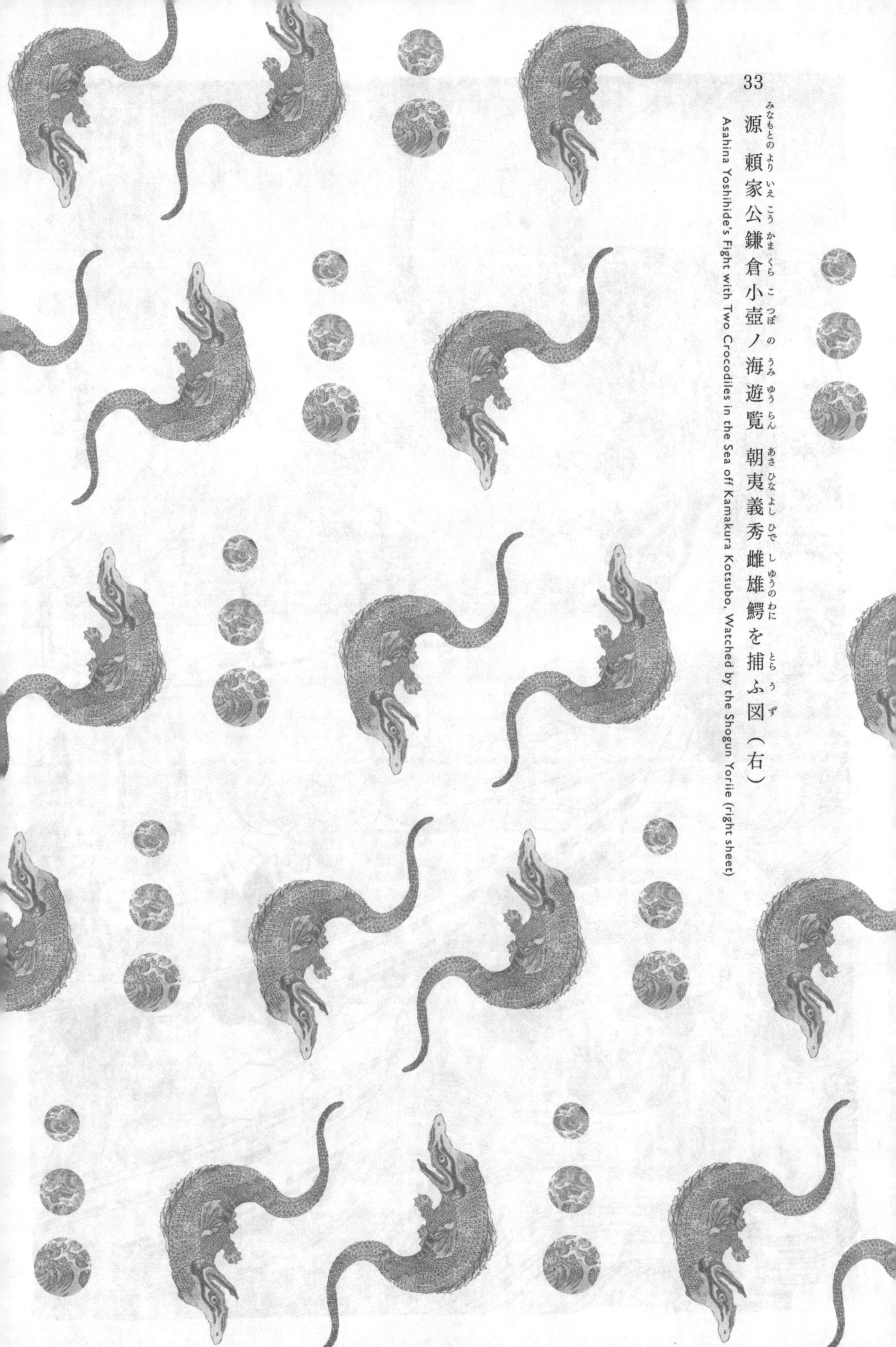

33

源頼家公鎌倉小壺ノ海遊覧朝夷義秀雌雄鰐を捕ふ図（右）

Asahina Yoshihide's Fight with Two Crocodiles in the Sea off Kamakura Kotsubo, Watched by the Shogun Yoriie (right sheet)

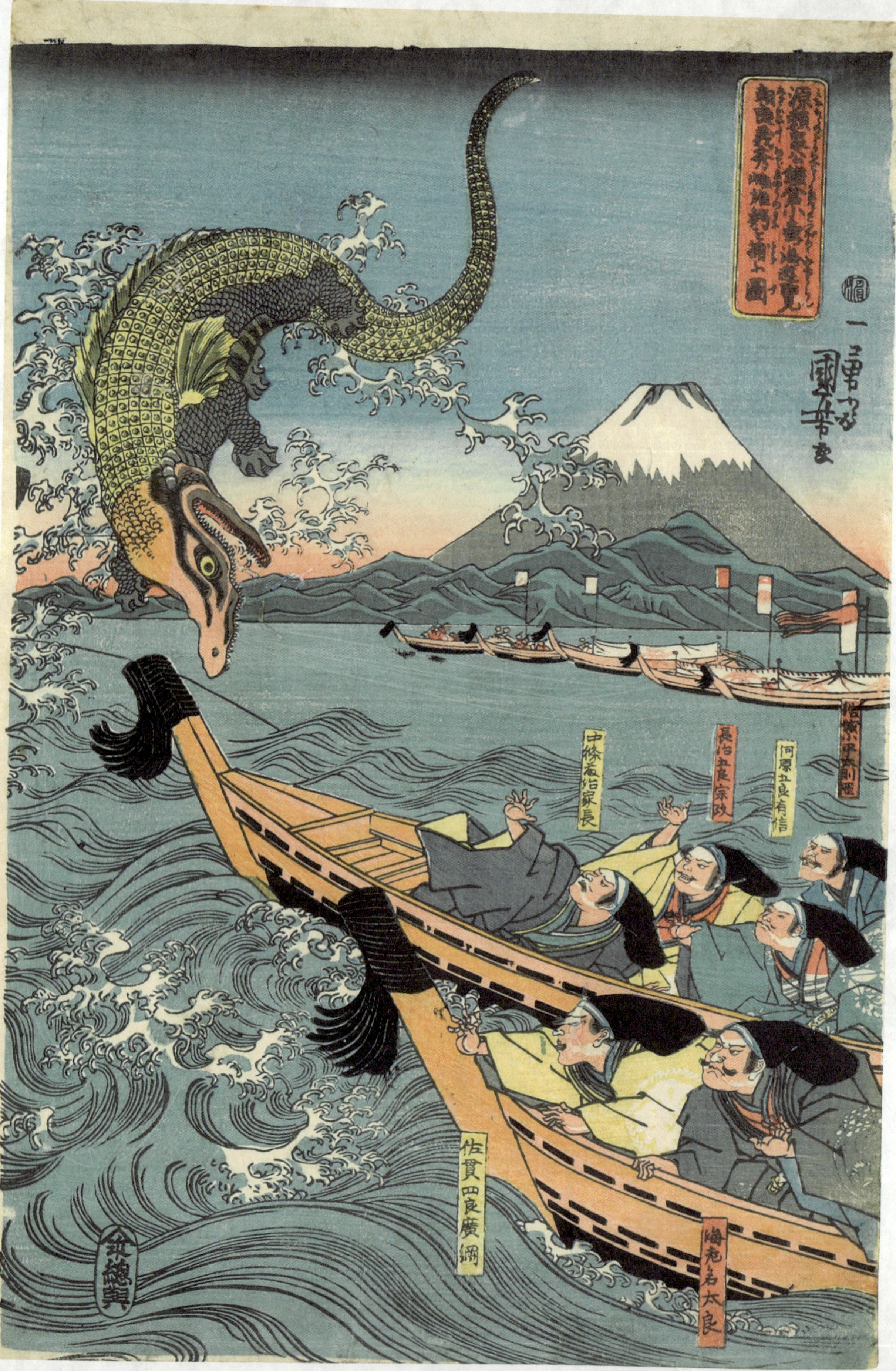

源頼朝公鎌倉小壺の海遊覧
朝臣義秀地曳網を捕ふ図
一勇斎　國芳画
中條荒治家長
長治五良宗政
河原五良有信
治城小平太則座
佐貫四良廣綱
海老名太良

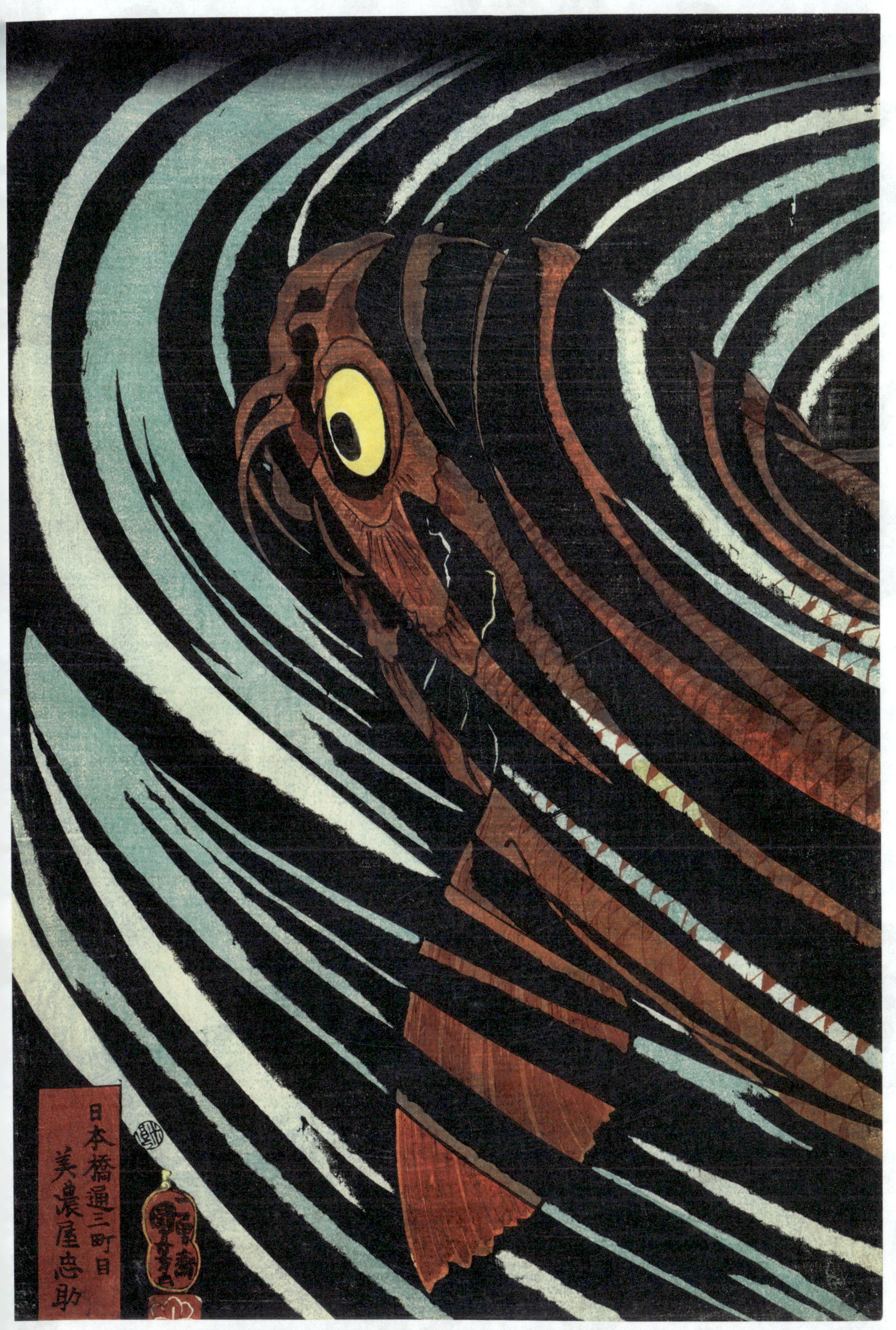
日本橋通三町目
美濃屋忠助
一勇齋國芳戯画

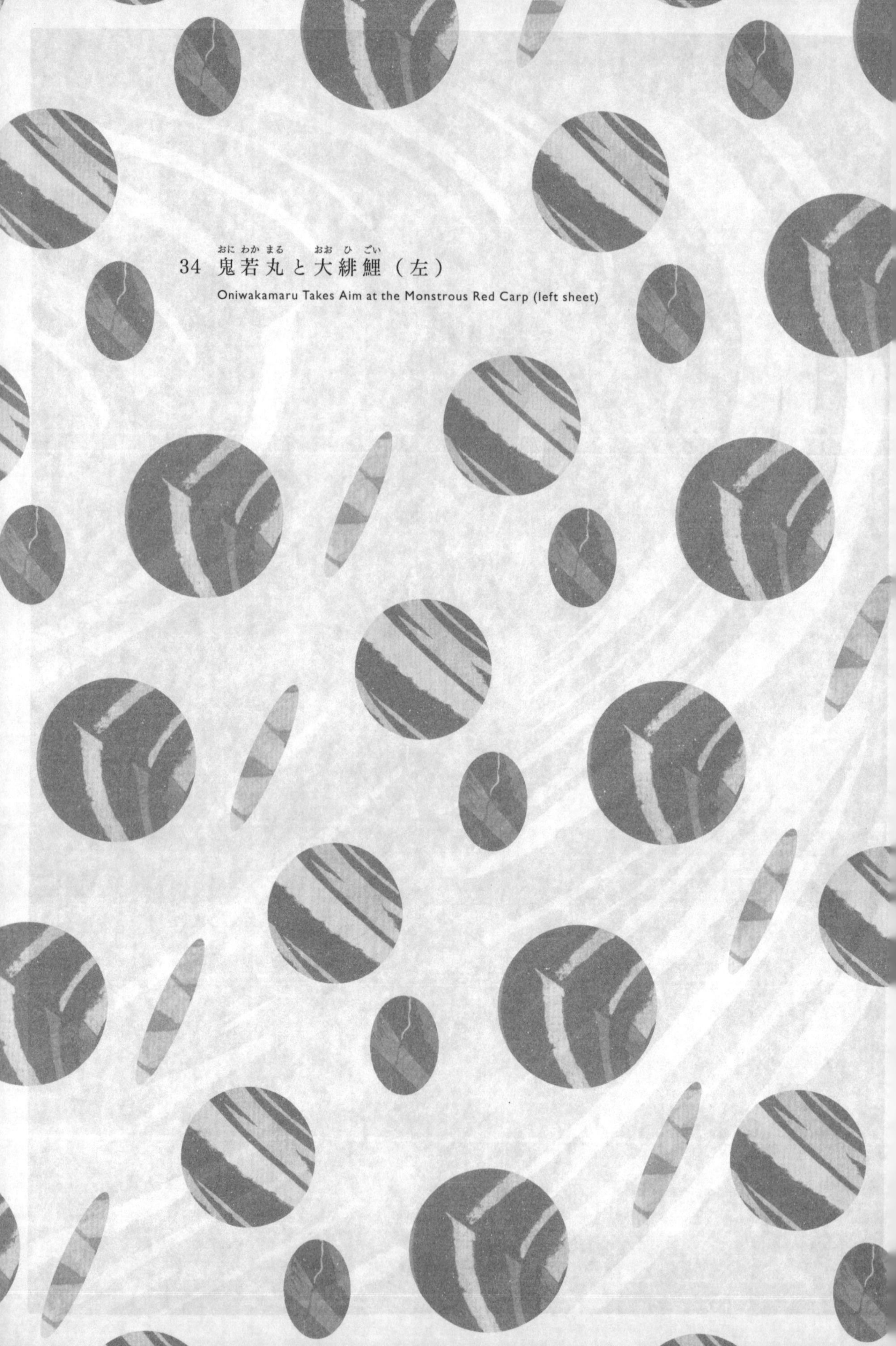

34 鬼若丸と大緋鯉（左）

Oniwakamaru Takes Aim at the Monstrous Red Carp (left sheet)

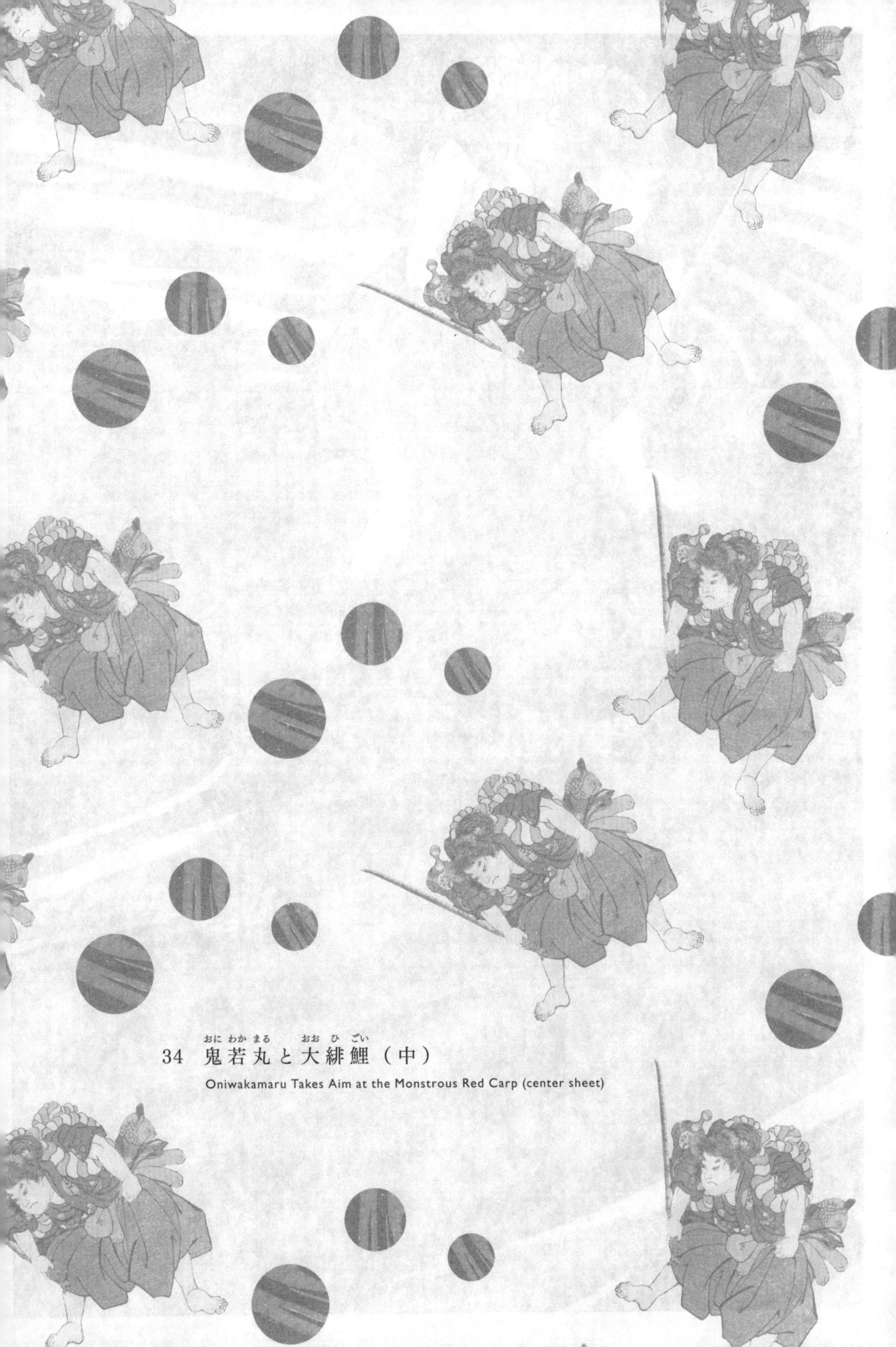

34　鬼若丸と大緋鯉（中）
Oniwakamaru Takes Aim at the Monstrous Red Carp (center sheet)

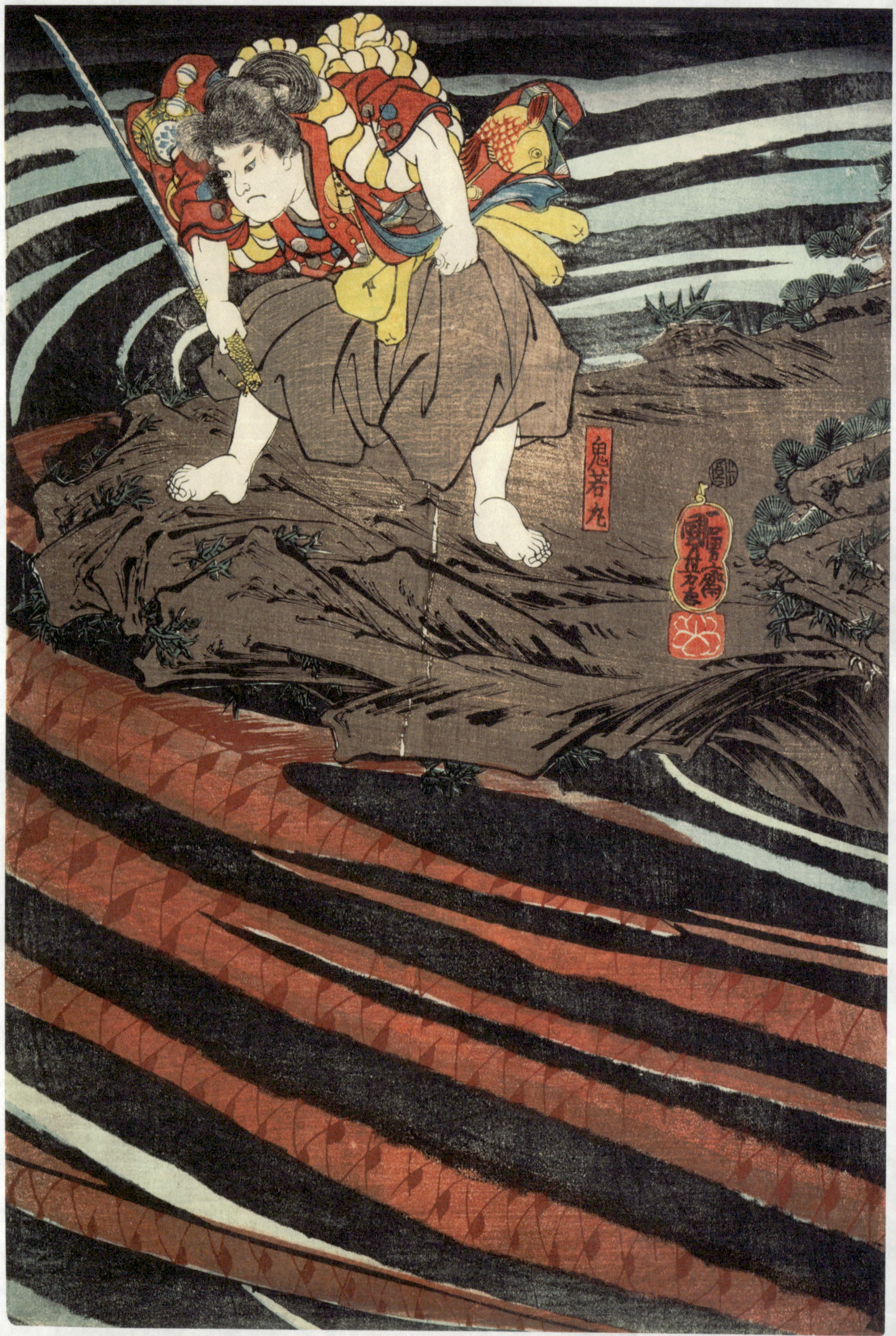

鬼若丸
一勇齋國芳戯畫

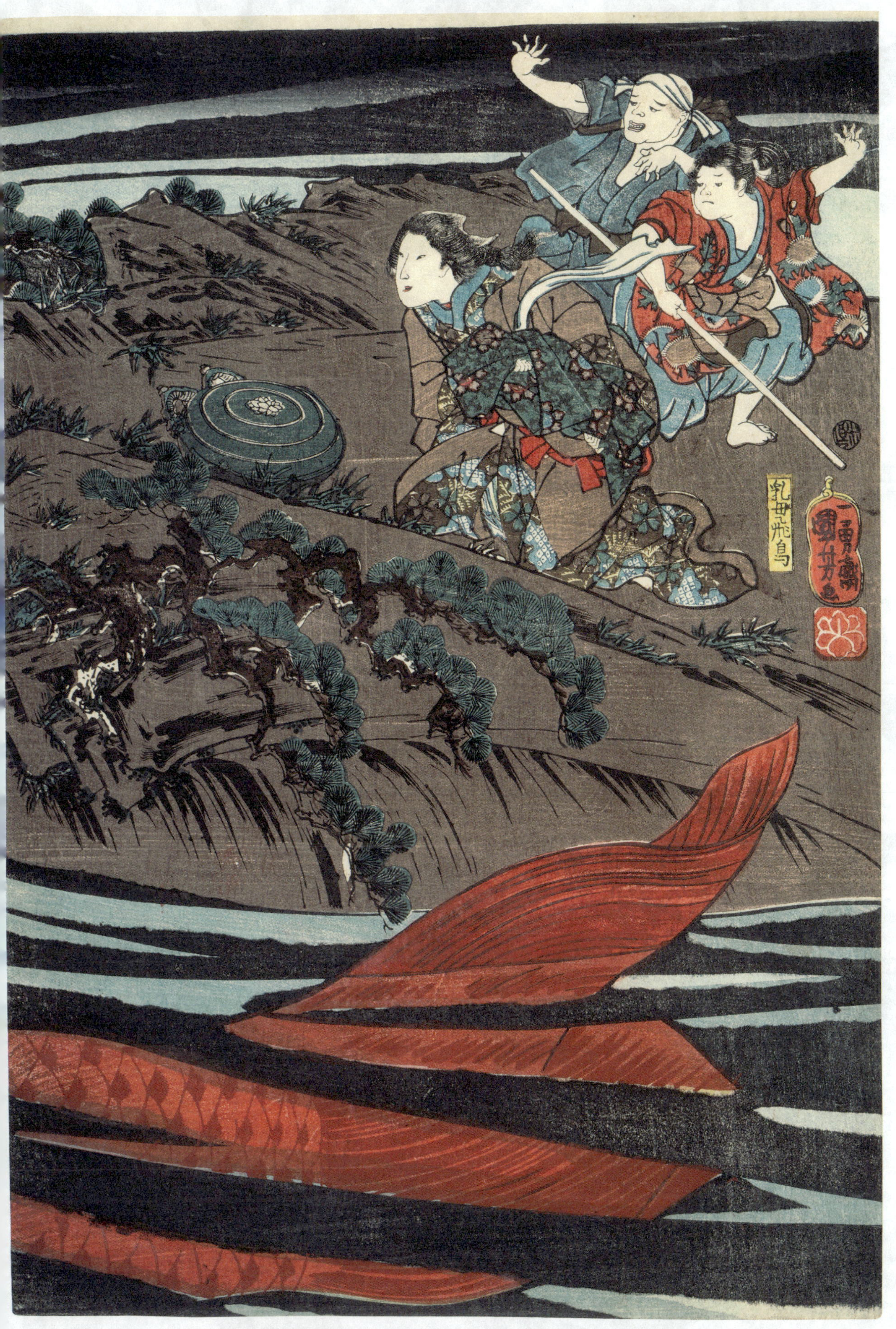

乳母飛鳥
一勇斎國芳画

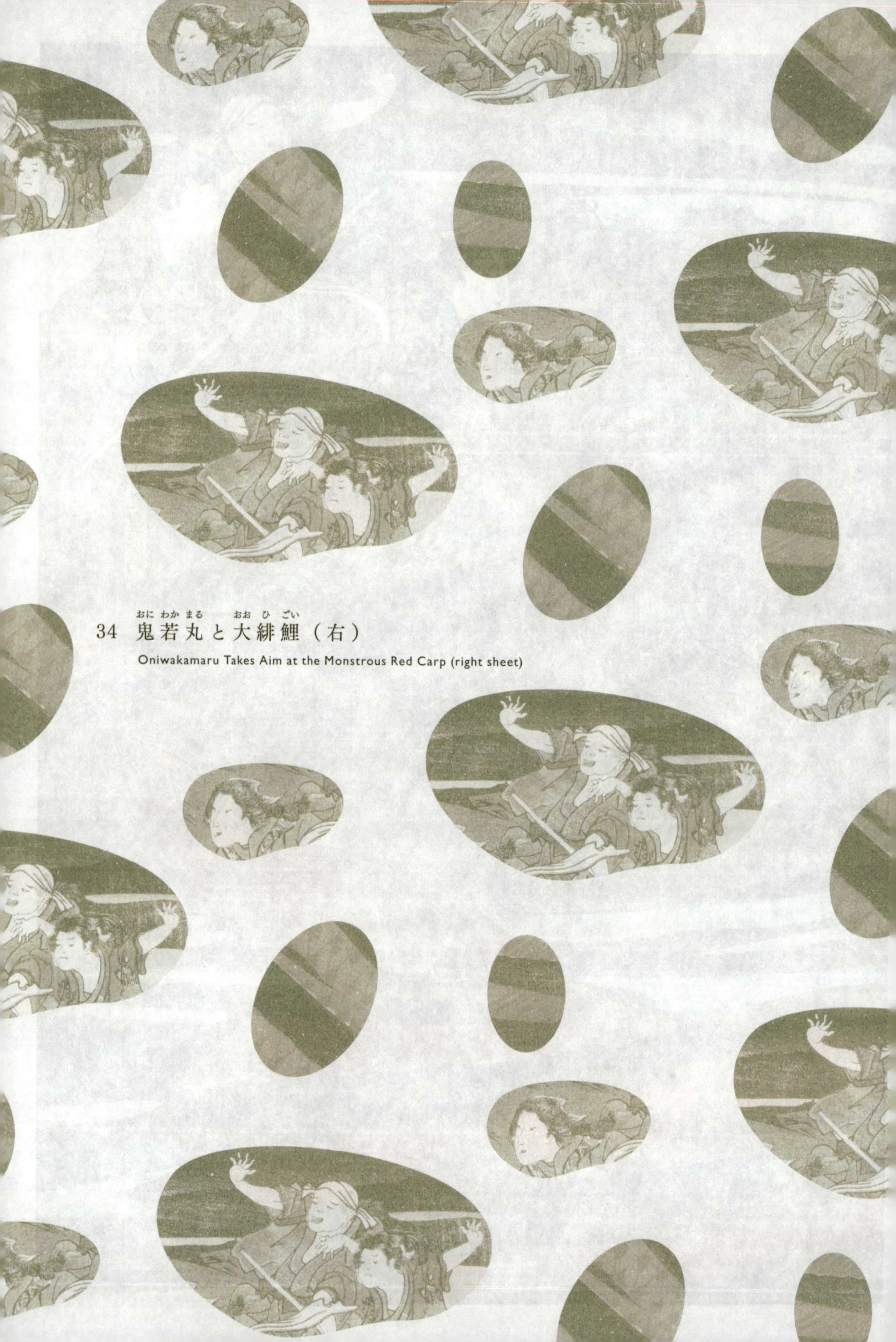

34　鬼若丸と大緋鯉（右）

Oniwakamaru Takes Aim at the Monstrous Red Carp (right sheet)

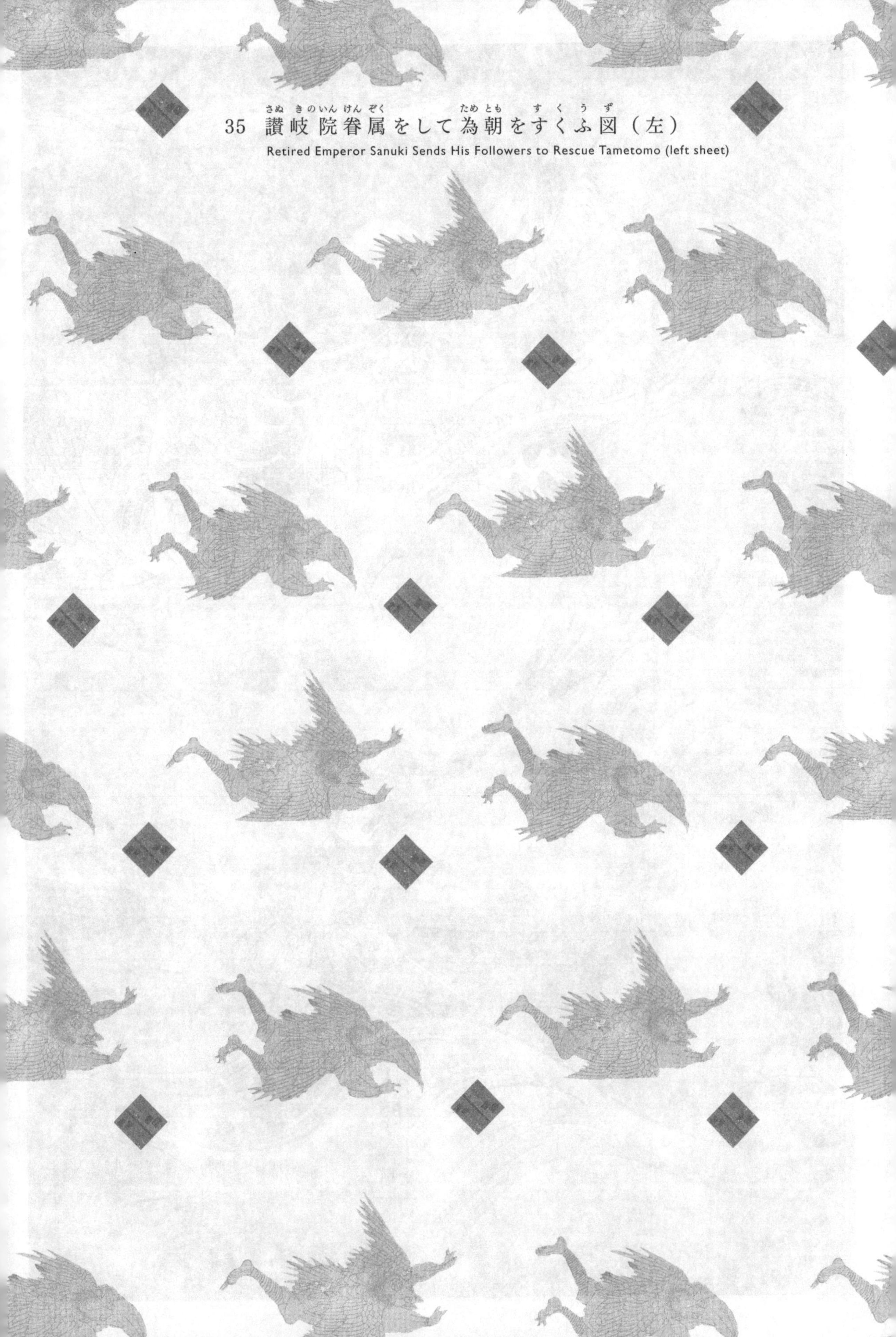

35 　讃岐院眷属をして為朝をすくふ図（左）

Retired Emperor Sanuki Sends His Followers to Rescue Tametomo (left sheet)

35 　讃岐院眷属をして為朝をすくふ図（左）

Retired Emperor Sanuki Sends His Followers to Rescue Tametomo (left sheet)

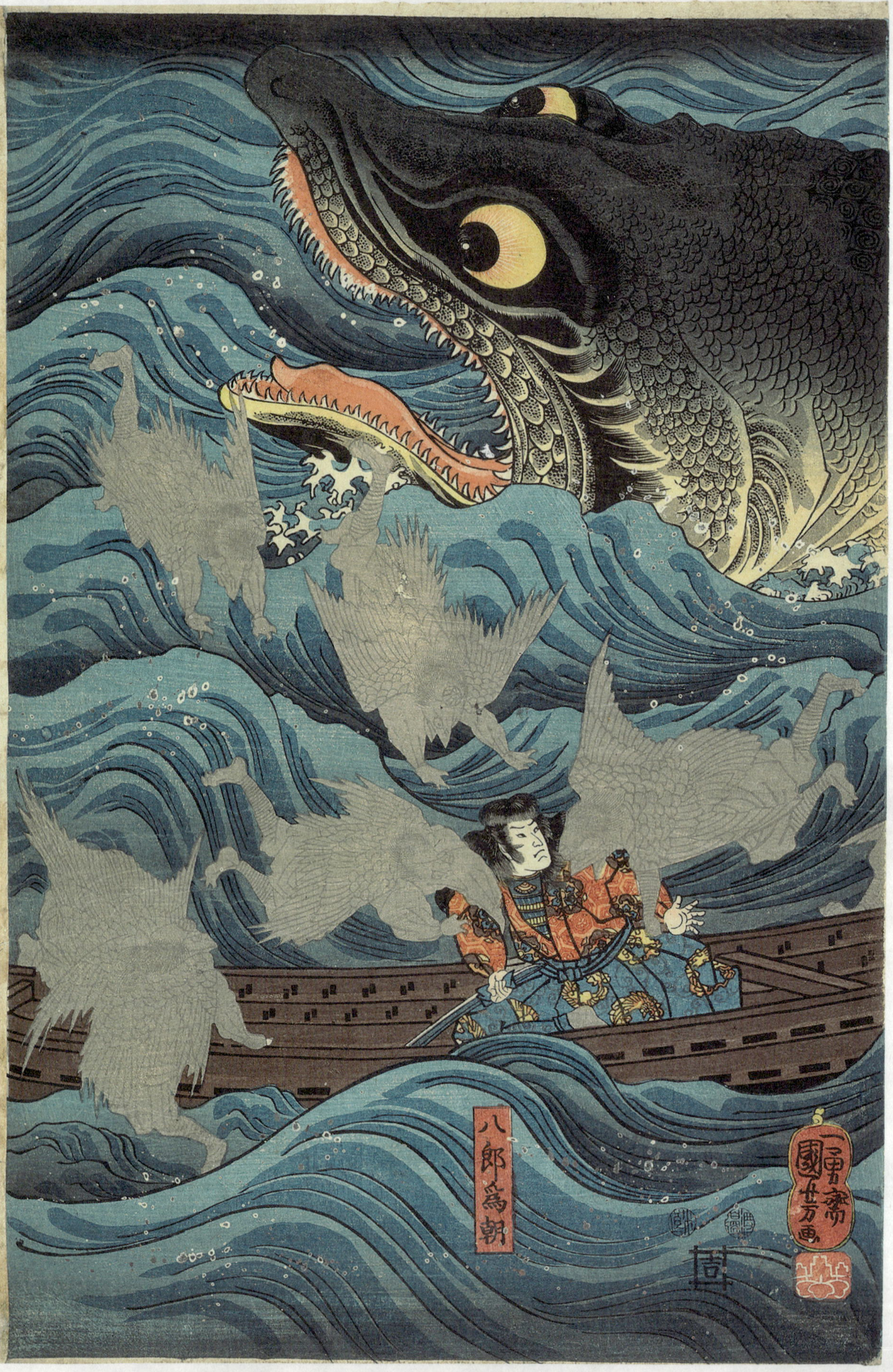

八郎為朝
一魁齋國芳画

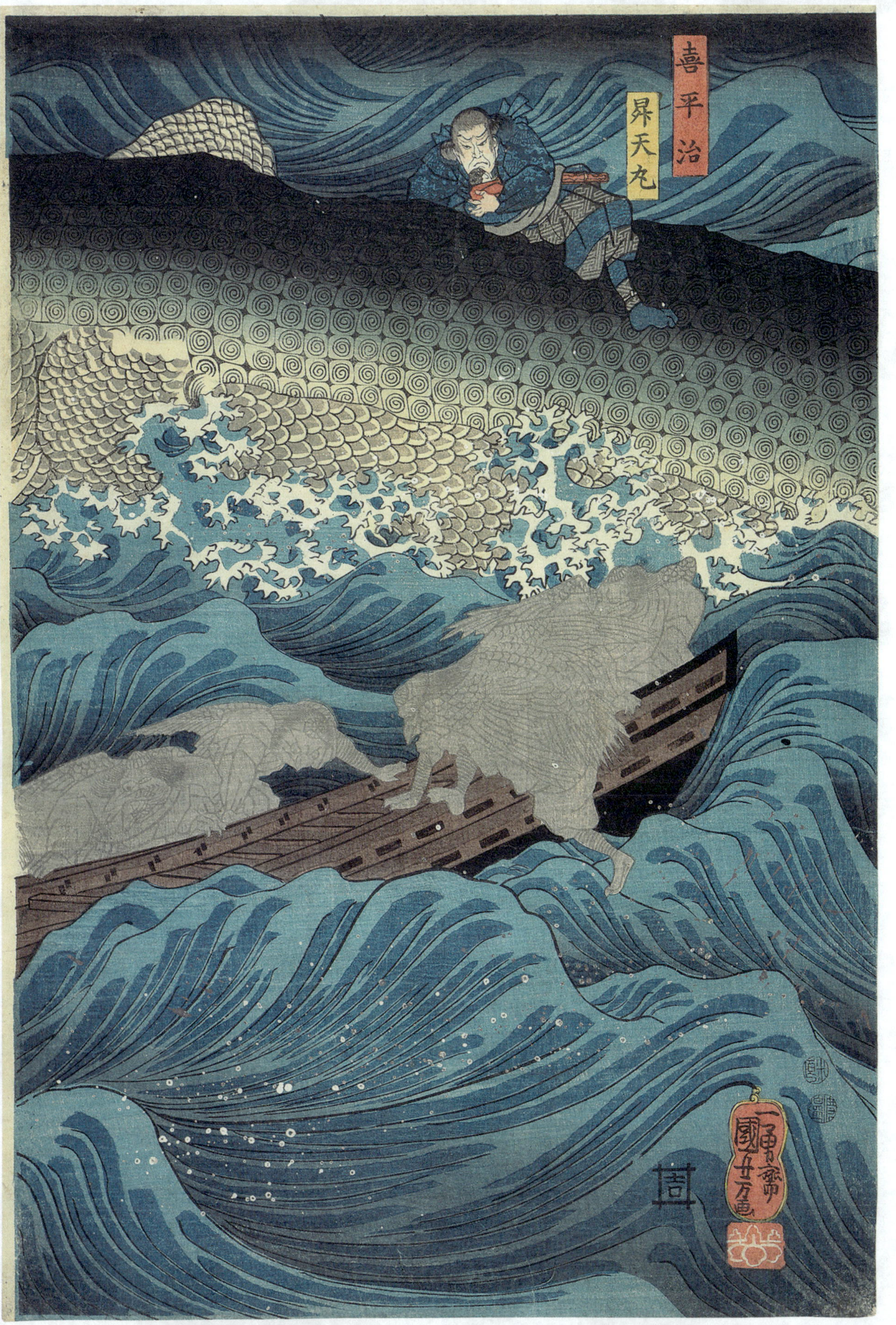
喜平治
昇天丸
一勇齋國芳万画

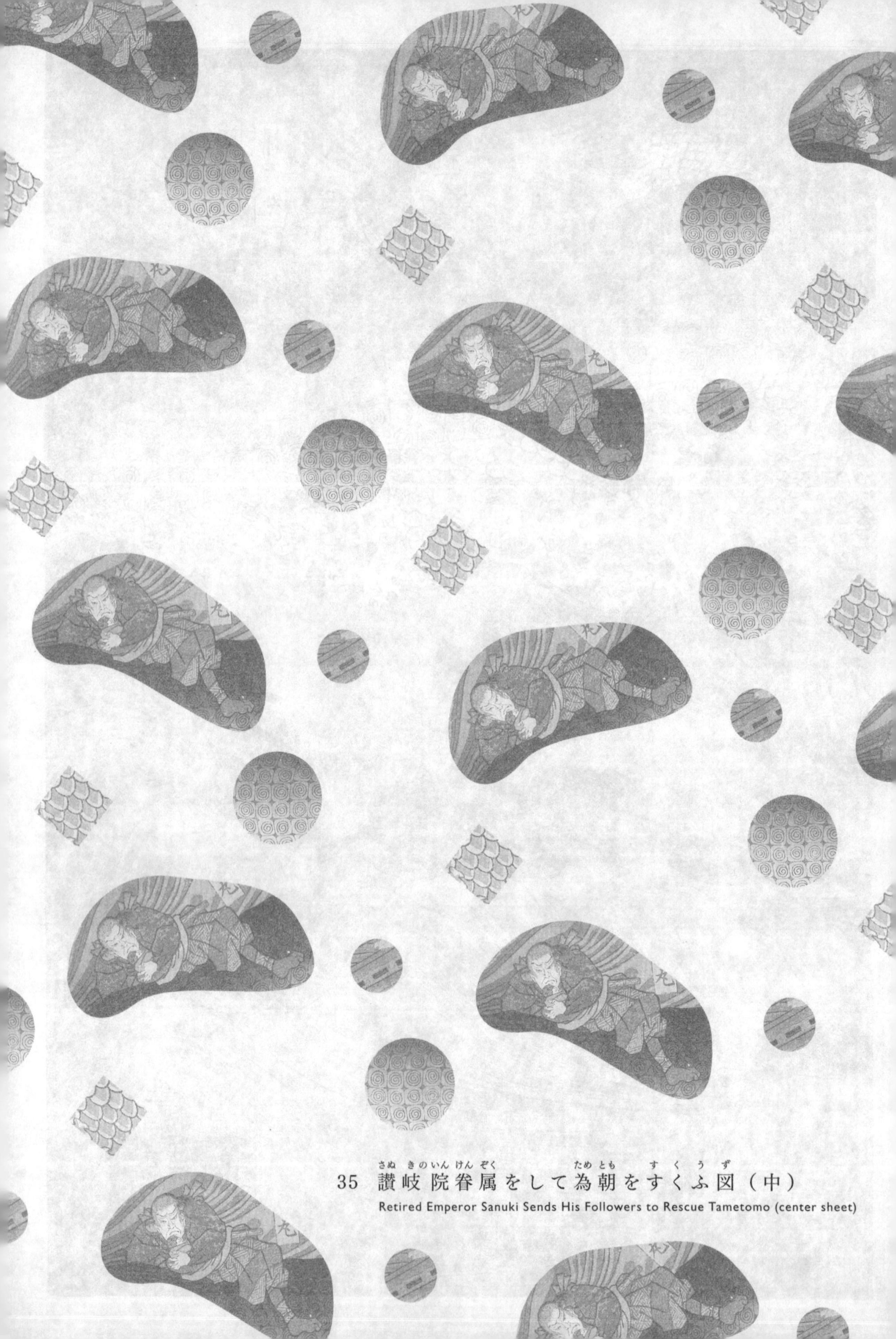

35　讃岐院眷属をして為朝をすくふ図（中）
Retired Emperor Sanuki Sends His Followers to Rescue Tametomo (center sheet)

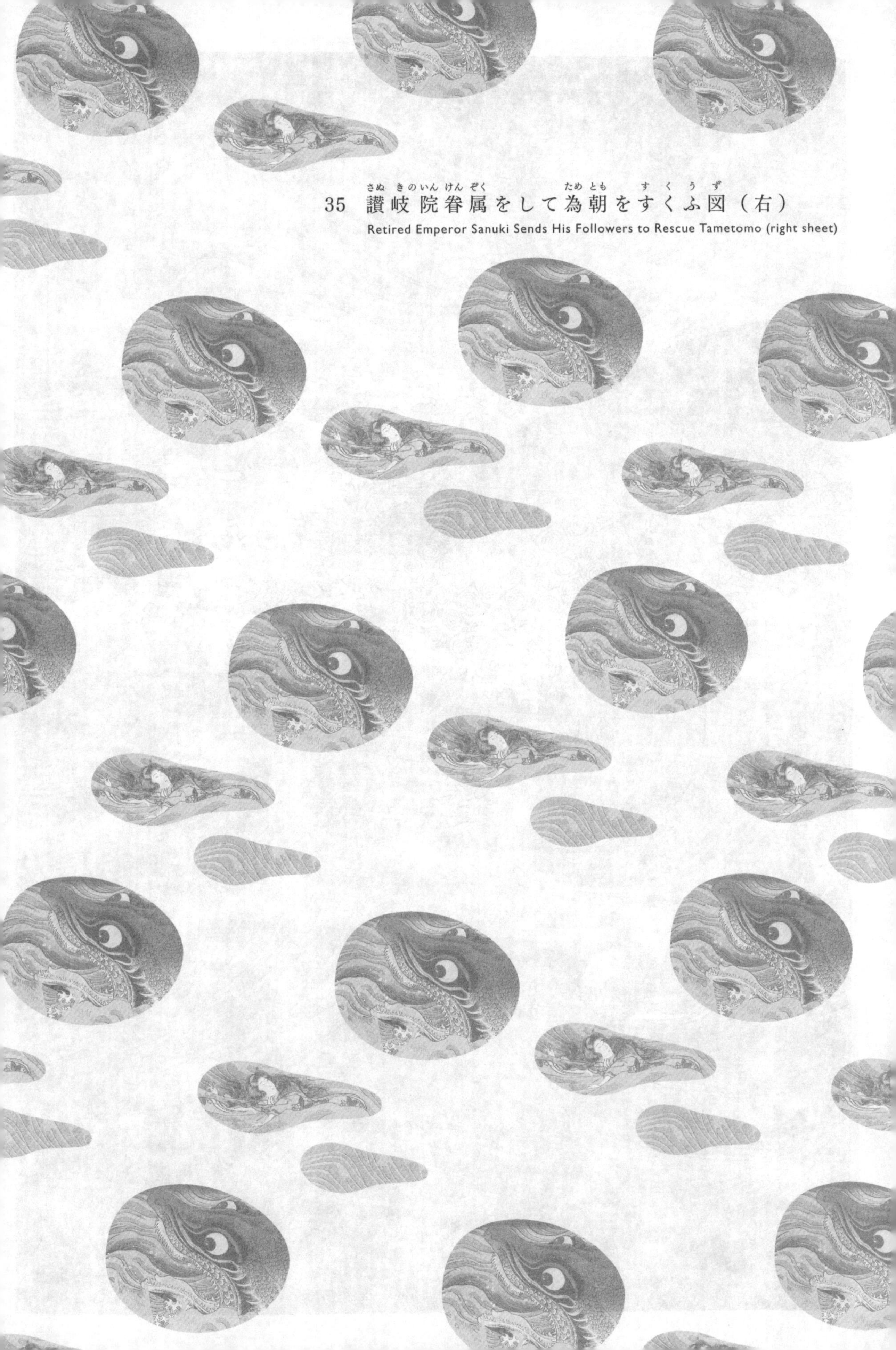

35　讃岐院眷属をして為朝をすくふ図（右）

Retired Emperor Sanuki Sends His Followers to Rescue Tametomo (right sheet)

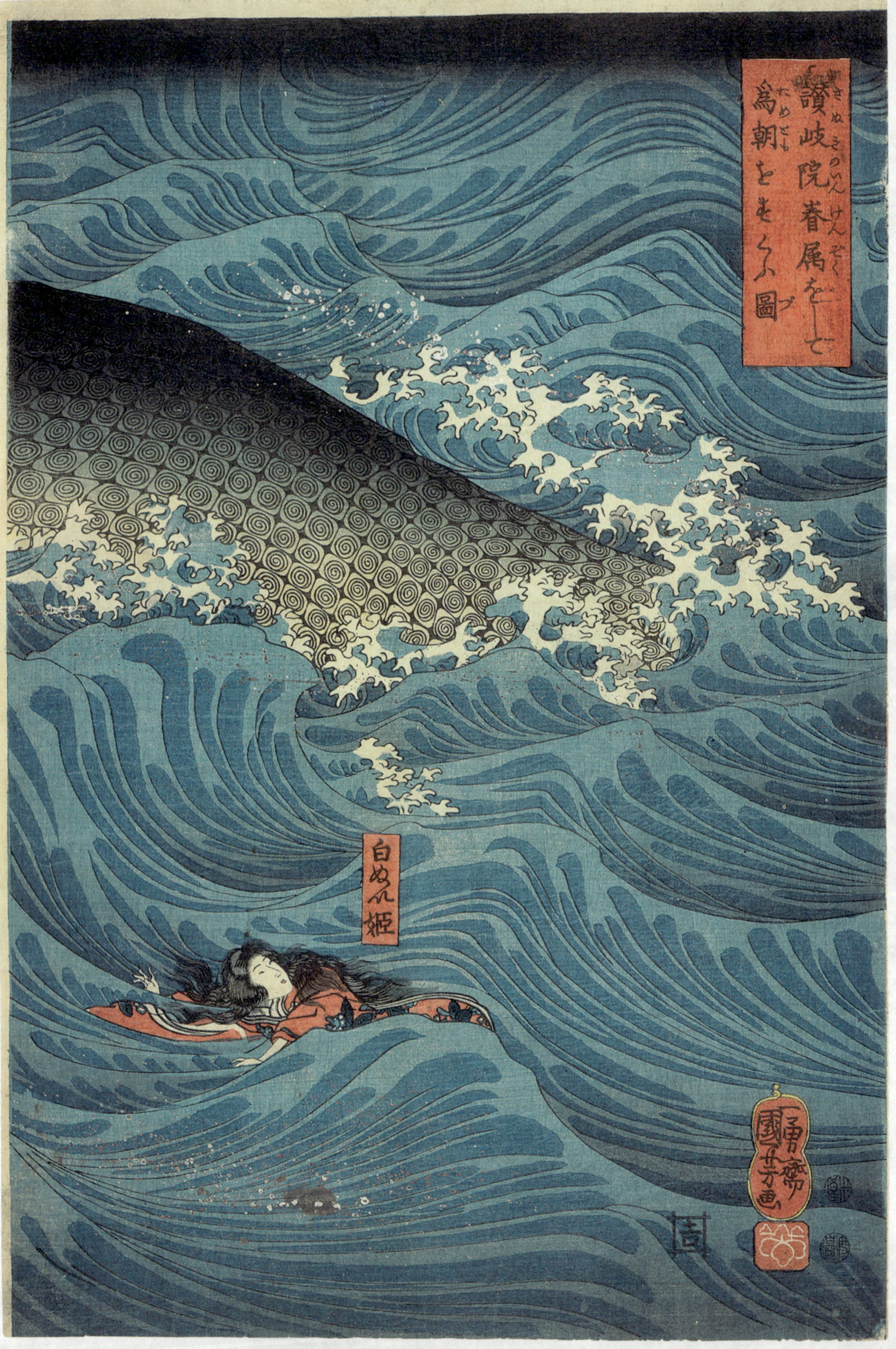
讃岐院眷属をして為朝をすくふ圖
白ぬれ姫
一勇齋國芳画

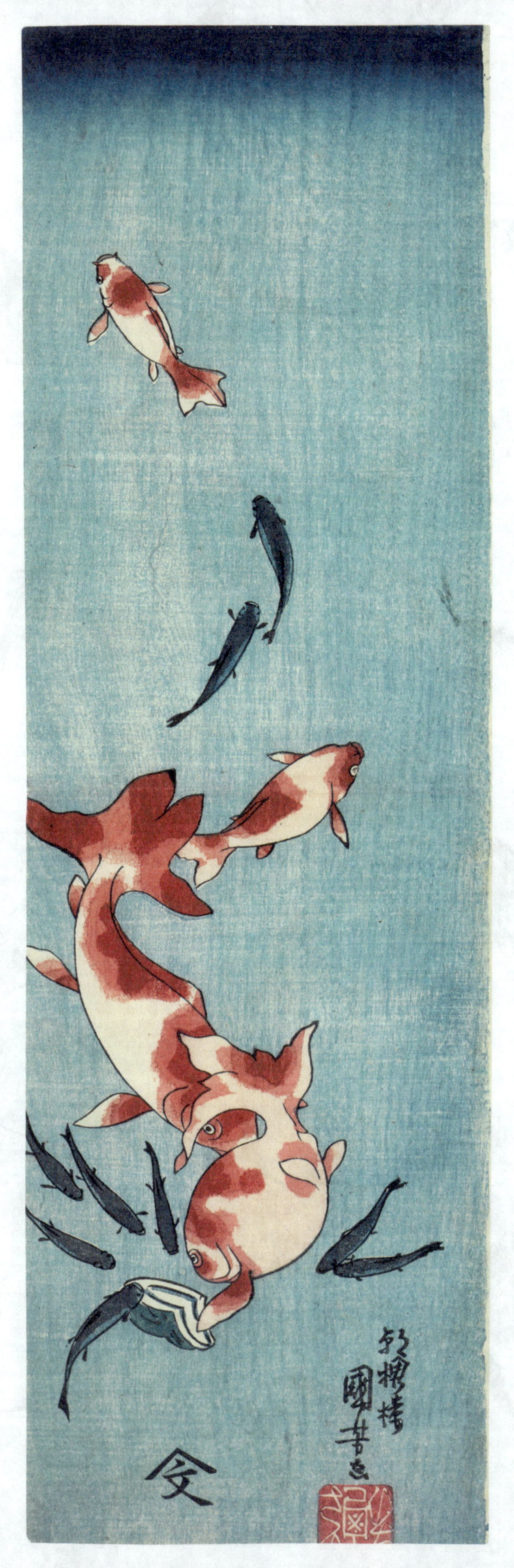

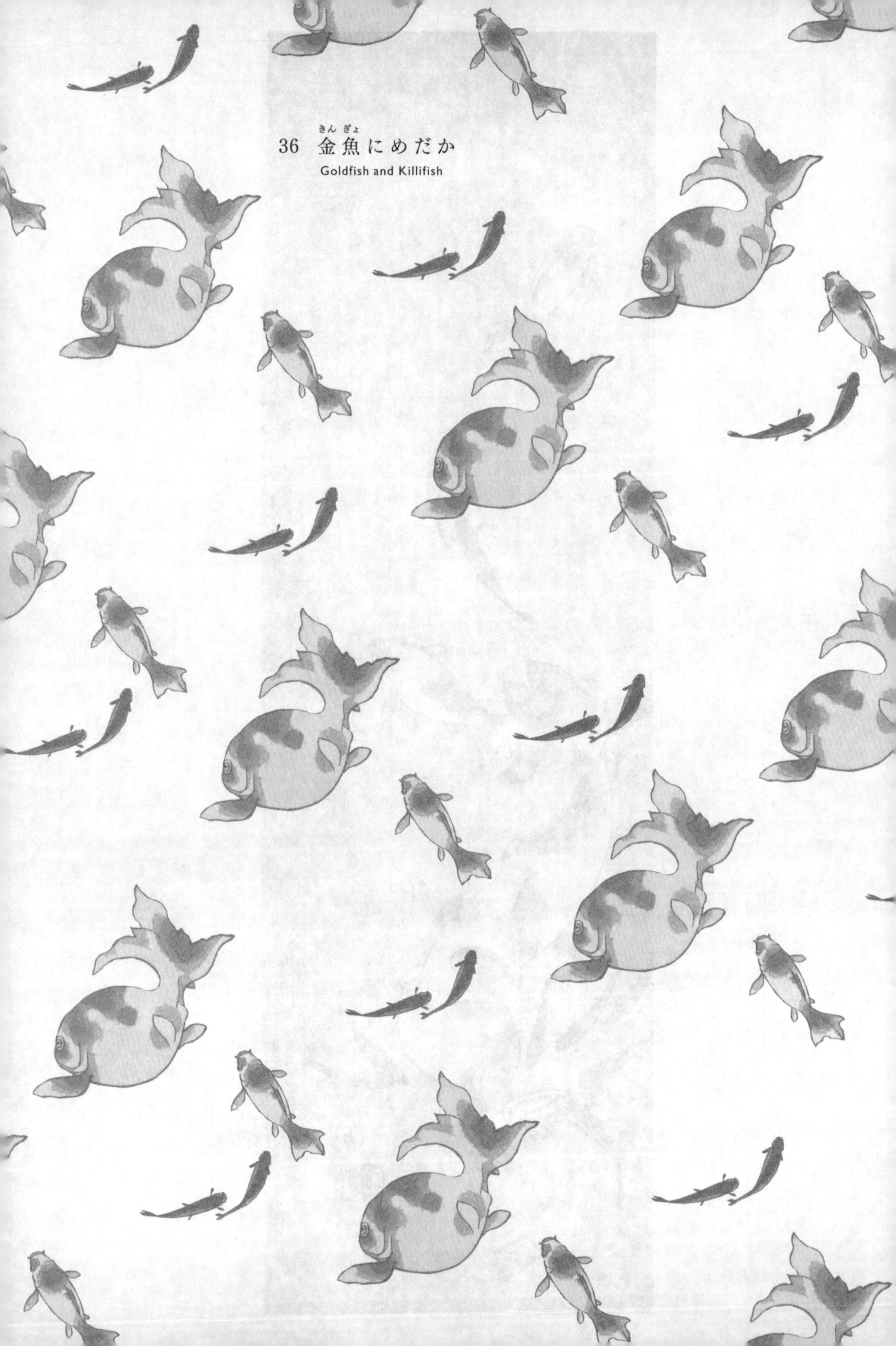

きん ぎょ
36 金魚にめだか
Goldfish and Killifish

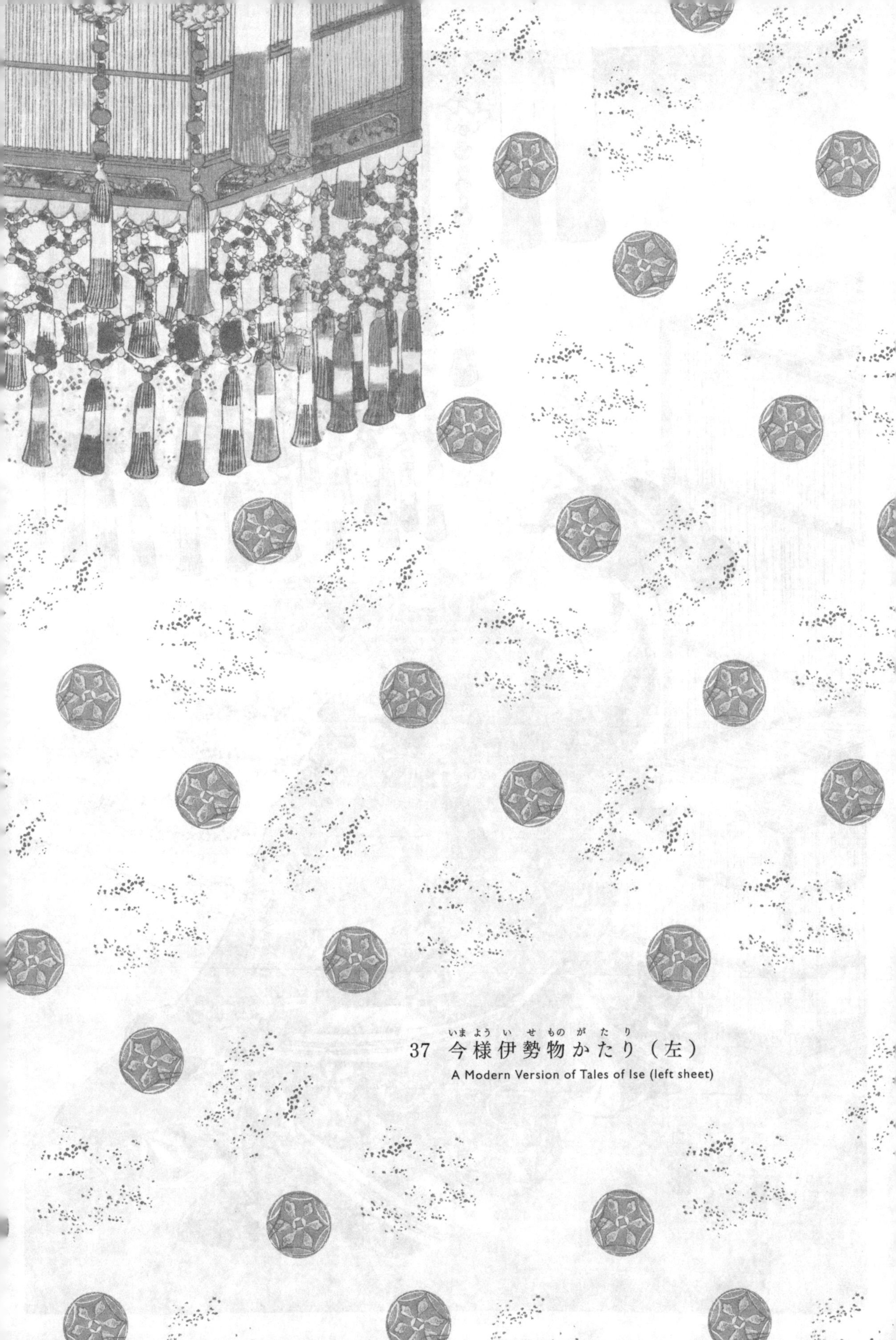

37 今様伊勢物かたり（左）
A Modern Version of Tales of Ise (left sheet)

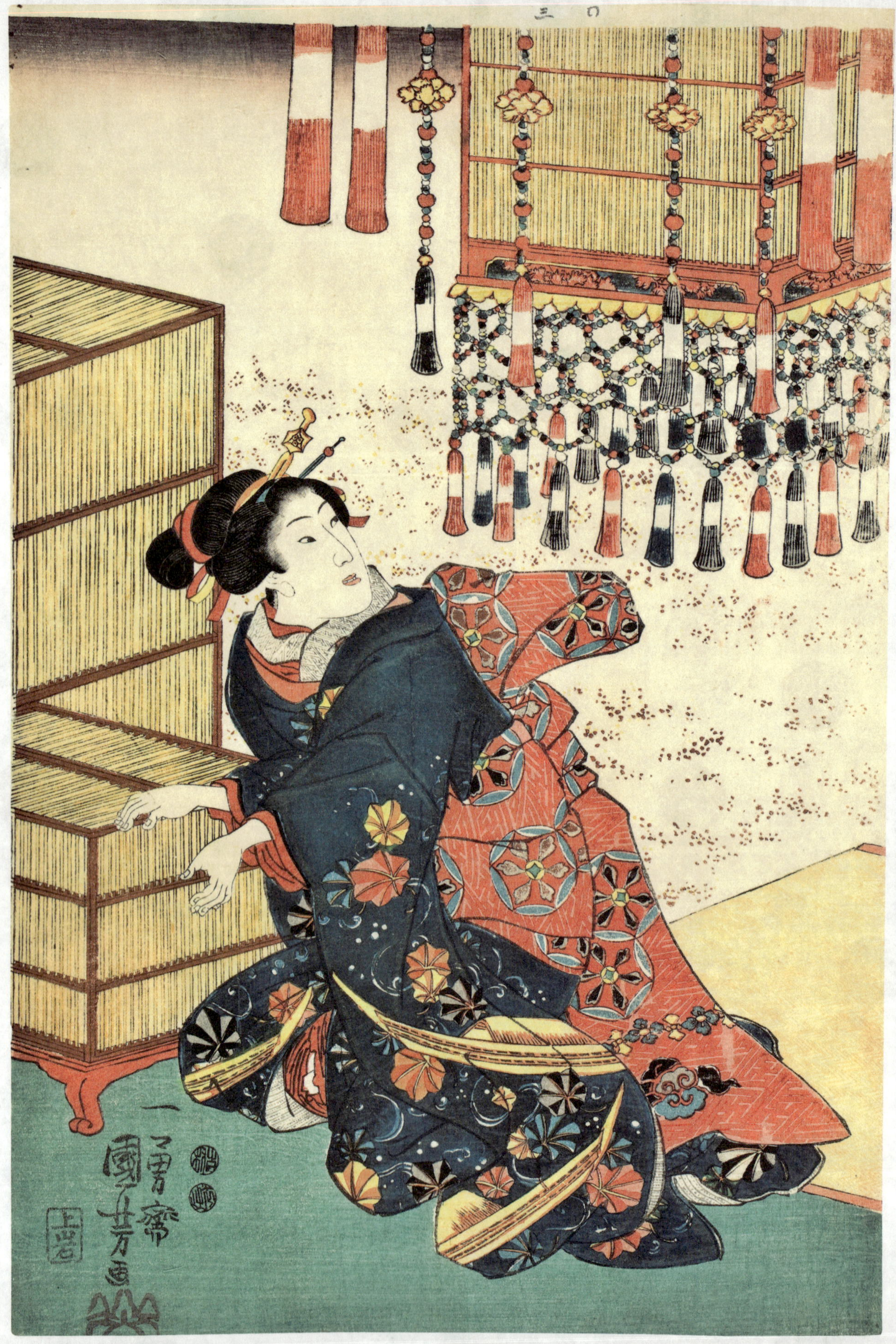

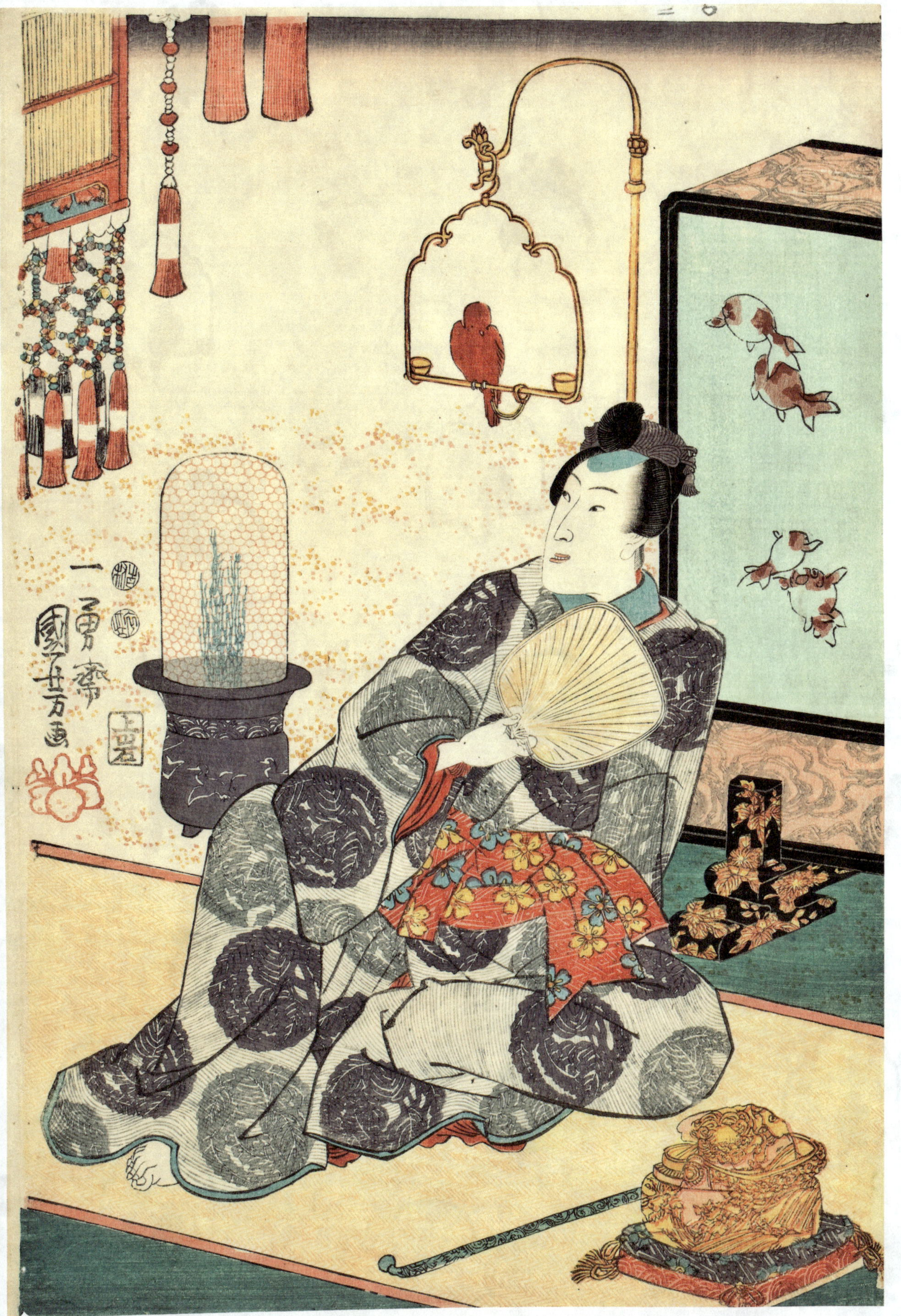

一勇齋
國芳画

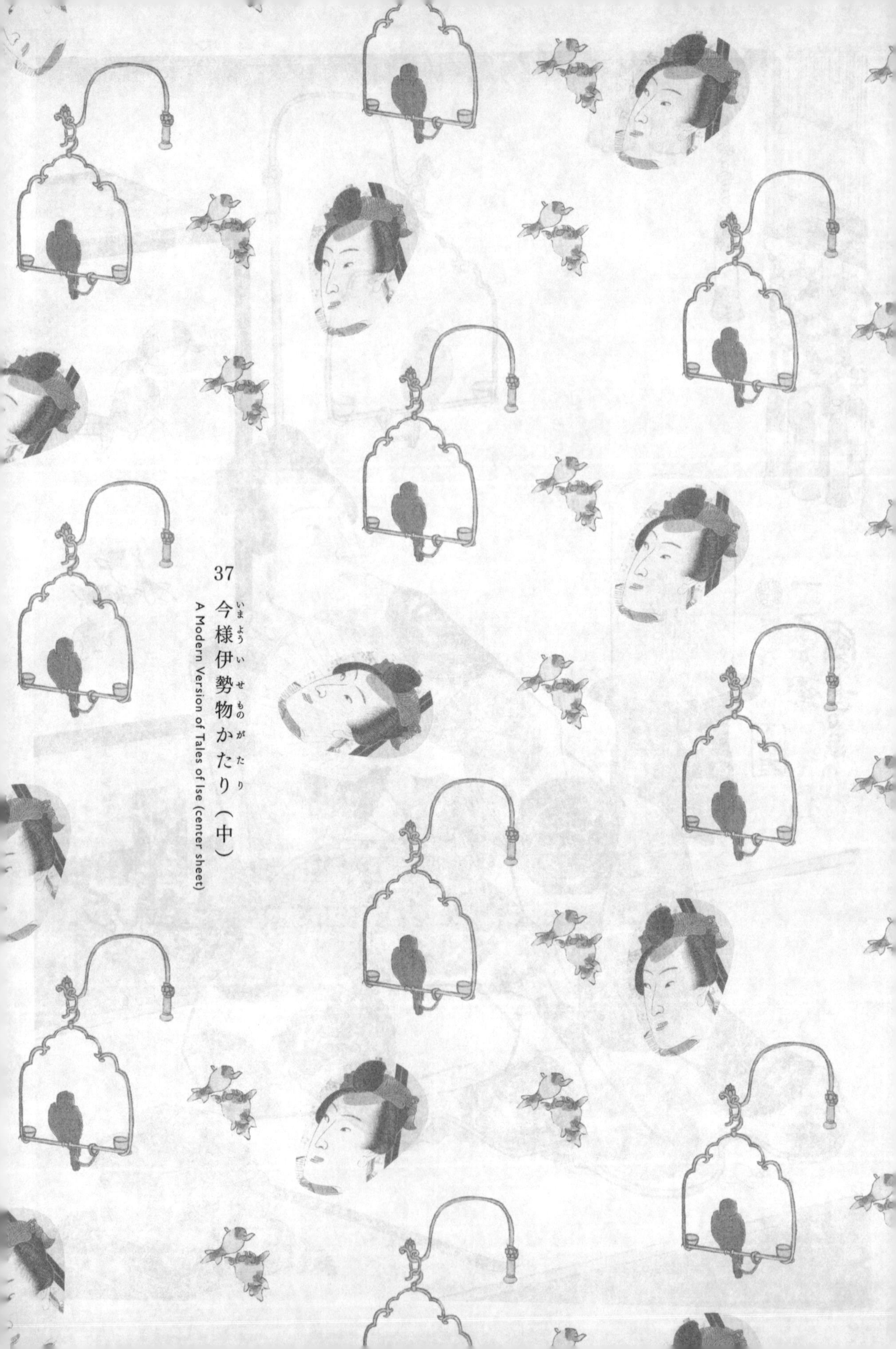

37

今様伊勢物かたり（中）

A Modern Version of Tales of Ise (center sheet)

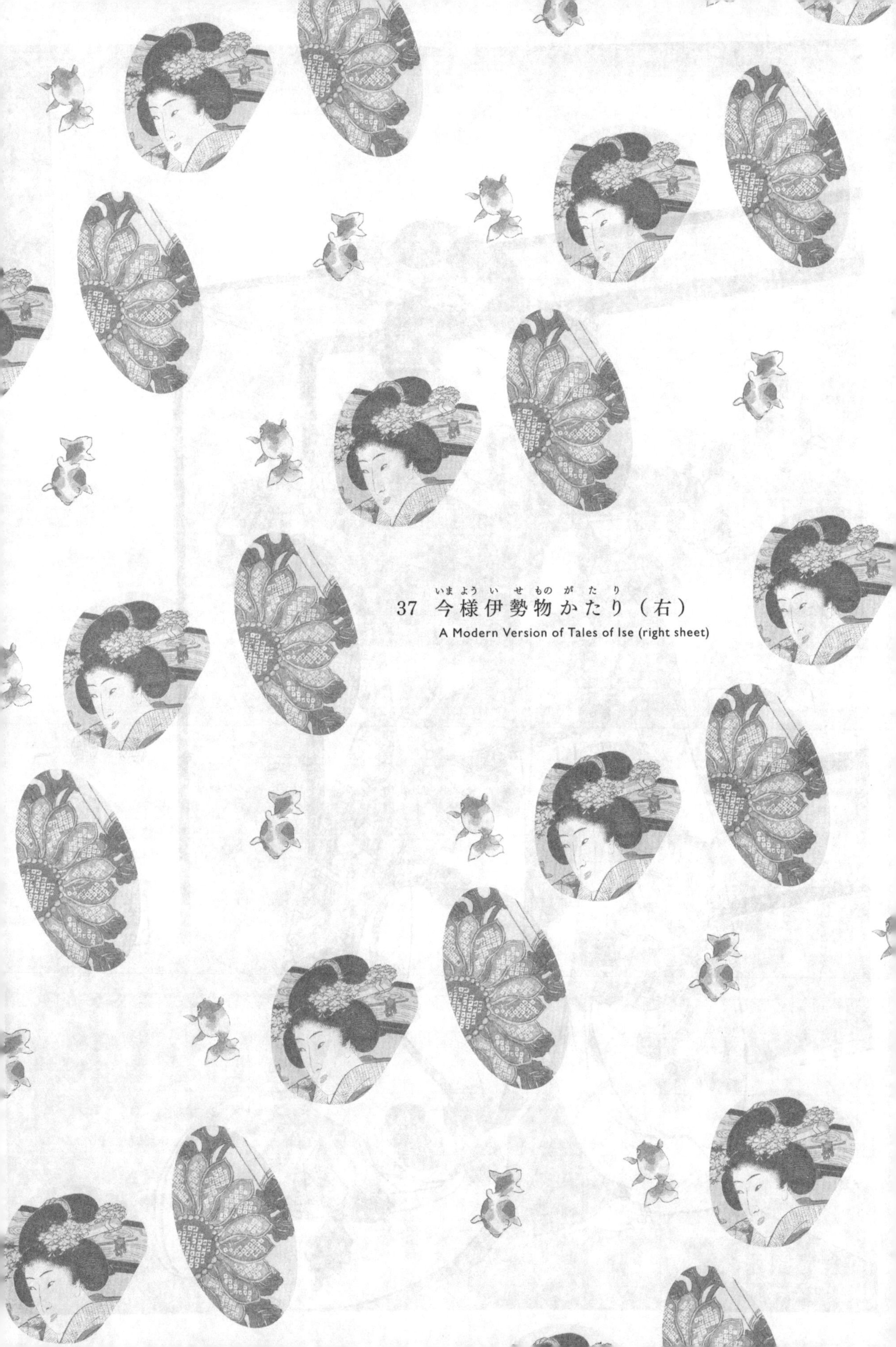

いまよう い せ もの が たり
37 今様伊勢物かたり（右）
A Modern Version of Tales of Ise (right sheet)

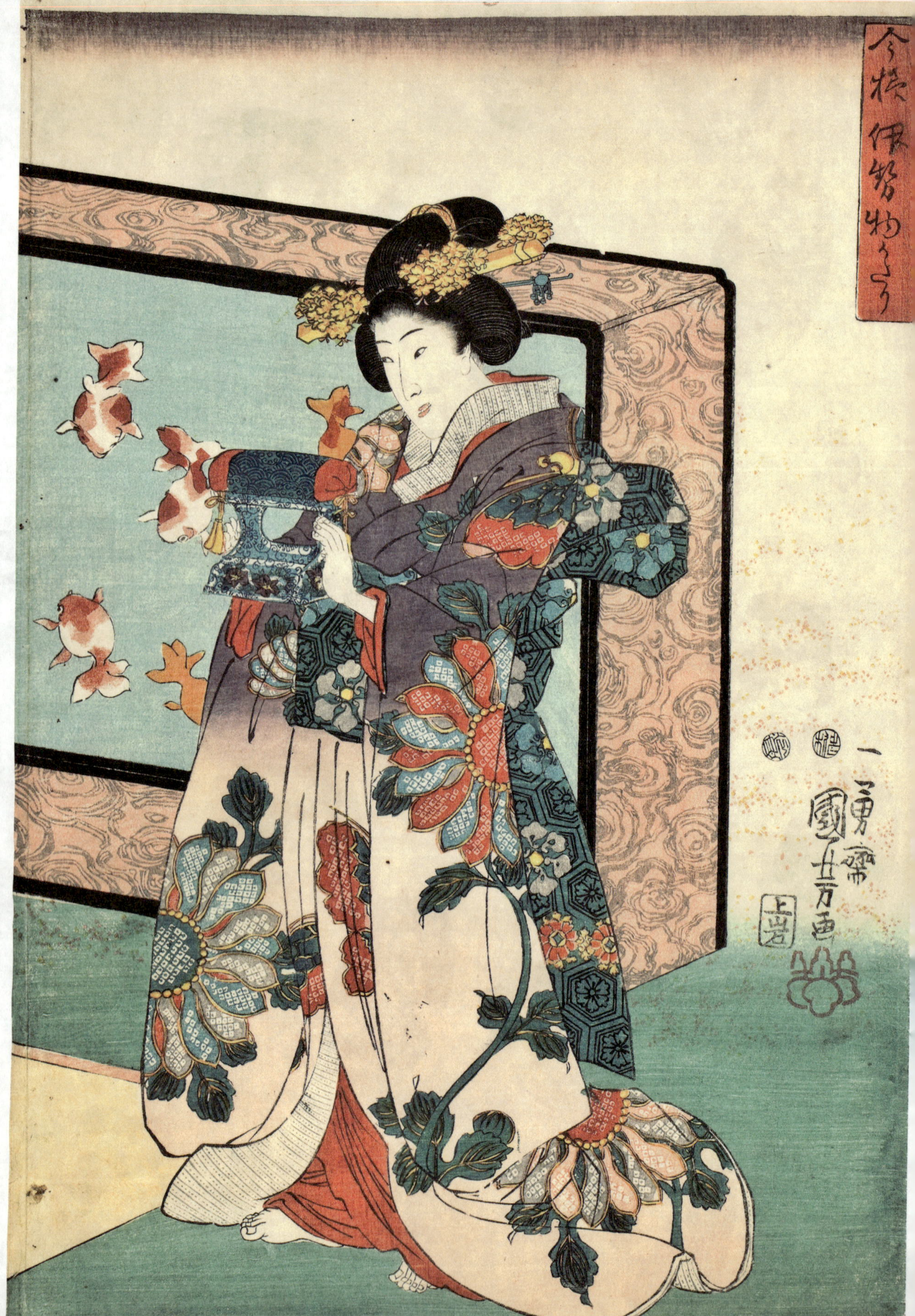
今様
伊勢物らう
一勇齋
國芳画

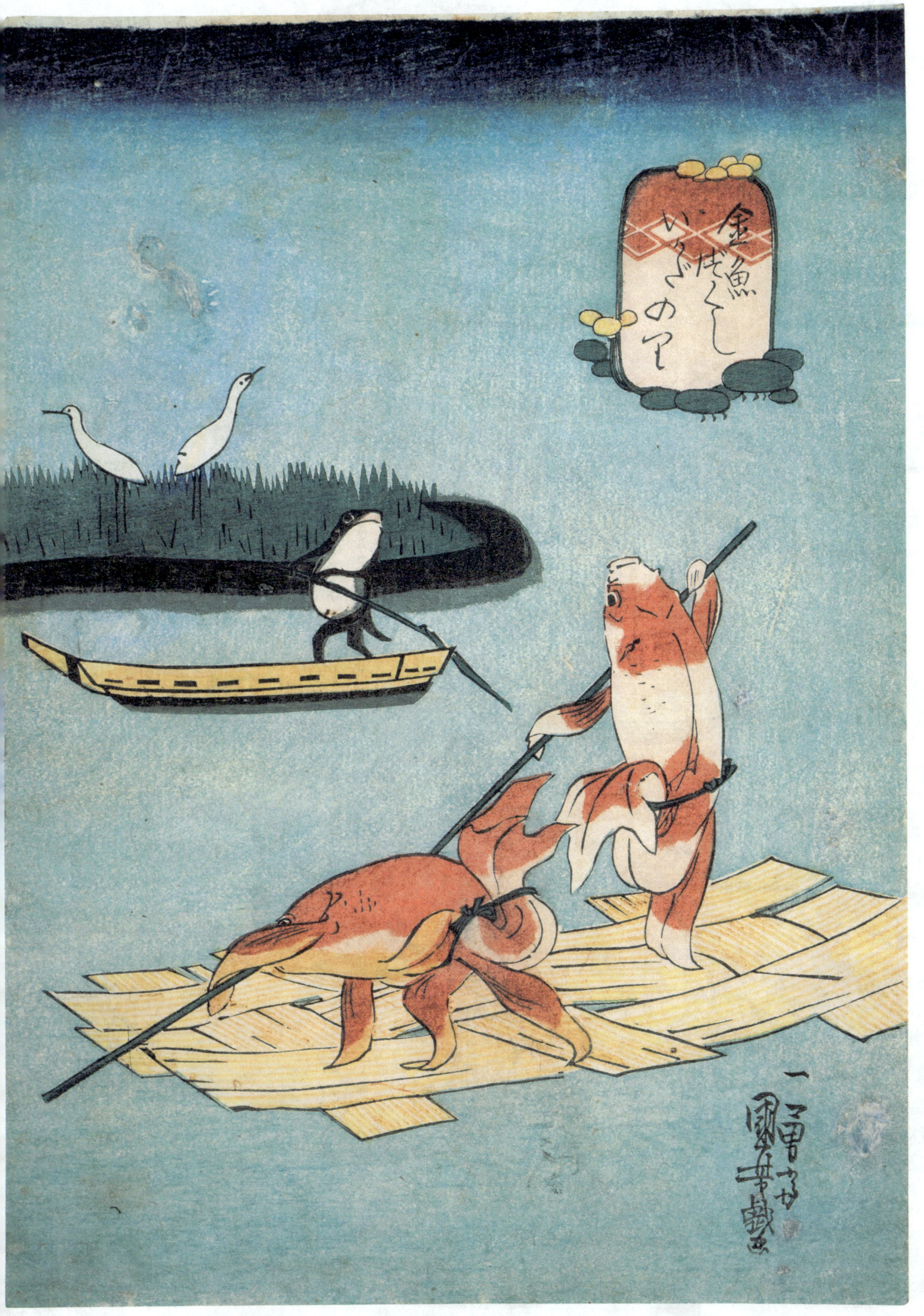

金魚づくし
いかだのり

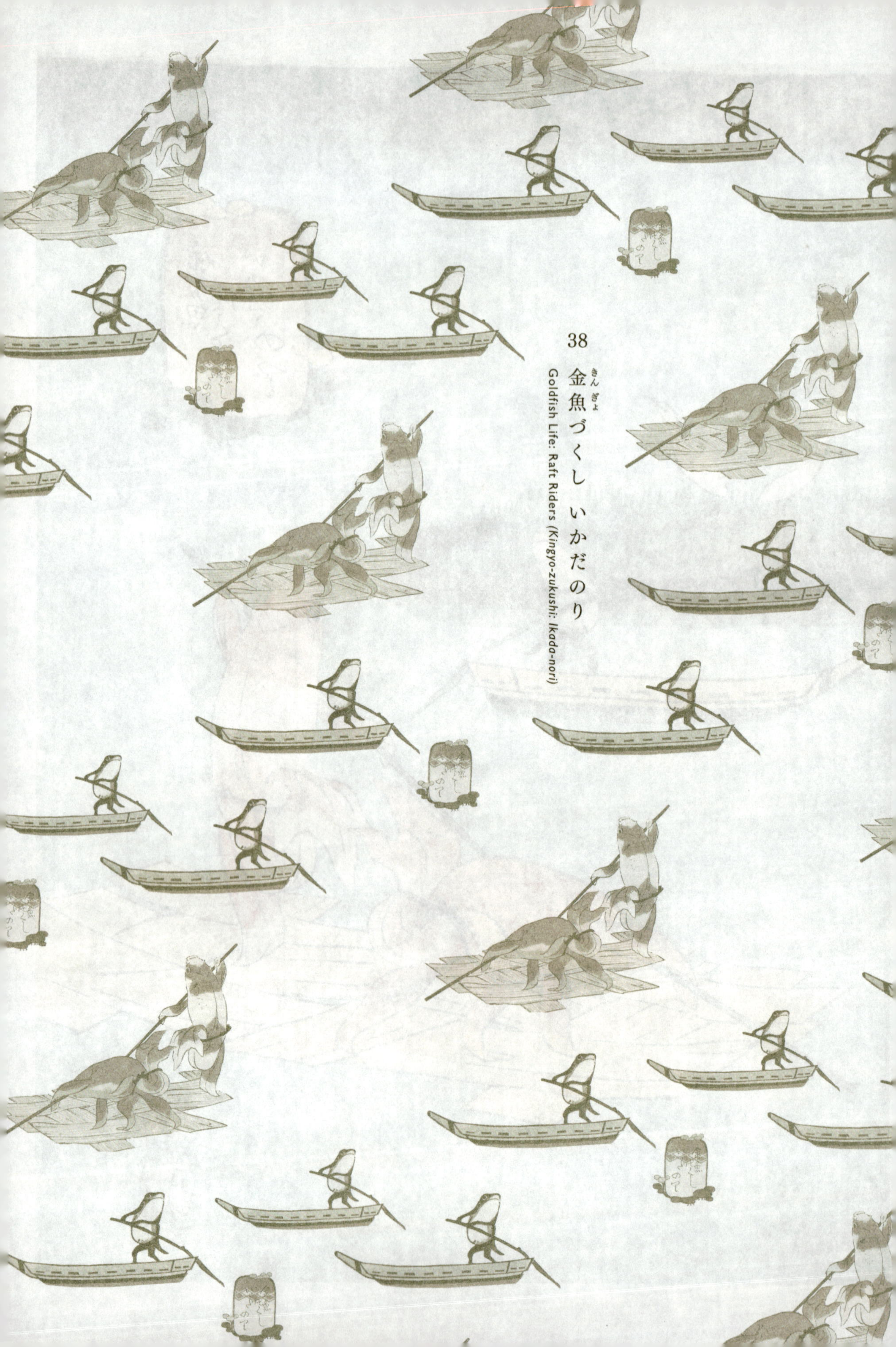

38
金魚づくし いかだのり
Goldfish Life: Raft Riders (Kingyo-zukushi: Ikada-nori)

39 きん魚づくし ぼんぼん
Goldfish Life: The "Bonbon" Song (Kingyo-zukushi: Bonbon)

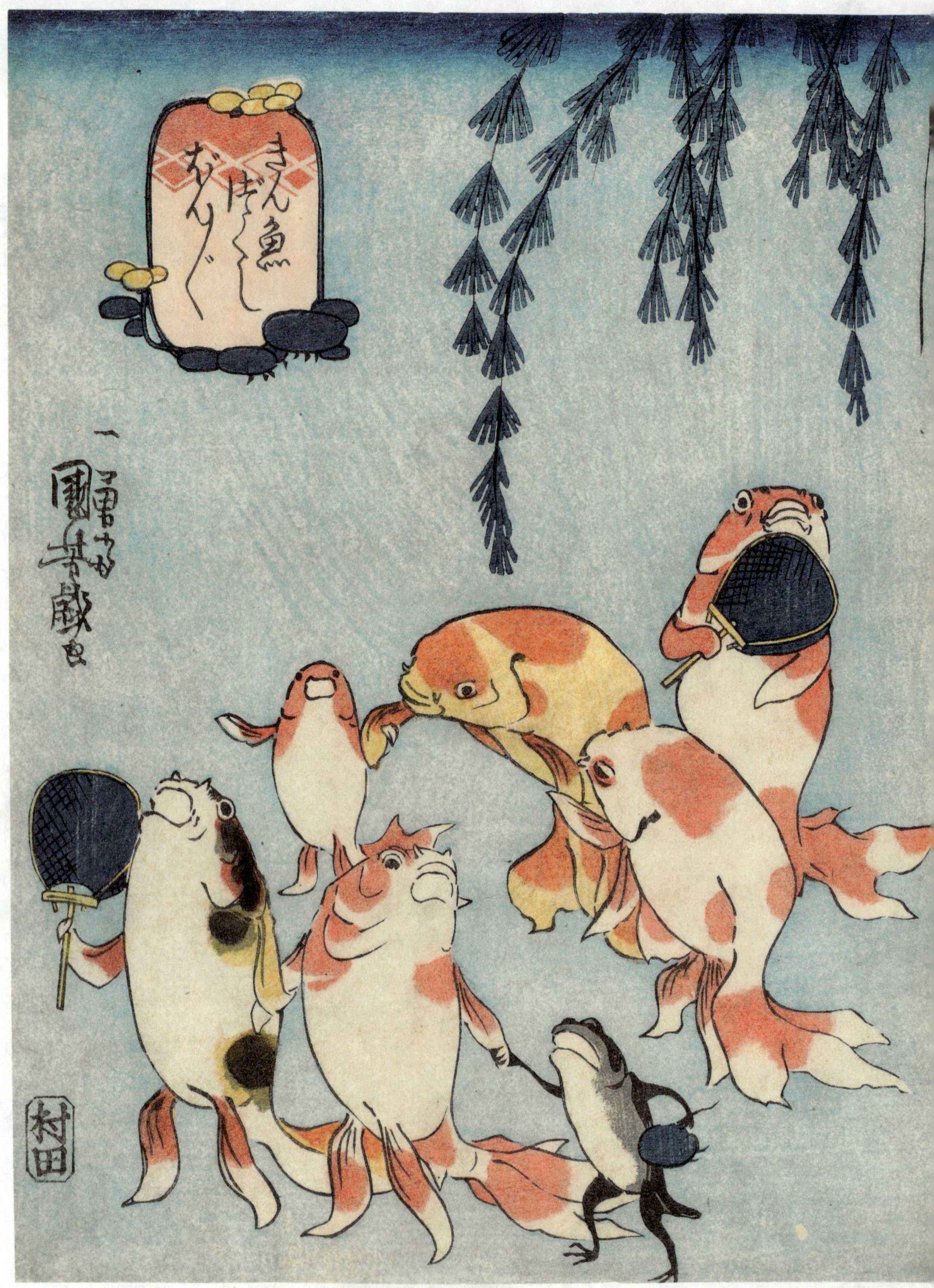

きん魚づくし
むぎ
一勇斎國芳戯画
村田

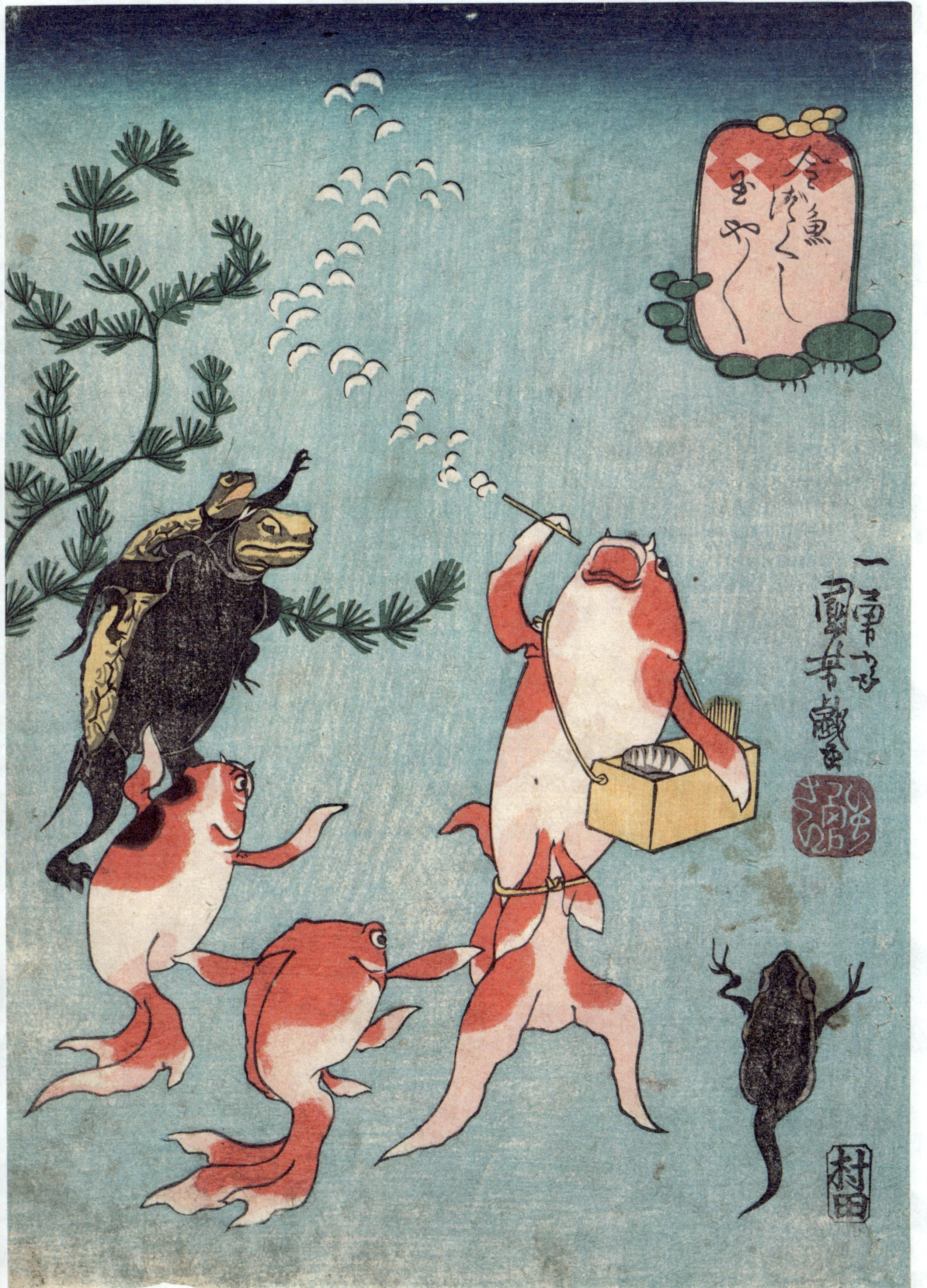

金魚づくし
玉や

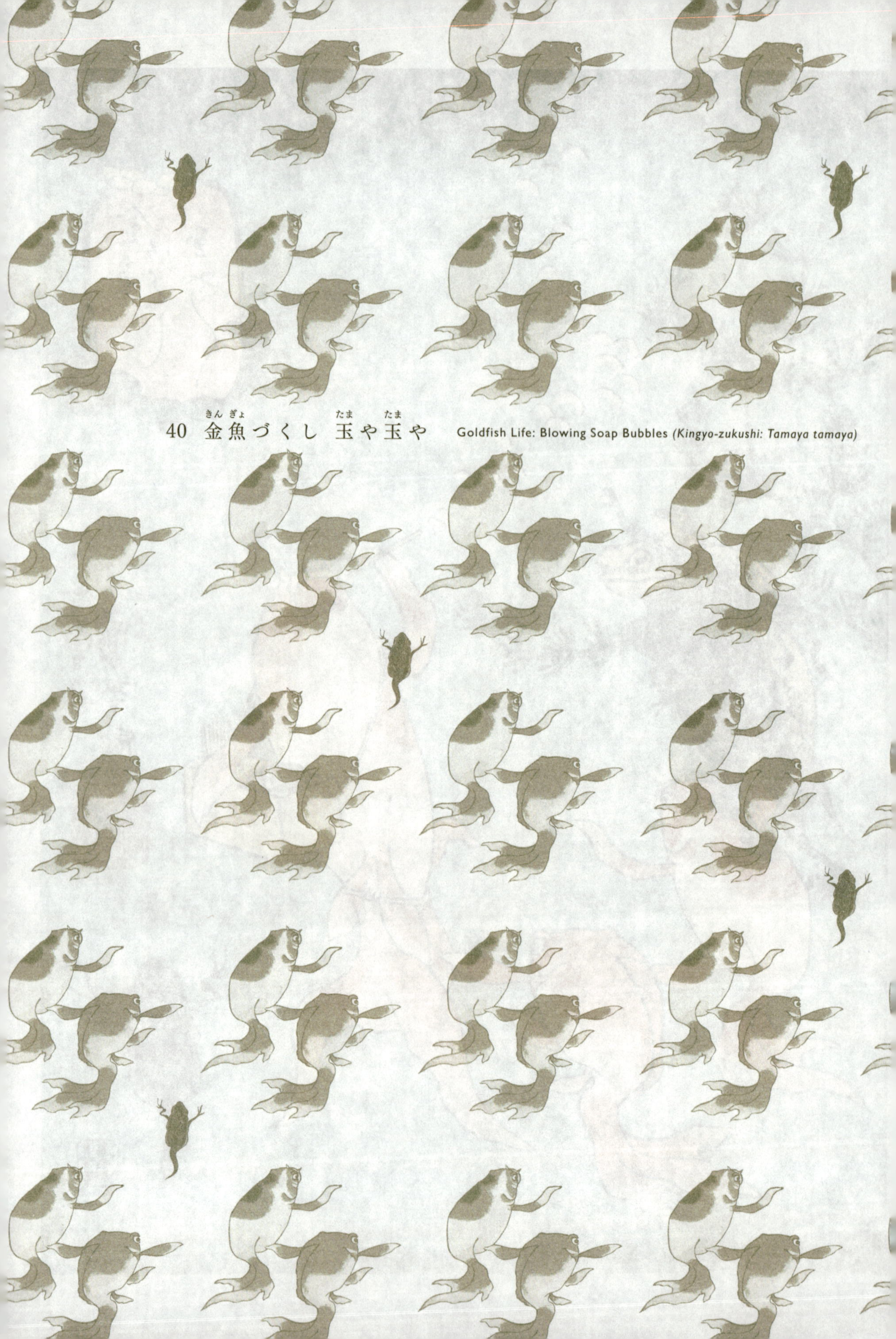

40 金魚づくし 玉や玉や　Goldfish Life: Blowing Soap Bubbles (Kingyo-zukushi: Tamaya tamaya)

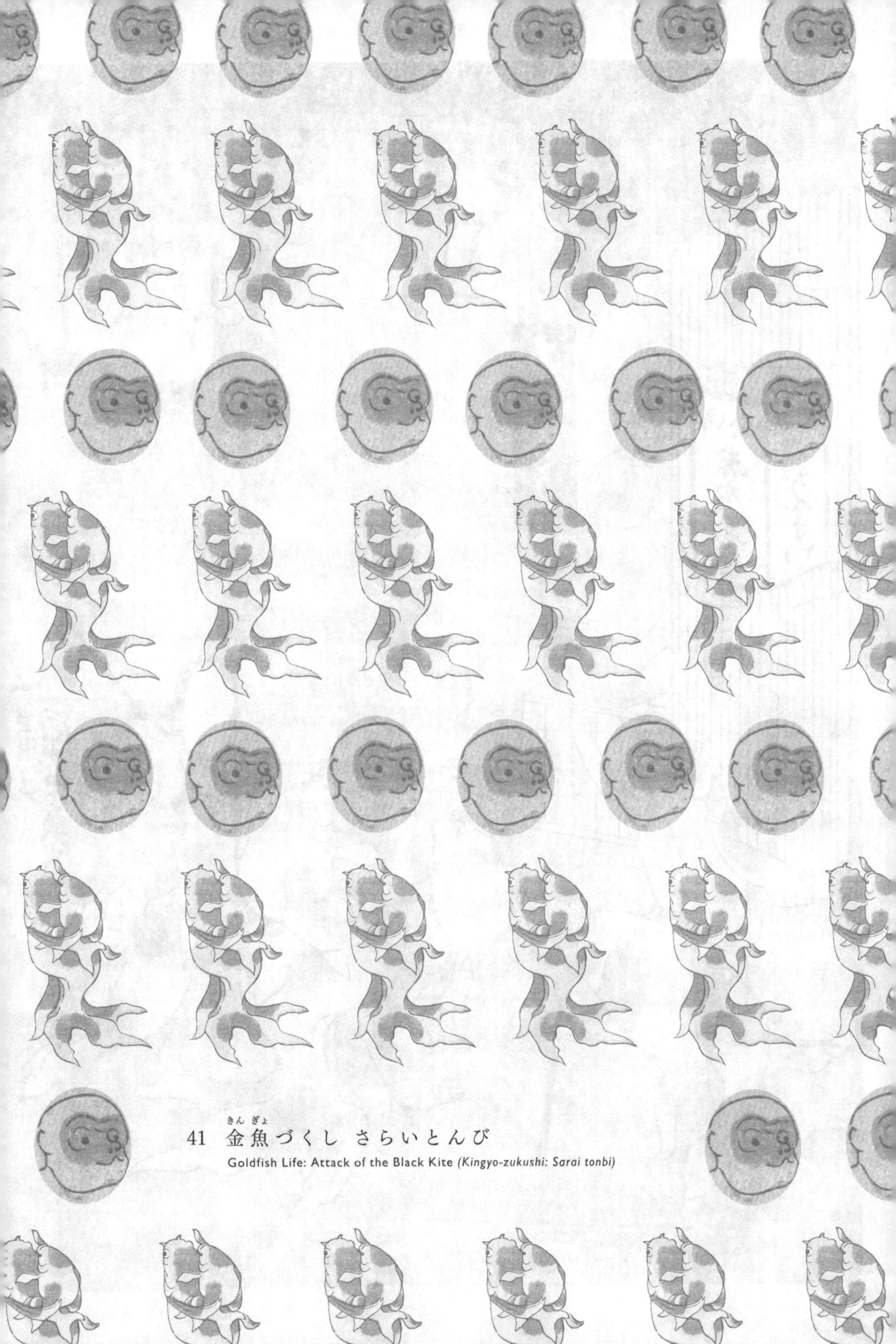

41 　金魚づくし　さらいとんび
Goldfish Life: Attack of the Black Kite *(Kingyo-zukushi: Sarai tonbi)*

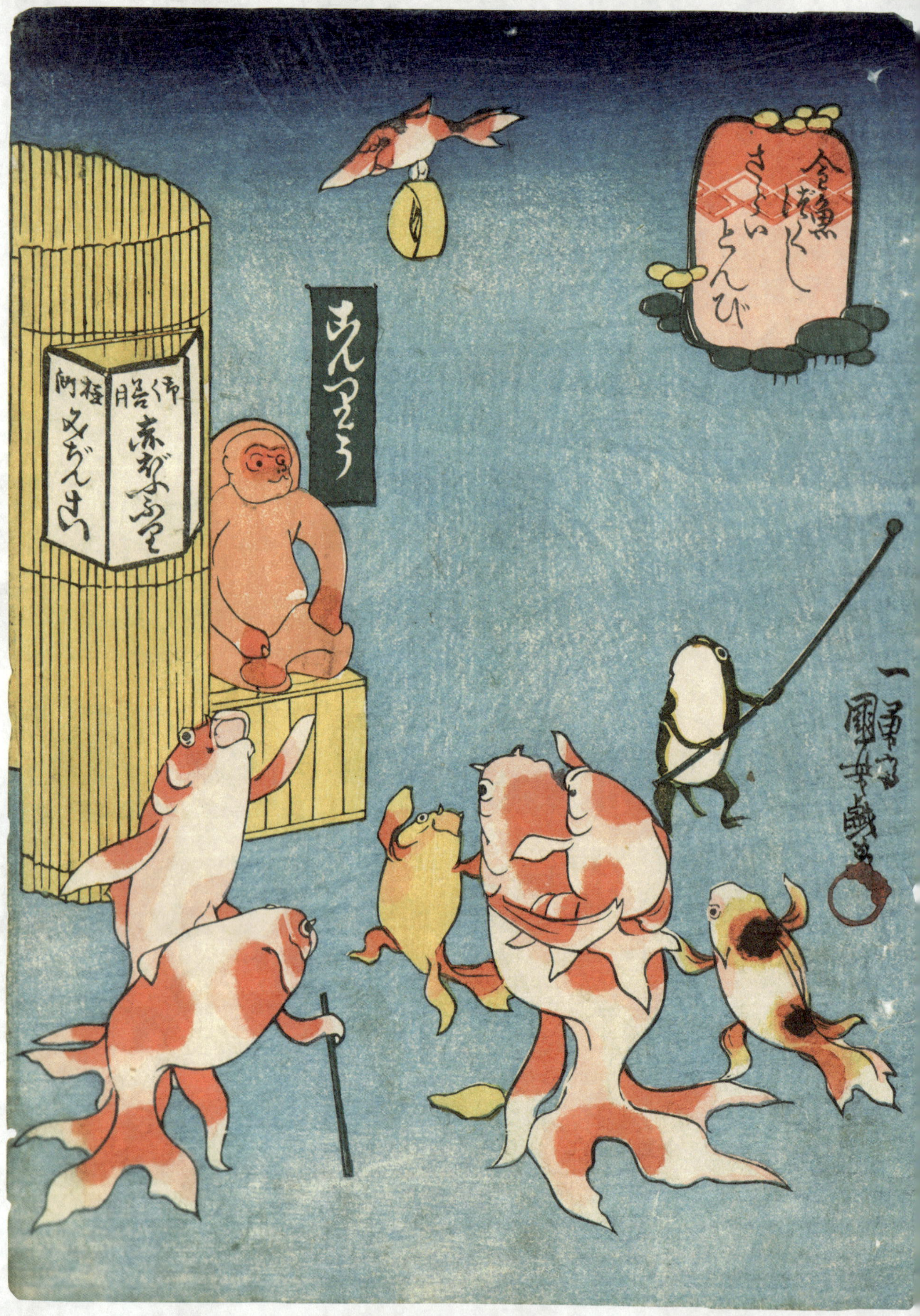

金魚づくし　さいらいとんび
あんさう
一勇斎國芳戯画

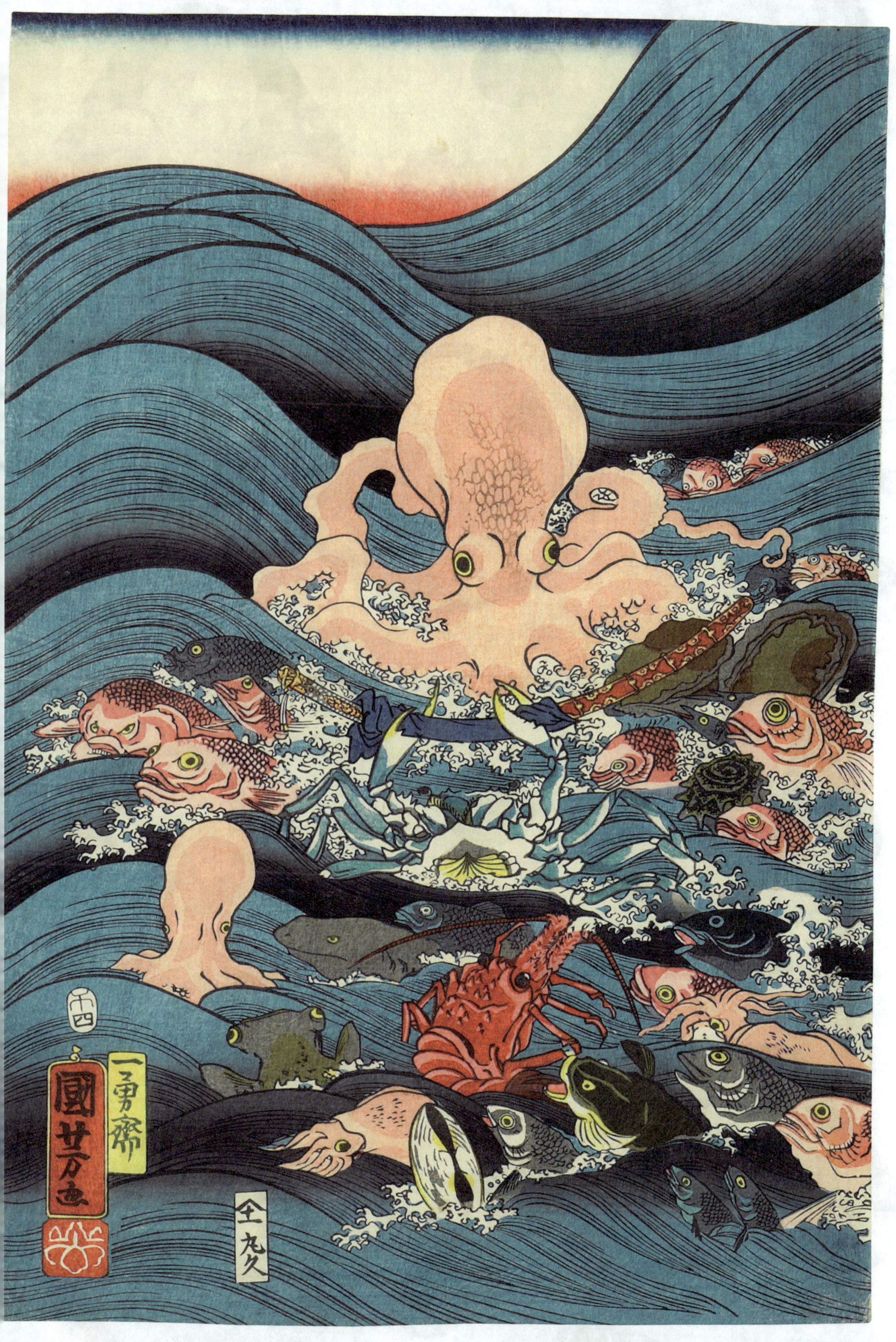
一勇斎
國芳万画
仝丸久

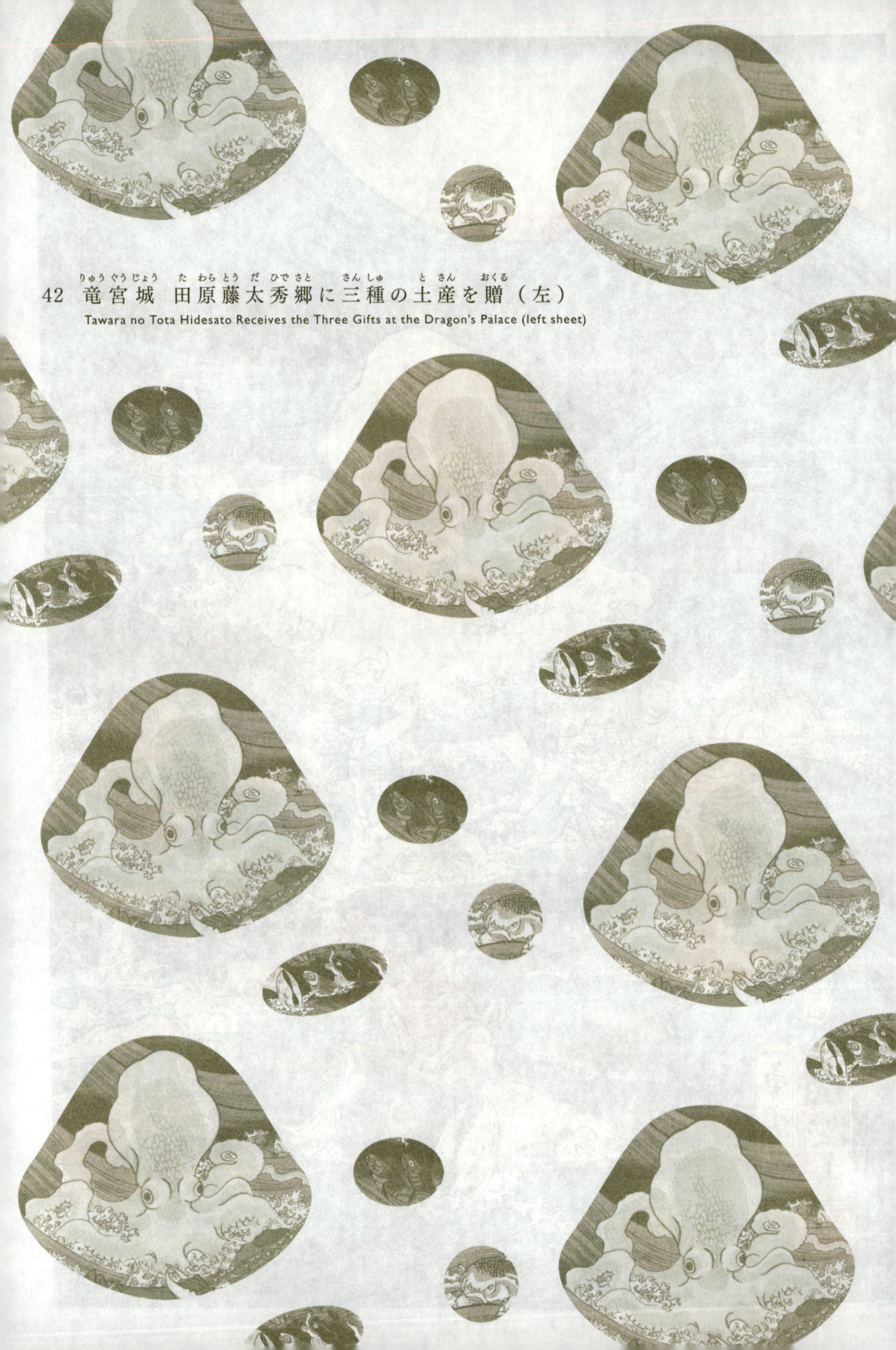

42　竜宮城　田原藤太秀郷に三種の土産を贈（左）
Tawara no Tota Hidesato Receives the Three Gifts at the Dragon's Palace (left sheet)

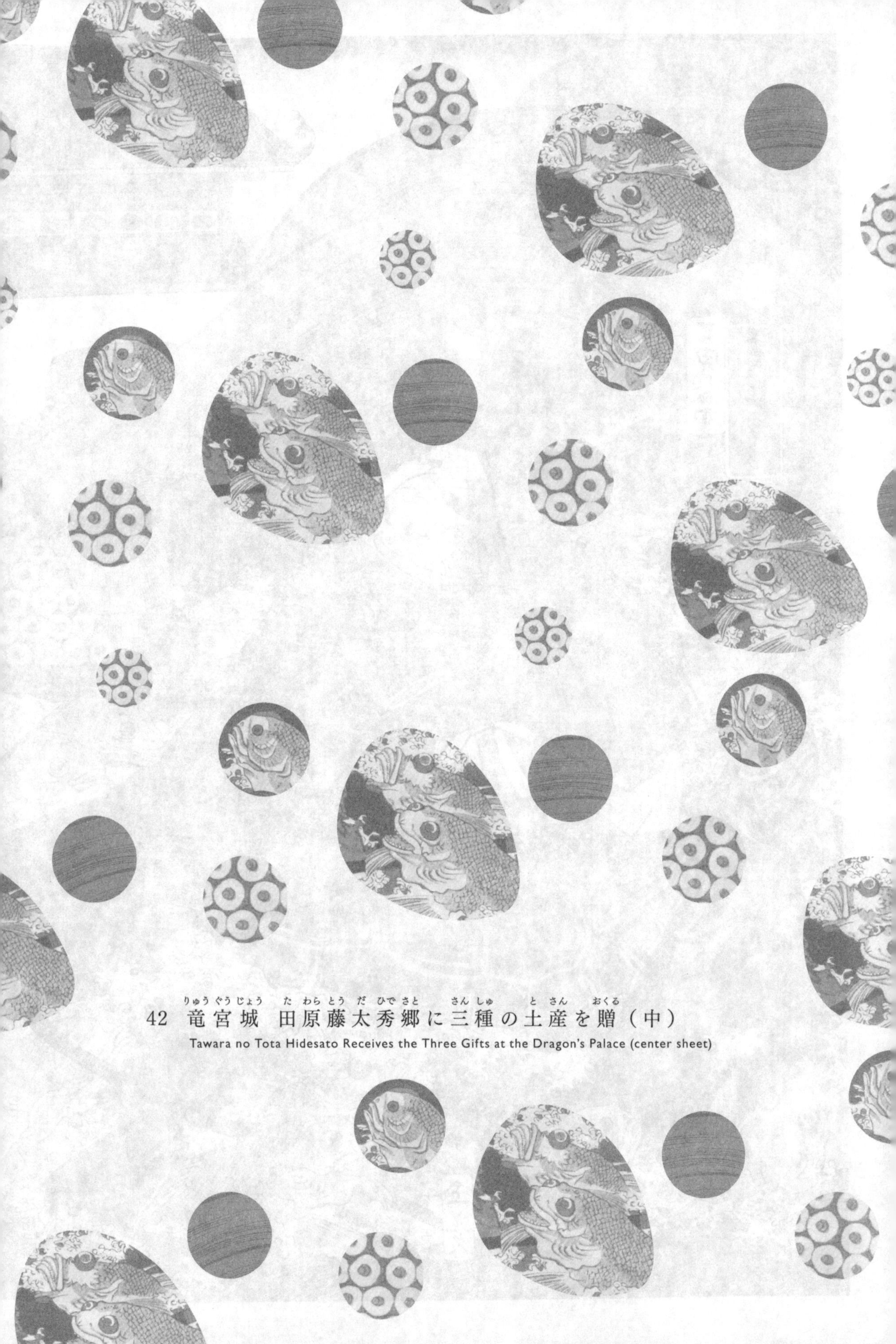

<ruby>竜<rt>りゅう</rt></ruby><ruby>宮<rt>ぐう</rt></ruby><ruby>城<rt>じょう</rt></ruby>　<ruby>田<rt>た</rt></ruby><ruby>原<rt>わら</rt></ruby><ruby>藤<rt>とう</rt></ruby><ruby>太<rt>だ</rt></ruby><ruby>秀<rt>ひで</rt></ruby><ruby>郷<rt>さと</rt></ruby>に<ruby>三<rt>さん</rt></ruby><ruby>種<rt>しゅ</rt></ruby>の<ruby>土<rt>と</rt></ruby><ruby>産<rt>さん</rt></ruby>を<ruby>贈<rt>おくる</rt></ruby>（中）

42　竜宮城　田原藤太秀郷に三種の土産を贈（中）

Tawara no Tota Hidesato Receives the Three Gifts at the Dragon's Palace (center sheet)

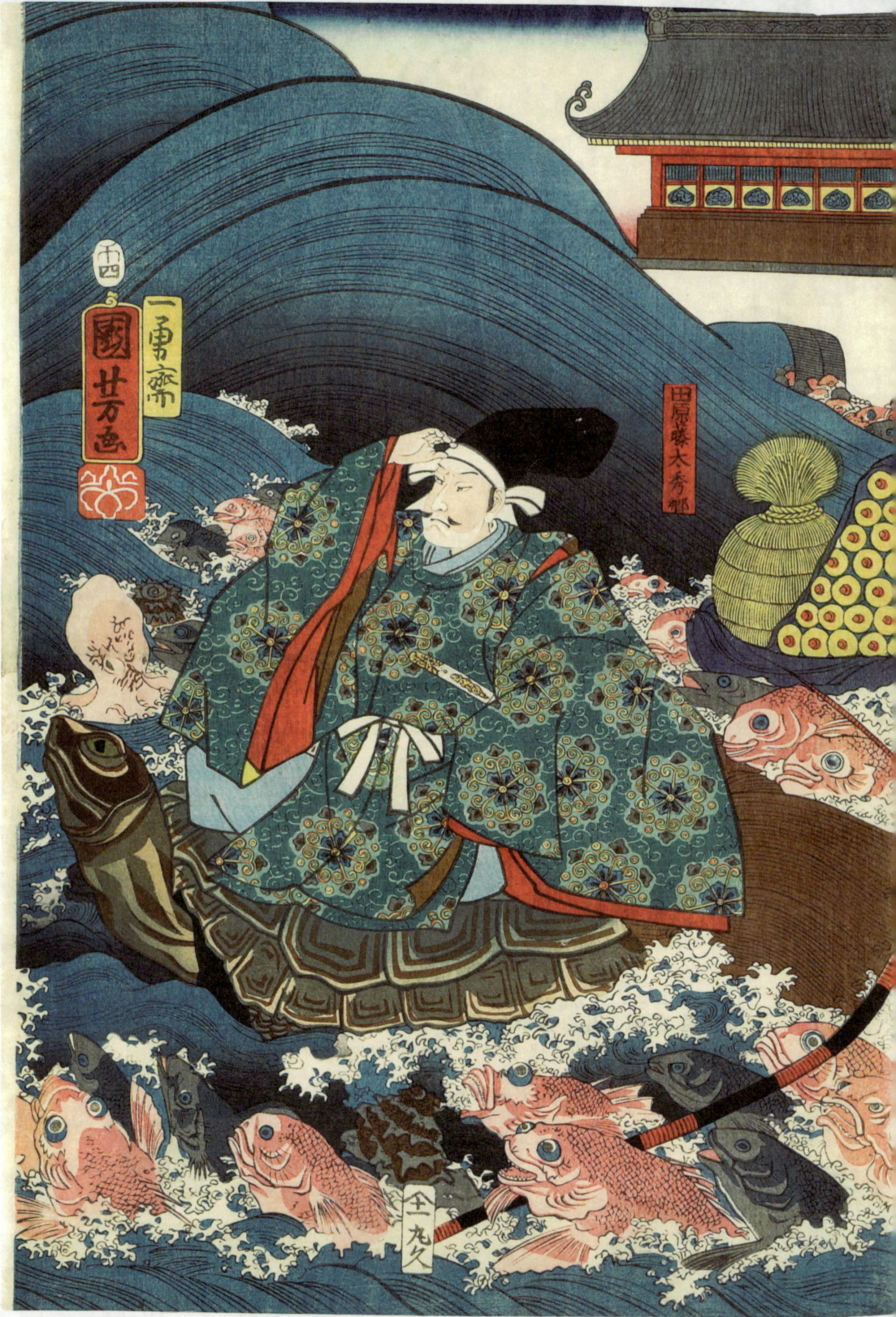
一勇齋
國芳画
田原藤太秀郷

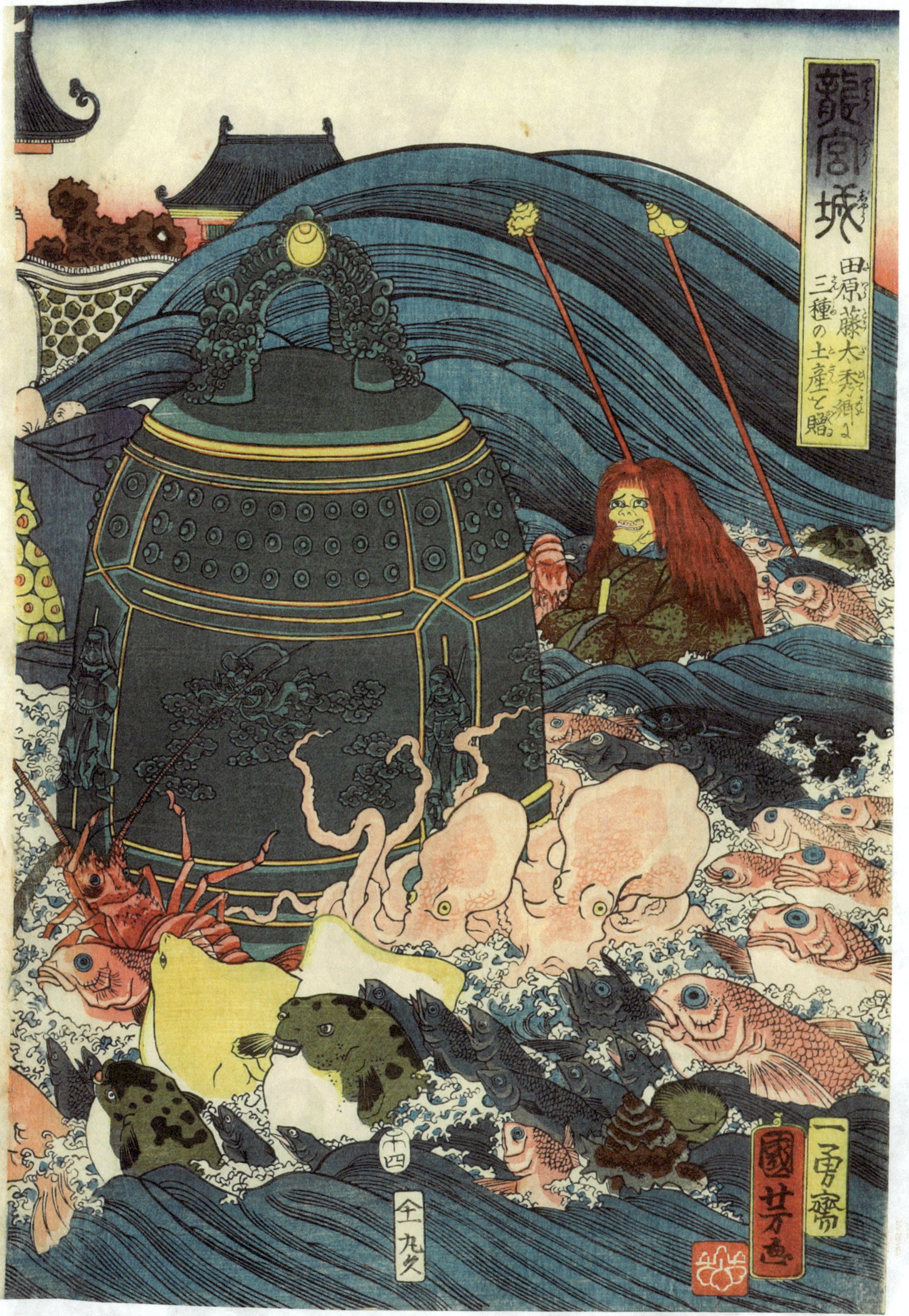

龍宮城
田原藤太秀郷に三種の土産を贈る
一勇齋
國芳画

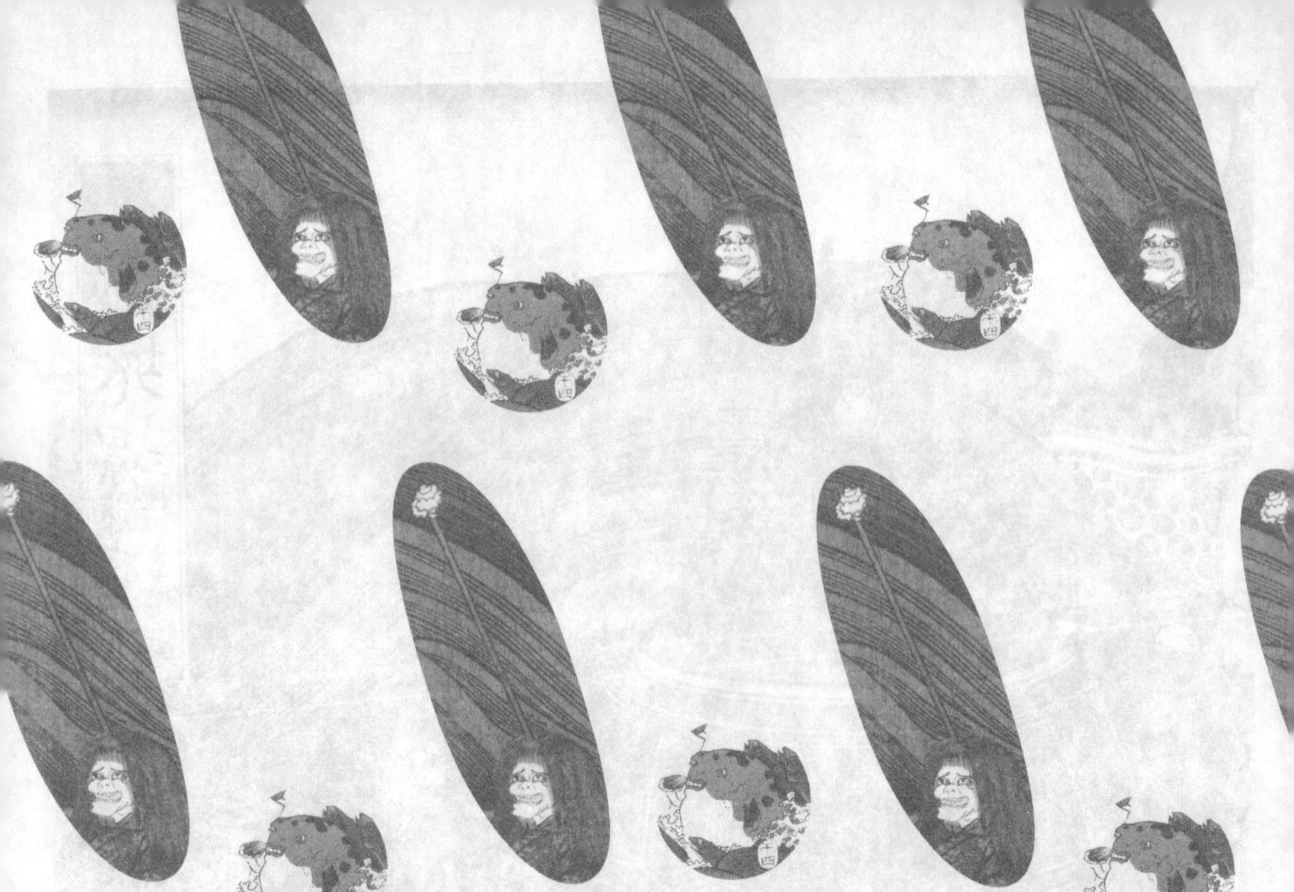

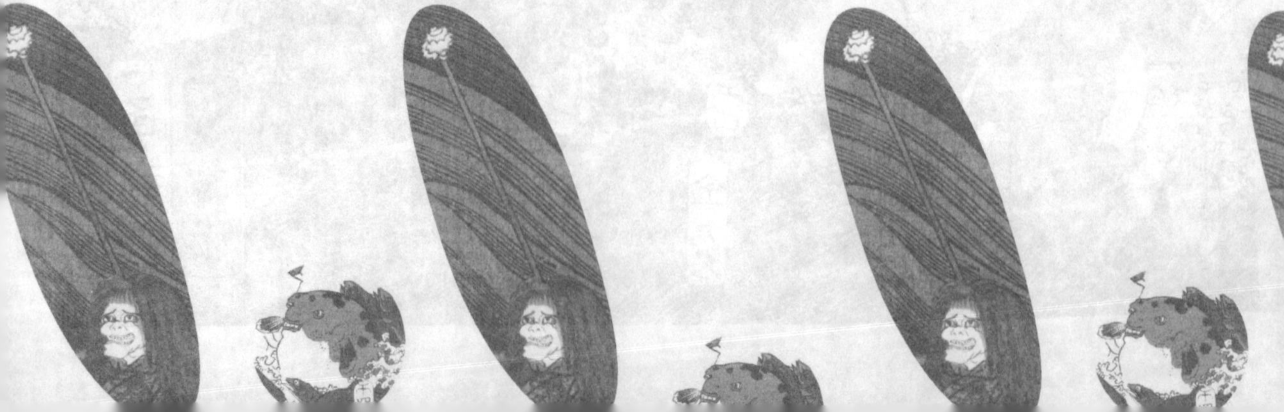

42　竜宮城　田原藤太秀郷に三種の土産を贈（右）
Tawara no Tota Hidesato Receives the Three Gifts at the Dragon's Palace (right sheet)

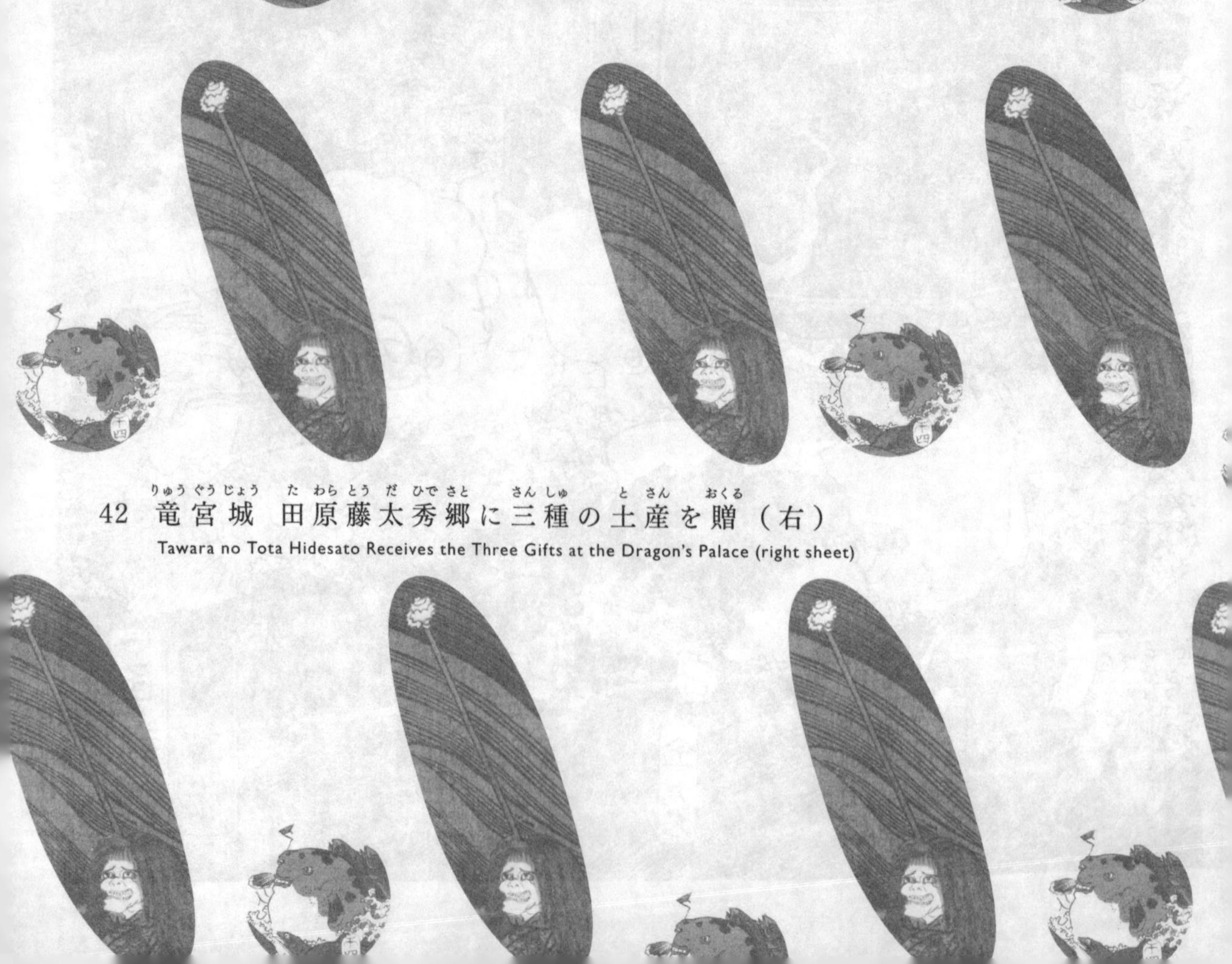

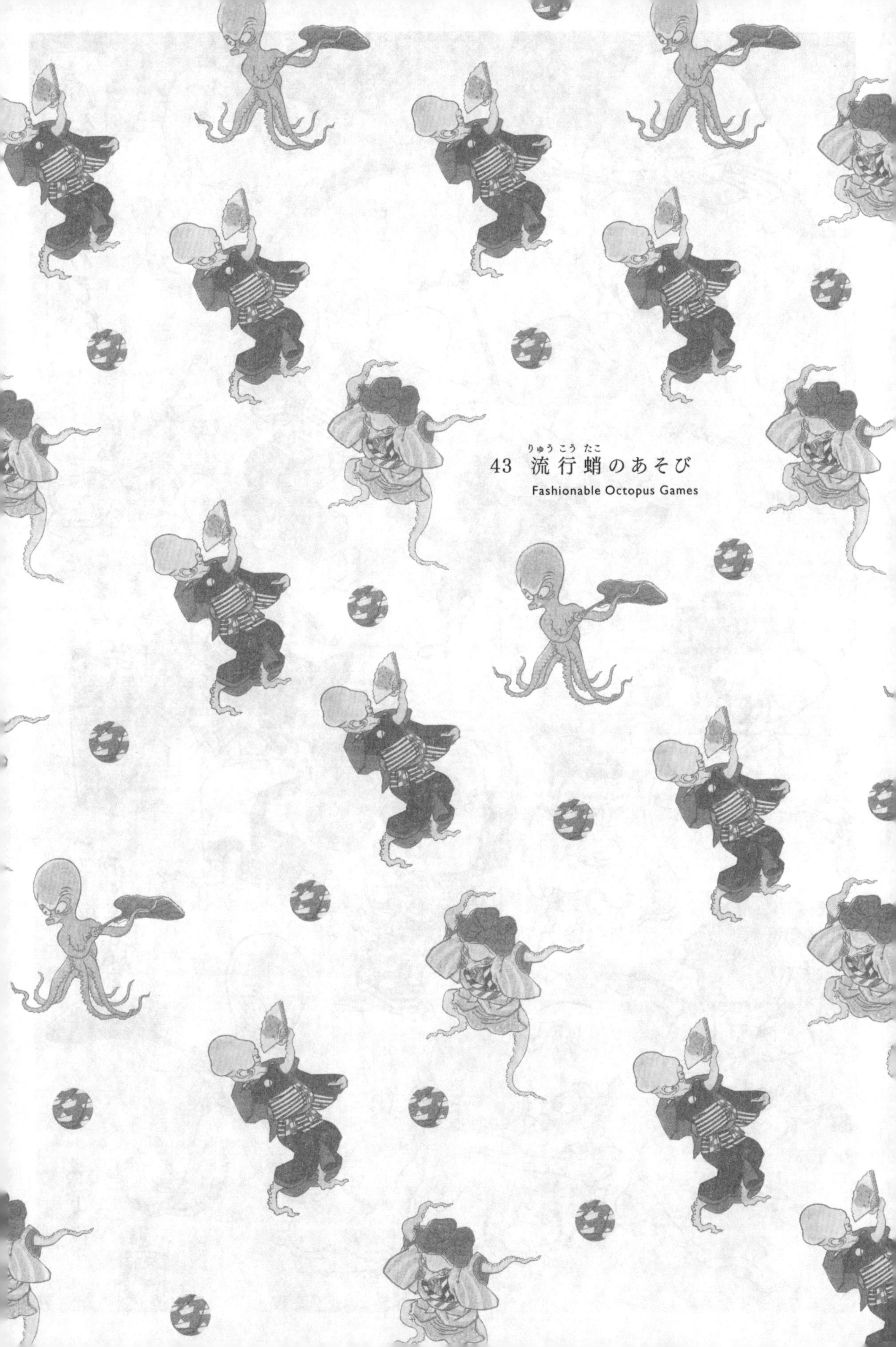

りゅうこう たこ
43 流行蛸のあそび
Fashionable Octopus Games

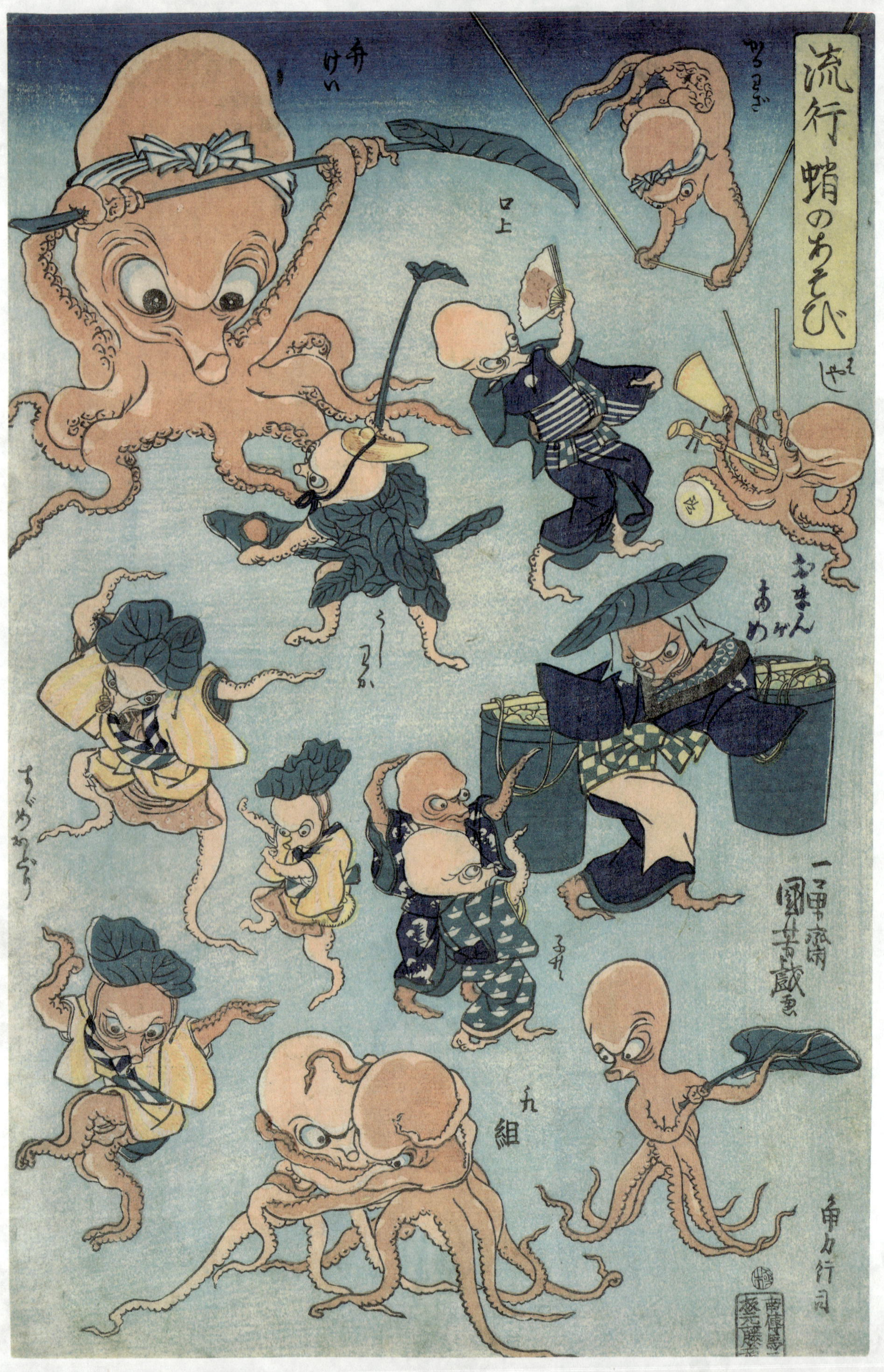
流行　蛸のあそび
舟けい
口上
やるつぎ
しゃ
おまんげあめ
すゞめおどり
一勇齋
國芳蔵畫
九組
角力行司

作品リスト　List of Works

作品番号　作品名　大きさ　版元　制作時期　所蔵
No., Title, Size, Date, Collection

1　山海名産尽 加賀ノ雪　大判　新伊勢屋小兵衛　文政末期～天保初期　ギャラリー紅屋
Products of the Provinces: Frozen Snow of Kaga, oban, late Bunsei to earty Tenpo period, Gallery Beniya

2　婦女鏡 豊 洗濯　大判　増田屋銀次郎　弘化初期　ギャラリー紅屋
Mirror of Women: Abundance – Laundry, oban, early Koka period, Gallery Beniya

3　東都名所 両国柳ばし　大判　加賀屋（加賀吉）　天保初期　ギャラリー紅屋
Famous Views of the Eastern Capital: Ryogoku Yanagibashi, oban, early Tenpo period, Gallery Beniya

4　木（五性のうち）　大判　藤岡屋彦太郎　天保後期　ギャラリー紅屋
Wood: Untitled Series of Beauties Compared to the Five Elements (*Ki – Gosho no uchi*), oban, late tenpo period, Gallery Beniya

5　木曽街道六十九次之内 七 桶川 玉屋新兵ヱ 小女郎　大判　住吉屋政五郎　嘉永 5 年（1852）　ギャラリー紅屋
Sixty-nine Stations of the Kisokaido: 7. Okegawa – Tamaya Shinbei and Kojoro, oban, 1852, Gallery Beniya

6　船橋屋前　大判 3 枚続　和泉屋市兵衛　天保後期　ギャラリー紅屋
In Front of Funabashiya, oban triptych, late Tenpo period, Gallery Beniya

7　大津絵八景 ざとうのせいらん　団扇絵判　角辻　嘉永 2 年（1849）～ 5 年（1852）　ギャラリー紅屋
Eight Views of Otsu-e: Clear Breeze for the Blind Man, fan print, 1849–1852, Gallery Beniya

8　本朝剣道略伝 犬江親兵衛　大判　上総屋岩吉　弘化 2 年（1845）～ 3 年（1846）頃　ギャラリー紅屋
Abridged Stories of Our Country's Swordsmanship: Inue Shinbei, oban, c.1845–1846, Gallery Beniya

9　江戸花五人男犬・七犬人　中判二丁掛　弘化 4 年（1847）～嘉永元年（1848）頃　ギャラリー紅屋
Flowers of Edo: Five Dog-Men / Seven Dog-People, chuban 2 designs, c.1847–1848, Gallery Beniya

10　道外忠臣蔵五段め　団扇絵判　伊場屋久兵衛　天保元年（1830）　ギャラリー紅屋
Comic Chushingura Act 5, fan print, 1830, Gallery Beniya

11　英雄大倭十二士 御曹子牛若丸 人真根の申　大判　三田屋喜八　安政元年（1854）　ギャラリー紅屋
Japanese Heroes for the Twelve Signs: Onzoshi Ushiwakamaru – Monkey, oban, 1854, Gallery Beniya

12　列猛伝 足柄金太郎　長大判　三河屋鉄五郎　安政 3 年（1856）　ギャラリー紅屋
Tales of Fierce Warriors: Kintaro of Ashigara, long oban, 1856, Gallery Beniya

13　近江の国の勇婦於兼　大判　山口屋藤兵衛　天保初期　ギャラリー紅屋
Okane, the Brave Woman in Omi Province, oban, early Tenpo period, Gallery Beniya

14　道外獣の雨やどり　大判　山口屋藤兵衛　天保後期　ギャラリー紅屋
Animals Taking Shelter from the Rain, oban, late Tenpo period, Gallery Beniya

15　よきことを菊の十二支　大判　佐野屋喜兵衛　弘化 3 年（1846）～嘉永元年（1848）　ギャラリー紅屋
The Twelve Animals of the Zodiac Hear Good Things (*Yoki koto o kiku junishi*), oban, 1846–1848, Gallery Beniya

16　誠忠義臣名々鏡 へ 間瀬忠太夫正明　大判　堀越　安政 4 年（1857）　ギャラリー紅屋
Mirror of the True Loyalty of the Faithful Retainers, Individually: *He* - Mase Chudayu Masaaki, oban, 1857, Gallery Beniya

17　本朝武者鏡 がま仙人 天竺徳兵衛　大判　辻岡屋文助　安政 2 年（1855）　ギャラリー紅屋
Mirror of Warriors of Our Country: Tenjiku Tokubei and Gama Sennin, oban, 1855, Gallery Beniya

18　蝦蟇手本ひやうきんぐら（初段・二段目／三段目・四段目）　大判　大和屋久兵衛　弘化 4 年（1847）～嘉永初期　ギャラリー紅屋
Humorous Chushingura Performed by Toads: Act1–2 / Act 3–4, oban, 1847 to early Kaei period, Gallery Beniya

19　かゑるづくし　大判　越村屋平助　天保後期　ギャラリー紅屋
Frogs Playing Various Roles, oban, late Tenpo period, Gallery Beniya

20　雀の百狂 鳥さし　団扇絵判　伊場屋久兵衛　弘化元年（1844）～ 3 年（1846）　ギャラリー紅屋
One Hundred Crazy Performances of Sparrows: Birdcatcher, fan print, 1844–1846, Gallery Beniya

21　里すゞめねぐらの仮宿　大判 3 枚続　喜多屋孫兵衛　弘化 3 年（1846）　ギャラリー紅屋
The Yoshiwara Sparrows' Temporary Nest, oban triptych, 1846, Gallery Beniya

22　諸鳥やすうりづくし　団扇絵判　伊場屋仙三郎　天保後期　ギャラリー紅屋
Various Birds as Bargain Vendors, fan print, late Tenpo period, Gallery Beniya

23　道外けん なんでもかんでも　大判　海老屋林之助　弘化 4 年（1847）　ギャラリー紅屋
Comical *Ken*: Anything Goes, oban, 1847, Gallery Beniya

24   三国拳　大判　太田屋多吉　嘉永 2 年（1849）　ギャラリー紅屋
Three-way Clash of the Giants (*Sangoku-ken*), oban, 1849, Gallery Beniya

25   唐土廿四孝 大舜　中判　嘉永前期　東京都立中央図書館東京誌料文庫
Twenty-four Paragons of Filial Piety in China: Taishun, chuban, early Kaei period, The Tokyo Metropolitan Central Library

26   二十四孝童子鑑 大舜　大判　若狭屋与市　天保末期～弘化初期　ギャラリー紅屋
Twenty-four Paragons of Filial Piety for Children: Taishun, oban, late Tenpo to early Koka period, Gallery Beniya

27   三国妖狐図会 南天竺の国王斑足太子怪力　大判　嘉永 2 年（1849）～ 3 年（1850）　ギャラリー紅屋
The Magic Fox of Three Countries: The Marvelous Strength of Prince Hanzoku, King of Southern India, oban, 1849–1850, Gallery Beniya

28   三国妖狐図会 華陽夫人老狐の本形を顕し東天に飛去る　大判　嘉永 2 年（1849）～ 5 年（1852）　ギャラリー紅屋
The Magic Fox of Three Countries: Lady Kayo Reveals Her True Form as Elderly Fox and Takes off into Eastern Sky,
oban, 1849–1852, Gallery Beniya

29   木曽街道六十九次之内 卅 下諏訪 八重垣姫　大判　八幡屋作次郎　嘉永 5 年（1852）　ギャラリー紅屋
Sixty-nine Stations of the Kisokaido: 30. Shimosuwa – Yaegaki-hime, oban, 1852, Gallery Beniya

30   道外狐へん化のけいこ　大判　版元印あり（未詳）　天保後期　ギャラリー紅屋
Foxes Practicing the Art of Transformation, oban, late Tenpo period, Gallery Beniya

31   唐土廿四孝 楊香　中判　嘉永前期　ギャラリー紅屋
Twenty-four Paragons of Filial Piety in China: Yang Xiang, chuban, early Kaei period, Gallery Beniya

32   宮本武蔵と巨鯨　大判 3 枚続　川口屋正蔵　弘化 4 年（1847）～嘉永 3 年（1850）　ギャラリー紅屋
Miyamoto Musashi Slays a Giant Whale, oban triptych, 1847–1850, Gallery Beniya

33   源頼家公鎌倉小壺ノ海遊覧 朝夷義秀雌雄鰐を捕ふ図　大判 3 枚続　総州屋与兵衛　天保末期～弘化初期　ギャラリー紅屋
Asahina Yoshihide's Fight with Two Crocodiles in the Sea off Kamakura Kotsubo, Watched by the Shogun Yoriie,
oban triptych, late Tenpo to early Koka period, Gallery Beniya

34   鬼若丸と大緋鯉　大判 3 枚続　美濃屋忠助　弘化 2 年（1845）～ 3 年（1846）　ギャラリー紅屋
Oniwakamaru Takes Aim at the Monstrous Red Carp, oban triptych, 1845–1846, Gallery Beniya

35   讃岐院眷属をして為朝をすくふ図　大判 3 枚続　住吉屋政五郎　嘉永 4 年（1851）　ギャラリー紅屋
Retired Emperor Sanuki Sends His Followers to Rescue Tametomo, oban triptych, 1851, Gallery Beniya

36   金魚にめだか　中短冊判　辻岡屋文助　天保後期　ギャラリー紅屋
Goldfish and Killifish, chutanzakuban, late Tenpo period, Gallery Beniya

37   今様伊勢物かたり　大判 3 枚続　上総屋岩吉　嘉永 2 年（1849）　ギャラリー紅屋
A Modern Version of Tales of Ise, oban triptych, 1849, Gallery Beniya

38   金魚づくし いかだのり　中判　天保 13 年（1842）頃　ギャラリー紅屋
Goldfish Life: Raft Riders (*Kingyo-zukushi: Ikada-nori*), chuban, c.1842, Gallery Beniya

39   きん魚づくし ぽんぽん　中判　村田　天保 13 年（1842）頃　ギャラリー紅屋
Goldfish Life: The "Bonbon" Song (*Kingyo-zukushi: Bonbon*), chuban, c.1842, Galley Beniya

40   金魚づくし 玉や玉や　中判　村田　天保 13 年（1842）頃　東京国立博物館
Goldfish Life: Blowing Soap Bubbles (*Kingyo-zukushi: Tamaya tamaya*), chuban, c.1842,
Tokyo National Museum(Image:TNM Image Archives)

41   金魚づくし さらいとんび　中判　天保 13 年（1842）頃　東京国立博物館
Goldfish Life: Attack of the Black Kite (*Kingyo-zukushi: Sarai tonbi*), chuban, c.1842,
Tokyo National Museum(Image:TNM Image Archives)

42   竜宮城 田原藤太秀郷に三種の土産を贈　大判 3 枚続　丸屋久四郎　安政 5 年（1858）　ギャラリー紅屋
Tawara no Tota Hidesato Receives the Three Gifts at the Dragon's Palace, oban triptych, 1858, Gallery Beniya

43   流行蛸のあそび　大判　藤岡屋彦太郎　天保後期　大英博物館
Fashionable Octopus Games, oban, late Tenpo period, British Museum ©The Trustees of the British Museum c/o DNPartcom

サイズの目安　Standard print dimensions (roughly)

団扇絵判	Fan print:	22.5×29cm
大判	Oban:	39×26.5cm
長大判	Long oban:	52×24cm
中判	Chuban:	26×19cm
中短冊判	Chutanzakuban:	39×12.5cm

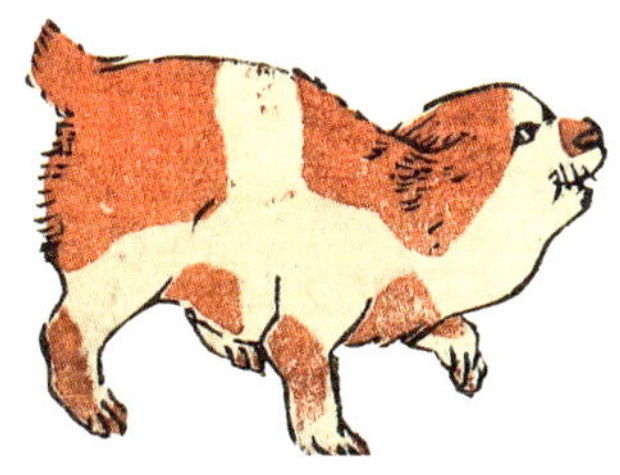

めでる国芳ブック どうぶつ　　Ukiyo-e Paper Book　Animals by Kuniyoshi

2017 年 4 月 15 日　　　初版第 1 刷発行
2019 年 7 月 8 日　　　　第 2 刷発行

著者：金子信久
翻訳：パメラ三木
アートディレクション：柿木原政広（10 inc.）
デザイン：山口崇多（10 inc.）、石黒 潤
協力：ギャラリー紅屋
Written by KANEKO Nobuhisa
Translated by Pamela Miki
Art direction by KAKINOKIHARA Masahiro
Designed by YAMAGUCHI Agata and ISHIGURO Jun
With cooperation from Gallery Beniya
Published by Daifukushorin

発行人：瀧 亮子
発行元：大福書林株式会社　〒 178-0063 東京都練馬区東大泉 7-15-30-112
　　　　TEL 03-3925-7053　FAX 03-4283-7570　info@daifukushorin.com　www.daifukushorin.com

発売元：株式会社パイ インターナショナル　〒 170-0005 東京都豊島区南大塚 2-32-4
　　　　TEL 03-3944-3981　FAX 03-5395-4830　sales@pie.co.jp

印刷・製本：アベイズム株式会社

Copyright ©2017 Daifukushorin / KANEKO Nobuhisa
ISBN: 978-4-7562-4759-9 Printed in Japan

PIE International 2-32-4, Minami-Otsuka, Toshima-ku, Tokyo, 170-0005 Japan
TEL +81-3-5395-4811　FAX +81-3-5395-4812　sales@pie.co.jp

本書の収録内容の無断転載・複写・複製等を禁じます。ご注文、乱丁・落丁本の交換等に関す
るお問い合わせは、パイ インターナショナルまでご連絡ください。
All rights reserved. No part of this publication may be reproduced in any form or by any
means, graphic, electronic of mechanical, including photocopying and recording by
information storage and retrieval system, without permission in writing from the publisher.

※本文を剥がせるように設計している製本方法のため、気温の高い場所に長時間置いておくな
どすると本文と表紙を接着している糊が剥がれやすくなる場合がございます。
This book has been designed so that the pages can be removed easily. Due to the nature of
the binding, the cover could also separate from the pages if the book is subjected to high
temperatures for an extended period.

著者略歴　About the author

金子信久　KANEKO Nobuhisa

1962 年、東京都生まれ。府中市美術館学芸員。著書は『旅する江戸絵画 琳派から銅版画まで』（PIE BOOKS、2010）、『ねこと国芳』（パイ インターナショナル、2012）『かわいい江戸絵画』（共著、府中市美術館編、求龍堂、2013）、『おこまの大冒険〜朧月猫の草紙〜』（パイ インターナショナル、2013）、『たのしい日本美術 江戸かわいい動物』（講談社、2015）、『めでる国芳ブック ねこ』『めでる国芳ブック おどろかす』（大福書林、2015）、『たのしい日本美術 日本おとぼけ絵画史』（講談社、2016）『歌川国芳 21 世紀の絵画力』（共著、府中市美術館編、講談社、2017）、『あの名画に会える美術館ガイド 江戸絵画篇』（講談社、2017）、『へそまがり日本美術 禅画からヘタウマまで』（共著、府中市美術館編著、講談社、2019）ほか。

Born 1962 in Tokyo. Curator, Fuchu Art Museum. Author of *Tabi suru Edo kaiga: Rinpa kara dohanga made* (The journey in Edo painting: From Rinpa to copperlate prints) (PIE Books, 2010), Cats in Ukiyo-e: Japanese Woodblock Prints of UTAGAWA Kuniyoshi(PIE International, 2012), *Cute Edo Paintings* (coauthored, Fuchu Art Museum and Kyuryudo, 2013), *Okoma no daiboken: Oborozuki neko no soshi* (Okoma's Great Adventure: The Cat's Tale) (PIE International, 2013), *Tanoshii Nihon bijutsu: Edo kawaii dobutsu* (Fun Japanese art: Charming animals from Edo) (Kodansha, 2015), *Cats by Kuniyoshi*, Surprise! by Kuniyoshi (Daifukushorin, 2015), and *Tanoshii Nihon bijutsu: Nihon Otoboke Kaigashi* (Fun Japanese Art: Another Side of the Japanese Art World — Innocent, Naive, Non-Polished...) (Kodansha, 2016), UTAGAWA Kuniyoshi His pictorial Eloquence in the 21st Century(Kodansha, 2017), Japan Museums Guide: A Complete Guide to Edo Paintings(Kodansha, 2017), and Perverse Japanese Art: From Zen Painting to Heta-uma(Kodansha, 2019), among others.

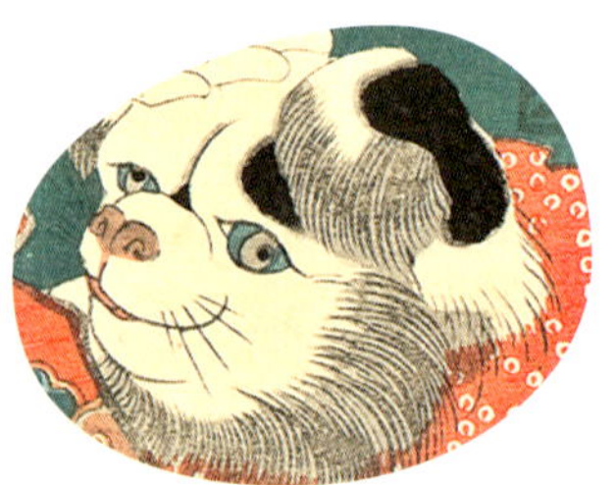

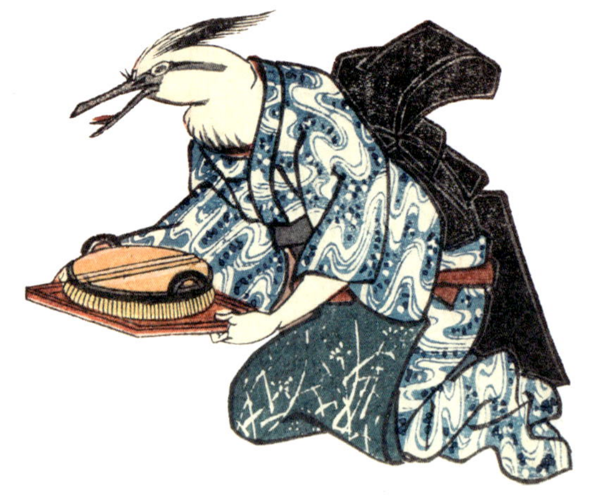